2016
中国农业发展报告

中华人民共和国农业部

中国农业出版社

北　京

图书在版编目（CIP）数据

2016中国农业发展报告／中华人民共和国农业部编
. —北京：中国农业出版社，2016.12
ISBN 978-7-109-22370-7

Ⅰ.①2…　Ⅱ.①中…　Ⅲ.①农业经济发展—研究报
告–中国–2016　Ⅳ.①F323

中国版本图书馆CIP数据核字（2016）第275389号

中国农业出版社出版
（北京市朝阳区麦子店街18号楼）
（邮政编码 100125）
责任编辑　姚　红

中国农业出版社印刷厂印刷　新华书店北京发行所发行
2016年12月第1版　　2016年12月北京第1次印刷

开本：889mm×1194mm 1/16　印张：13.5
字数：252千字
定价：150.00元
（凡本版图书出现印刷、装订错误，请向出版社发行部调换）

《2016中国农业发展报告》
编辑委员会名单

主　任：韩长赋

副主任：陈晓华

委　员：（按姓名笔划排序）

马有祥　马爱国　王守聪　叶贞琴　冯忠武

毕美家　苏国霞　李伟国　宋洪远　张天佐

张延秋　张兴旺　张合成　张红宇　张显良

张淑英　陈良彪　宗锦耀　唐　珂　陶怀颖

隋鹏飞　曾衍德　廖西元

前　言

　　2015年，各级农业部门认真贯彻落实习近平总书记关于"三农"发展的系列重要讲话精神和中央决策部署，锐意进取，扎实工作，推动农业农村经济实现稳中有进、稳中提质、稳中增效，为"十二五"收官划上圆满句号。农业生产再获丰收，粮食产量达到62 143.9万吨，比上年增长2.4％，实现"十二连增"；棉油糖、肉蛋奶、果菜茶、水产品等重要农产品丰产丰收，供应充足。农民收入稳定增长，全年农民人均可支配收入11 422元，扣除价格因素，实际增长7.5％，城乡居民人均收入倍差2.73，比上年缩小0.02。农业转方式调结构打开新局面，三大主粮作物化肥、农药利用率分别比2013年提高2.2和1.6个百分点，畜禽养殖规模化率大幅提升，粮改饲、粮豆轮作试点全面启动，农业科技对增产增收的贡献率进一步提高。农村改革取得积极进展，土地承包经营权确权登记面积超过2 000万公顷，家庭农场、合作社、龙头企业等新型农业经营主体达到250万家，多种形式适度规模经营加快发展，农村集体资产股份权能改革试点有序实施，农村改革试验区和国家现代农业示范区建设水平稳步提升。

2016年，是"十三五"开局之年。当前，我国农业发展的内外部环境都在发生深刻变化。一方面，农业发展的物质技术装备基础更加雄厚，主要农产品供给充足，新技术、新产业、新业态加速涌现，机遇十分难得；另一方面，各种新老矛盾相互交织叠加，农业转方式、调结构任务十分艰巨，农产品价格下行和农民工资性收入增长乏力"双碰头"，保持农民收入持续较快增长难度加大，农业资源保护和生态环境治理压力加大，巩固发展农业好形势十分不易。我们要深入学习贯彻习近平总书记系列重要讲话精神，以"创新、协调、绿色、开放、共享"新理念引领农业新发展，以全面深化农村改革为动力源泉，以"提质增效转方式、稳粮增收可持续"为工作主线，大力推进农业结构性改革，强化科技、装备、人才、政策、法治支撑，坚持改革创新，推进绿色发展，统筹国内国际，巩固发展农业农村经济好形势，为"十三五"经济社会发展开好局、起好步提供有力支撑。

2016年6月

摘 要

2015年农业发展状况

1. 农业生产。2015年，粮食生产实现"十二连增"，全年粮食产量达到62 143.9万吨，比上年增加1 441.3万吨。粮食面积113 342.9千公顷，增加620.3千公顷。粮食单产每公顷5 482.8千克，比上年提高97.7千克，创历史新高。

棉花产量560.3万吨，减少57.5万吨；油料产量3 537万吨，增加29.6万吨；糖料产量12 500万吨，减少861.2万吨；蔬菜产量78 526.1万吨，增产2 520.6万吨；水果产量27 375万吨，增产1 232.8万吨；茶叶产量224.9万吨，增产15.3万吨。

全国肉类总产量8 625万吨，同比下降1.0％。其中，猪肉5 487万吨，下降3.3％；禽蛋产量2 999万吨，增长3.6％；牛奶产量3 755万吨，增长0.8％。

水产品产量6 699.65万吨，增长3.7％。渔民人均纯收入15 594.83元，增长8.1％。按当年价格计算，全社会渔业经济总产值22 019.94亿元，实现增加值10 203.55亿元。

2. 农垦经济。2015年，农垦经济实现生产总值6 902.48亿元，比上年增长7.5％。其中，第一产业增加值1 768.13亿元，增长1.4％；第二产业增加值3 132.69亿元，增长9.3％；第三产业增加值2 001.65亿元，增长10.5％。第一、第二、第三产业增加值占农垦生产总值的比重分别为25.6％、45.4％和29.0％。人均生产总值48 648元，增长5.5％。全年农垦企业实现利润总额161.73亿元，比上年减少37.36亿元，下降18.77％。已交税金总额423.01亿元，比上年增加31.49亿元，增长8.04％。粮食总产量达到3 665.10万吨，平均亩产达489千克，粮食商品率高达91.2％。

3. 农业机械化。2015年，全国农业机械总动力达11亿千瓦。农作物耕种收综合机械化水平达到63%，"十二五"期间年均提高2个百分点。农机装备结构进一步优化，大中型拖拉机、水稻联合收获机、插秧机保有量分别是"十一五"末的1.55倍、1.75倍和2.18倍，小型拖拉机占比持续下降，粮食生产环节高性能机具占比持续提高。主要农作物薄弱环节机械化快速推进，水稻种植、玉米收获机械化率分别超过40%、63%，比"十一五"末分别提高19个百分点、37个百分点，棉油糖主要经济作物机械化取得实质性进展。农机社会化服务向纵深发展，由耕种收环节为主向产前产中产后全环节加快拓展，各类新型主体不断涌现，服务模式不断创新，农机专业合作社超过5.65万个，全程机械化服务能力明显增强。农机深松整地等农机化生产大会战顺利开展，完成深松土地1 366.67万公顷，超额完成了1 333.33万公顷深松整地任务。

4. 农产品价格与市场。2015年，全国农产品生产者价格总水平比上年上涨1.7%。其中，种植业产品生产者价格下降0.8%，林业产品下降2.1%，饲养动物及其产品上涨4.2%，渔业产品上涨2.5%。粮食下降1.3%，生猪上涨8.9%。

2015年，农村居民消费价格比上年增长1.3%，低于全国0.1个百分点，低于城市0.2个百分点。农村商品零售价格比上年增长0.3%，增幅低于上年0.7个百分点，高于全国平均0.2个百分点，高于城市商品零售价格0.3个百分点。

2015年，实现乡村社会消费品零售总额41 932.1亿元，比上年增长11.8%，增速比城镇高1.3个百分点。

5. 农产品进出口。2015年，我国农产品进出口贸易总额1 875.6亿美元，同比下降3.6%。其中，出口额706.8亿美元、下降1.8%，进口额1 168.8亿美元、下降4.6%。农产品贸易逆差462.0亿美元，下降8.7%。

谷物出口53.3万吨，下降30.8%；进口3 271.5万吨，增长67.6%；净进口3 218.2万吨，增长71.7%。食用油籽、食用植物油进口量分别增长13.0%、6.6%，棉花进口量下降34.1%，食糖进口量增长39.0%，蔬菜水果进出口均增长，畜产品贸易逆差下降5.0%，水产品贸易顺差下降9.3%。

6. 农民收入与消费。2015年，全国农村常住居民人均可支配收入11 422元，同比增长8.9%，扣除价格因素影响，实际增长7.5%。农村居民人均可支配收入名义增速高于城镇居民0.7个百分点。其中，工资性收入4 600元，增长10.8%；经营净收入4 504元，增长6.3%；财产净收入252元，增长13.3%；转移净收入2 066元，增长10.1%。2015年，农村居民人均纯收入为10 772元。

全国农村居民人均消费支出9 223元，名义增长10.0%，实际增长8.6%。

7. 财政支农投入。2015年，中央财政预算安排"农林水支出"6 512.68亿元。其中，农业部参与安排农业建设投资299.74亿元，比上年增加3.6%，重点支持农业综合生产能力、农业科技创新能力、农业公共服务能力条件、农业资源和环境保护与利用条件、民生基础设施等五个方面的建设。

8. 农业综合开发。2015年，中央财政预算安排农业综合开发资金387.67亿元，比上年增加26.96亿元，增长7.5%。通过督促地方财政按照分担比例增加投入，引导和撬动金融机构、农民群众等投入资金，全年农业综合开发资金预计共投入812.67亿元。中央财政农业综合开发资金中，311亿元用于高标准农田建设，共建设高标准农田2 112千公顷，亩均提升粮食生产能力100千克以上。

9. 扶贫开发。2015年，扶贫开发取得新成效。全国农村贫困人口从7 017万人减少到5 575万人，减少1 442万人，减幅20.6%。贫困县农民人均纯收入从2010年的3 273元，增长到2015年的6 828元，翻了一番多，增长幅度连续5年高于全国农村平均水平。扶贫开发投入持续增加，中央财政安排专项扶贫资金467.5亿元，比上年增长约8%。各地大幅增加扶贫投入，达到334.5亿元，比上年增长25%。精准扶贫机制逐步健全完善，精准扶贫十项工程启动实施，行业扶贫重点工作稳步推进，重点区域脱贫攻坚取得积极进展，社会扶贫不断深化。

10. 饲料工业。2015年，全国商品饲料总产量20 009万吨，同比增长1.4%。其中，配合饲料17 396万吨，增长2.7%；浓缩饲料1 961万吨，下降8.9%；添加剂预混合饲料653万吨，增长1.9%。猪饲料产量8 344万吨，下降3.2%；蛋禽饲料产量3 020万吨，增长4.1%；肉禽饲料5 515万吨，增长9.6%；水产饲料1 893万吨，下降0.5%；反刍动物饲料884万吨，增长0.9%；其他饲料354万吨，下降10.9%。

11. 草原保护与建设。2015年，全国共投入资金208.4亿元，完成种草改良2 308.4万公顷，建设草原围栏299.4万公顷，累计落实草原承包2.89亿公顷，草原禁牧面积1.05亿公顷，草畜平衡面积1.73亿公顷，草原生态加快恢复，草原畜牧业持续发展，牧民收入继续增加，牧区生态、生产、生活稳步协调推进。

2015年，全国草原综合植被盖度达54%，比上年提高0.4个百分点，全国天然草原鲜草总产量102 805.65万吨，比上年增加0.6%；折合干草约31 734.30万吨，载畜能力约为24 943.61万羊单位，均比上年增加0.7%。

12. 农业产业化经营。2015年，农业产业化进入农村一、二、三产业融合发展的新阶段，保持了稳健发展的态势。截至2015年年底，全国农业产业化组织总数达38.6万个，其中龙头企业12.9万个，龙头企业销售收入9.2万亿元，同比增长6.4%，净利润5 500亿元。2015年，全国各类农业产业化组织辐射带动农户1.26亿，农户从事产业化经营户均增收达3 380元。

13. 农产品加工。2015年，全国规模以上农产品加工业增加值同比实际增长6.5%；实现主营业务收入193 689.3亿元，增长5.0%。实现利润总额12 908.0亿元，增长5.3%；上缴税金12 269.6亿元，增长5.0%。区域结构调整加速，产业结构调整深化，固定资产投资稳步增长。

14. 休闲农业。截至2015年年底，全国休闲农业专业村9万个，休闲农业园超过10万家，各类经营主体超过180万家，年接待人数11亿人次，经营收入3 500亿元，带动3 300万农民受益。休闲农业品牌建设不断推进。农业部牵头组织认定了254个全国休闲农业与乡村旅游示范县、636个示范点，推介了260个中国最美休闲乡村、247个中国美丽田园和1万余件创意精品，认定了62个中国重要农业文化遗产，形成了强大的示范带动作用。我国还拥有11项联合国粮农组织认定的全球重要农业文化遗产。

15. 农产品市场体系建设。截至2015年年底，全国农产品批发市场4 469家，产地市场约占70%。2014年年底，亿元以上农产品专业批发市场发展到999家，比2013年减少20家；摊位数56.54万个，比2013年减少1.1万个；营业面积达到4 275.4万平方米，比2013年减少40.9万平方米；年成交额15 507.8亿元，比2013年增加923.7亿元。从市场结构看，在2014年亿元以上的专业农产品批发市场中，粮食市场占10.5%，肉粮禽蛋市场占12.6%，水产品市场占14.5%，蔬菜市场占30.4%，干鲜果品市场占13.6%，棉麻土畜烟叶产品市场及其他农产品市场占18.3%。

16. 农产品质量安全管理。2015年，农产品质量安全保持平稳向好的发展态势。蔬菜、畜禽产品和水产品例行监测合格率分别达到96.1%、99.4%、95.5%，全年没有发生重大农产品质量安全事件。国家农产品质量安全县创建全面启动，确定首批107个国家农产品质量安全县（市）作为创建试点单位，带动全国25个省市同步开展省级创建活动。专项整治深入开展，组织6个督查组对部分省份进行了专项督查，全国共检查生产经营主体256.5万家，查处问题4.9万个，重点农时集中开展农资打假专项行动，查处案件3 800起，为农民挽回经济损失3.4亿元，公布了13起典型案例。农业标准化大力推进，新制定46种农药490项农药残留限量食品安全国家标准，新制定农业领域国家标准23项，行业标准285项。全年新认证"三品一标"产品1.1万个，累计认证产品总数达10.7万个。风险监测评估稳步开展，例行监测范围扩大到152个大中城市、117个品种、94项指标，基本涵盖主要城市、产区和品种、参数。全国所有的省、88%的地市、75%的县、97%的乡镇建立了监管机构，落实专兼职监管人员11.7万人。新投资10.9亿元支持建设264个农产品质检机构，启动了37个农产品质量安全风险监测能力建设项目。

17. 农业科研、推广与教育。2015年，农业科技进步贡献率达到56%。中央财政资金投入6.5亿元，启动2015年公益性农业行业专项26个项目。投入13.8亿元，继续支持50个主要农产品的产业技术体系建设。投入4.7亿元，全面展开30个重点实验室学科群建设。

技术推广与成果转化加快，服务效能不断提升。超级稻"双增一百"科技行动积极推进，2015年超级稻品种示范推广面积达到880万公顷，平均亩产583.5千克，亩增产11.9%，亩增收益161.5元。全国农业科技成果转移服务中心启动建设，通过网络平台展示交易成果64项，实现交易金额6 091万元。中央落实财政资金26亿元，继续实施基层农技推广体系改革与建设补助项目。推进农技推广特岗计划试点，13个省份招聘特岗农技人员10 852名。继续实施万名农技推广骨干人才培养计划，全年培训3 500人。

新型职业农民培育成效显著，培育规模扩展到4个整省、其他省份的21个整市和487个示范县，全年培育100万人。"现代青年农场主培养计划"启动实施，吸引农村青年务农创业，申报人数1.7万人，其中1.3万人列入2015年培育对象。举办农学结合弹性学制中等职业教育，招收务农农民学员6万人。

18．农业农村人才队伍建设。2015年，农业部新增5个部级农村实用人才培训基地，基地总数达到25个，与中组部联合举办183期农村实用人才带头人和大学生"村官"示范培训班、培训1.8万多人。实施农村实用人才培养"百万中专生计划"，完成5万多人的招生任务。加大农业职业技能开发力度，培训鉴定农业技能人才40万人次。举办20期农业科技人员网络大讲堂，培训近25万人次。

19．农业行政能力建设。农业公共服务能力不断增强。截至2015年年底，全国共建成县乡基层农技推广机构7.64万个，其中，县级1.93万个，乡级5.71万个，基层农技推广机构普遍健全。全国共确认官方兽医11万余人，7.7万余人通过执业兽医资格考试取得执业兽医资格，全国兽医工作体系基本建成；备案乡村兽医27.7万人，组建村级防疫员队伍65万人，基层动物防疫队伍稳步发展。全国省级屠宰监管职责调整除西藏外已全部完成，市、县两级分别在农业（畜牧兽医）部门增设屠宰监管机构227个、1 202个，屠宰监管职责调整到位率分别达到95.1%、91.2%。

农业综合执法体系进一步完善。截至2015年年底，全国有30个省（自治区、直辖市）、276个市（地、州）、2 332个县（市、区）开展了农业综合执法工作，县级覆盖率达到99%，市级覆盖率超过80%。

20．农业灾害与病虫害防治。2015年，全国农作物受灾21 769千公顷，同比减少3 118千公顷，其中成灾9 254.66千公顷，绝收2 232.67千公顷，同比减少3 423.33千公顷和857.33千公顷。

2015年全国农作物病虫草鼠害实际发生4.7亿公顷次，同比减少1.4%，累计防治5.63亿公顷次，同比减少2.5%。通过防治减少粮食损失9 883.84万吨，减少棉花损失118.31万吨，减少油料损失326.96万吨；减少蔬菜、果树等其他经济作物损失6 312万吨。

全国畜牧业主要自然灾害有低温、雪灾、地震灾害、草原火灾、草原鼠虫害等，因灾直接经济损失约11.5亿元。全国共发生草原火灾88起，其中特大草原火灾5起，累计受害草原面积118 116.8公顷，死亡2人、受伤22人，牲畜损失4 754头（只）。草原鼠害危害面积2 908.4万公顷，比上年减少16.5%。草原虫害危害面积1 254.7万公顷，比上年减少9.6%。

动物疫情形势总体平稳，未发生区域性重大动物疫情。

2015年，渔业受灾养殖面积69.08万公顷，比上年减少17.1%，直接经济损失合计200.16亿元，减少5.5%。其中，水产品损失99.91万吨，直接经济损失168.46亿元，（台风、洪涝）损毁渔业设施造成直接经济损失31.70亿元。

21. 农业资源环境保护。2015年，农业野生植物资源保护与可持续利用取得新进展，外来入侵物种综合防治进一步加强。农业面源污染防治继续推进，实施化肥农药使用量零增长行动，在全国50个县开展化肥减量增效试点，测土配方施肥技术推广面积达到1亿公顷次，在9省（直辖市、自治区）实施畜禽粪污等农业农村废弃物综合利用试点项目，在12个省启动实施以畜禽废物循环利用为主要内容的生态循环农业示范项目。农业清洁生产示范深入开展，在49个示范县实施地膜回收利用示范，新增残膜加工能力约4.6万吨、回收地膜面积约808千公顷。农村沼气建设与秸秆综合利用取得新成效，2015年，中央预算内农村沼气投资20亿元，建设规模化大型沼气工程项目386个，规模化生物天然气工程试点项目25个。2015年年底，全国农作物秸秆综合利用率达到80%。

22. 农业国际合作与交流。2015年，农业对外合作深入拓展。截至2015年年底，农业对外投资存量超过117.4亿美元，在全球85个国家和地区设立农林牧渔类境外企业1 300多家。金融机构对于农业对外合作的支持不断增强。到2015年年底，中国进出口银行向农业部推荐的约90个农业对外合作贷款项目批贷人民币230多亿元。农业国际影响力进一步提升。我国被联合国粮农组织（FAO）授予完成世界粮食首脑会议目标的证书，农业多边南南合作和对外援助进一步发展，与FAO完成了5 000万美元信托基金合作总协定磋商，中国—FAO南南合作二期项目顺利开启。农业多双边交流成果突出。中美农业创新战略对话成功举办，中美农业领域合作谅解备忘录顺利签署，中德农业中心正式成立运行。山东省潍坊综合保税区内对俄农产品出口冷链基地及相关配套设施等项目正式动工，在俄5 000吨兔肉生产基地投资项目取得实质性进展。中塔农业科技示范园、中哈人民苹果友谊园、中国—印度尼西亚聚龙产业合作区、柬埔寨农业促进中心等项目列入"一带一路"优先实施项目清单并陆续启动实施，与"一带一路"沿线国家的农业合作逐步深入。

2015年农业和农村政策

23. 财政支农政策。2015年，中央财政预算安排"农林水支出"6 512.68亿元，其中：中央本级"农林水支出"660.62亿元，中央对地方转移支付"农林水支出"5 852.06亿元。农业部和财政部共同管理的专项转移支付项目资金2 503亿元，比上年增加126.68亿元，有效促进了农民生产积极性，拓宽了农民增收渠道。

主要包括10个大项：农业支持保护补贴1 445.9亿元，农机购置补贴237.5亿元，现代农业发展资金51.8亿元，农业技术推广与服务补助资金135.5亿元，农业资源及生态保护补助资金202.2亿元，动物防疫补助资金60.1亿元，农业生产救灾资金34.9亿元，农村土地承包经营权确权登记颁证45.8亿元，渔业柴油补贴250.7亿元，现代农业产业技术体系建设13.23亿元。财政促进金融支农试点范围扩大，财政支持农业保险力度加大。

24. 农村土地承包经营权确权登记颁证。2015年扩大了整省试点范围，在2014年选择山东、四川、安徽3省整省试点基础上，再选择江苏、江西、湖北、湖南、甘肃、宁夏、吉林、贵州、河南等9省（自治区）开展整省试点，其他省份根据本地实际继续扩大整县试点。截至2015年年底，试点范围已扩大至全国2 323个县（市、区）、2.4万个乡镇、38.5万个行政村，完成实测面积4 600万公顷，确权面积3 133.33万公顷。总体看，试点工作进展顺利，成效明显，解决了长期以来承包地块面积不准、四至不清等问题，推动了土地资源的优化配置，不仅没有影响农村社会稳定，还推动解决了一些历史遗留问题，得到广大农民群众的拥护和支持。

25. 农村集体资产与财务管理。2015年，农业部全面开展全国农村集体"三资"管理示范县调研与宣传，举办两期农村集体资产管理培训班，重点对第二批示范县进行培训，共培训16省（自治区、直辖市）240余人次，宣传交流示范县的经验做法，推动示范县发挥典型引路作用。加快农村集体资产监督管理平台建设，加快农村集体资产管理制度化、规范化、信息化进程。规范农村财务管理工作，举办四期农村财会审计人员业务培训班，共培训26省（市）400余人次，有力推动了各地农村财务管理规范化建设。

26. 减轻农民负担。2015年，农业部深入开展农民负担重点治理，治理效果显著，共取消涉农乱收费项目536个，减轻农民负担3.79亿元。针对区域性农民负担问题，农业部联合有关省份对8个农民负担问题较多的县（市）开展综合治理，共清退款项1 370万元，减轻农民负担1 554万元。着力整治村级组织负担问题，共清退违规费用0.35亿元，减轻村级组织负担3.19亿元，继续推动了一些省份健全村级组织支出民主管理制度和部门监督管理制度。完善制度建设，不断强化一事一议规范管理，2015年中央财政共投入一事一议奖补资金224.05亿元，促进了村级公益事业健康发展。

27. 推进农村改革试验。2015年，农业部围绕培育新型经营主体、完善各类经营主体间的利益联结机制、创新农业社会化服务方式等方面开展探索，着力构建现代农业经营体系。围绕创新农村土地确权登记颁证办法、完善承包土地经营权权能、规范土地流转管理等方面开展探索，着力完善农村土地管理制度。围绕健全农村金融服务体系、拓宽有效抵押物范围、建立农村信用体系、开展农民合作社内部信用合作、完善农业保险制度等开展探索，着力建立现代农村金融制度。围绕农村集体资产产权量化、新型集体经济组织经营管理和农村产权流转交易等方面开展探索，着力深化农村集体产权制度改革。围绕统筹城乡发展规划、推动户籍制度改革、促进城乡公共服务均等化、建立"以工促农"机制、健全农业支持保护制度等方面开展探索，着力健全城乡发展一体化体制机制。围绕健全富有活力的村民自治制度和民主决策机制开展探索，着力改善乡村治理机制。

28. 推进农民专业合作社发展。截至2015年年底，全国登记注册的农民合作社达153.1万家，比上年年底增长18.8%，出资总额3.4万亿元，增长25.4%；实有入社农户10 090万户，约占农户总数的42%，提高了6.5个百分点。农民合作社立足不同产业不同领域，在创新发展方面进行了生动丰富的探索实践。组织形式不断创新，一些地方出现了土地流转后富余劳动力组建的劳务合作社，农民以房屋、厂房入股组建的富民（物业）合作社，在人的合作、生产合作的基础上实现了土地、资产、技术等资源要素的合作。产业业态不断创新，在生产销售同类农产品的基础上开展种养循环、产加销一体、民俗产品、休闲观光、乡村旅游等多种经营，发展信用合作、电子商务、会员制消费、认购式销售等新兴业态，收获了技术进步与产业融合红利。运行机制不断创新，逐步形成了参与主体多元、利益分配多样、管理决策灵活的运行机制。支持方式不断创新，一些地方从给项目给资金的"输血式"投入，逐步转化为搭平台建机制的"造血式"扶持，注重发挥扶持政策的导向作用和乘数效应。

29. 深化农村金融改革。综合运用财政税收、货币信贷、金融监管等政策措施，推动金融资源继续向"三农"倾斜，确保农业信贷总量持续增加、涉农贷款比例不降低。截至2015年年底，银行业金融机构涉农贷款余额26.4万亿元，同比增长11.7％，涉农贷款余额在各项人民币贷款余额中的占比达28.1％，涉农新增贷款在全年新增贷款中占比为32.9％。农业保险快速发展。2015年，农业保险实现保费收入374.7亿元，参保农户约2.3亿户次，提供风险保障近2万亿元。农产品价格保险试点扩展到26个省份，承保农作物增加到18种。农房保险已覆盖全国所有省市。我国农业保险再保险共同体承保能力扩大到2 400亿元，可满足国内96％以上的分保需求。

30. 农产品市场调控。2015年，继续执行稻谷、小麦最低收购价政策，价格保持上年水平不变。完善玉米等重要农产品临时收储政策，促进玉米产业链上下游协调发展。继续开展新疆棉花、东北和内蒙古大豆目标价格改革试点，新疆棉花目标价格水平为每吨19 100元，比上年下调700元，东北和内蒙古大豆目标价格水平为每吨4 800元，保持上年水平不变。建立农产品市场监测预警机制、召开农业展望大会、发布农产品市场供需信息，进一步强化农业信息监测预警和发布。

31. 基层农业技术推广体系改革与建设。2012—2015年，中央财政每年投入26亿元，用于全国2 550个农业县开展基层农技推广体系改革与建设工作，带动地方财政投入约100亿元支持农技推广工作。目前，全国共设立国家农技推广机构7.9万个，共核定批准人员编制60万个，实有农技人员58万人。农民合作社、家庭农场、涉农企业等社会组织逐步成为农技推广的重要力量，农业科研院校作为成果和技术的源头也逐渐发挥越来越重要的作用。

32. 农村劳动力转移。2015年，各地进一步做好新形势下为农民工服务工作，为农民工群体逐步融入城镇，实现农民工市民化目标打下坚实基础。着力稳定和扩大农民工就业创业，不断提高农民工的劳动权益保障水平，农民工培训力度不断加大，促进农民工社会融合，进一步加强对农民工工作的领导。农民工就业总量继续增长，全国农民工总量27 747万人，比上年增长1.3%。其中，外出农民工16 884万人，增长0.4%；本地农民工10 863万人，增长2.7%。农民工返乡创业势头良好，全年农民工返乡创业人数达到240万人。

33. 农业法治建设。2015年，围绕依法兴农、依法护农的目标任务，在完善立法、规范执法、化解矛盾等方面进行了积极探索和努力，取得了显著成效。加强农业立法调研和法律法规起草工作，制定印发《农业部关于贯彻党的十八届四中全会精神深入推进农业法治建设的意见》，推进农业法律法规制修订，围绕强化农业发展的法治保障，积极推动完善重要领域法律法规。进一步规范农业执法，加大农业执法和服务力度，有力维护农业生产经营秩序和农民合法权益。

2015年农业发展与国民经济

34. 农业对国民经济的贡献。2015年，我国实现农业增加值60 863亿元，增长3.9%，增速略有下降；农业增加值占国内生产总值的比重为9.0%，比上年下降0.2个百分点，对国民经济增长的贡献率为5.2%，比上年下降了1个百分点。农产品进出口贸易总额占全国进出口贸易总额的4.7%，比上年增加0.2个百分点。其中，出口占3.1%，与上年持平；进口占7.0%，上升0.8个百分点。

35. 农业与国民收入分配。2015年，全国农民可支配收入总量为68 925.4亿元，占当年国内生产总值的比重为10.2%，与上年持平。全国城镇居民可支配收入总量达到240 561.8亿元，占国内生产总值的比重是35.5%，比上年提高1.5个百分点。全社会固定资产投资中，农、林、牧、渔业投资额为19 061.0亿元，比上年增长30.8%，占全国固定资产投资的比重为3.5%。

36. 工农业发展比例关系。2015年，工业增加值228 974.3亿元，比上年增长5.9%，增速下降1.1个百分点；农业增加值60 863.0亿元，比上年增长3.9%，增速下降0.2个百分点。工业增加值和农业增加值均不断增加，但增长速度都有所下降。经济增速放缓将不利于工农业之间的良性互动和协调发展，但也凸显了农业在国民经济中的基础性地位和作用。

37. 城乡居民收入差异。2015年，全国农村居民人均可支配收入比上年实际增长7.5%；城镇居民人均可支配收入比上年实际增长6.6%，农村居民人均可支配收入实际增速快于城镇居民人均可支配收入0.9个百分点，城乡居民收入相对差距连续第5年缩小。城乡居民人均可支配收入比为2.73∶1，比上年继续缩小0.02。但城乡居民收入的绝对差距扩大到19 773元，收入不平衡问题依然突出。

38. 城乡居民消费差异。2015年，城镇居民人均消费支出21 392元，实际增长5.5%；农村居民人均消费支出9 223元，实际增长8.6%。城乡居民人均消费支出比由上年的2.38∶1下降到2.32∶1，消费水平的相对差距进一步缩小；城镇居民人均消费支出比农村居民多12 169元，与上年相比扩大583元，城乡居民消费水平的绝对差距继续扩大。

39. 区域经济发展差异。2015年，东、中、西部和东北地区占全国国内生产总值的比重分别为52.7%、20.8%、18.3%和8.2%，与上年相比，东部地区和中部地区分别上升了0.5个百分点，西部地区下降了1.9个百分点，东北地区下降了0.2个百分点。东部、中部、西部和东北地区实现的国内生产总值之比为6.42∶2.53∶2.22∶1，与上年的6.09∶2.41∶2.4∶1相比，东、中部地区与其他两个地区差距有所扩大。东、中、西部和东北地区农村居民人均可支配收入分别为14 297元、10 919元、9 093元、11 490元，增速分别为8.8%、9.1%、9.6%、6.4%。各地区农村居民人均可支配收入之比为1.24∶0.95∶0.79∶1,中、西部地区农民收入与东部地区和东北地区的差异继续缩小。

2016年农业发展趋势

40. 发展目标和任务。中央农村工作会议提出，"十三五"时期农业农村工作要坚持创新、协调、绿色、开放、共享的发展理念，牢固树立强烈的短板意识，坚持问题导向，切实拉长农业这条"四化同步"的短腿、补齐农村这块全面小康的短板；要着力加强农业供给侧结构性改革，提高农业供给体系质量和效率，使农产品供给数量充足、品种和质量契合消费者需要，真正形成结构合理、保障有力的农产品有效供给。按照中央部署，农业部提出2016年农业农村经济工作要以新理念引领农业新发展，以全面深化农村改革为动力源泉，以"提质增效转方式、稳粮增收可持续"为工作主线，大力推进农业结构性改革，强化科技、装备、人才、政策、法治支撑，坚持改革创新，推进绿色发展，统筹国内国际，巩固发展农业农村经济好形势，为"十三五"经济社会发展开好局、起好步提供有力支撑。重点做好六方面工作：一是调整优化农业生产结构，提高农业供给体系质量和效率；二是强化农业技术装备和条件建设，夯实现代农业发展基础；三是加强农业资源环境保护治理，促进农业可持续发展；四是加强农产品质量安全监管和动物疫病防控，提高农业生产风险防范水平；五是延伸产业链提升价值链，促进农民收入持续较快增长；六是扎实推进农业农村改革创新，激发农业农村发展活力。

41. **农业发展面临的条件**。2016年，国家将持续夯实现代农业基础，提高农业质量效益和竞争力。大规模推进高标准农田建设、大规模推进农田水利建设。统筹协调各类农业科技资源，加强国家农业科技创新联盟和现代农业产业技术体系建设，实施农业科技创新重点专项和工程，重点突破生物育种、农机装备、智能农业、生态环保等领域关键技术。大力推进"互联网+"现代农业，应用物联网、云计算、大数据、移动互联等现代信息技术，推动农业全产业链改造升级。实施现代种业建设工程和种业自主创新重大工程。加强资源保护和生态修复，推动农业绿色发展。实施耕地质量保护与提升行动，加强耕地质量调查评价与监测，扩大东北黑土地保护利用试点规模。积极推广高效生态循环农业模式。推进荒漠化、石漠化、水土流失综合治理。编制实施耕地、草原、河湖休养生息规划。加强农产品加工技术创新，促进农产品初加工、精深加工及综合利用加工协调发展，提高农产品加工转化率和附加值，增强对农民增收的带动能力。强化规划引导，采取以奖代补、先建后补、财政贴息、设立产业投资基金等方式扶持休闲农业与乡村旅游业发展。把社会事业发展的重点放在农村和接纳农业转移人口较多的城镇，加快推动城镇公共服务向农村延伸。坚持市场化改革取向与保护农民利益并重，采取"分品种施策、渐进式推进"的办法，完善农产品市场调控制度。将种粮农民直接补贴、良种补贴、农资综合补贴合并为农业支持保护补贴，重点支持耕地地力保护和粮食产能提升。完善农机购置补贴政策。开展农村金融综合改革试验，探索创新农村金融组织和服务。扩大农业保险覆盖面、增加保险品种、提高风险保障水平。深化农村集体产权制度改革。稳定农村土地承包关系，落实集体所有权，稳定农户承包权，放活土地经营权，完善"三权分置"办法，明确农村土地承包关系长久不变的具体规定。

2016年，农业农村发展面临一些新的动向和挑战，整个宏观经济情况、城市二、三产业结构发生变化，农村经济政策效力降低，农业的生产成本与农民的收益遭受挑战，农产品价格国际竞争力下降，农业发展方式加快转变，城乡差距依然较大，要保持农业持续稳定发展的任务十分艰巨。

42. 农业发展趋势判断。据国家统计局全国11万多农户种植意向调查显示，2016年全国稻谷意向种植面积增长0.3%，小麦增长0.4%，玉米下降0.9%。棉花、糖料面积下降。油料生产基本稳定。蔬菜面积稳定。畜牧业和渔业平稳发展。主要农产品连年丰收，农产品总体供给充足、库存高企、需求受限，价格下行压力较大。农产品出口环境严峻，进口规模持续扩大。农村居民收入有望继续增长，但增速回落，城乡居民收入相对差距有望继续缩小，但绝对差距依然较大。

目 录

前言
摘要

2015年农业和农村政策 ……… 107

2015年农业发展与国民经济 … 139

2016年农业发展趋势 …………… 151

正文附图

正文专栏

附表 ………………………………………… 163

2015年

农业发展状况

2015年农业发展状况

总体状况

2015年，面对复杂严峻的国内外经济形势，党中央、国务院坚持把解决好"三农"问题作为全党工作重中之重，坚持强农惠农富农政策不减弱，加快发展现代农业，促进农民增收，建设社会主义新农村。各级农业部门认真贯彻落实中央决策部署，锐意进取，扎实工作，农业农村经济实现稳中有进、稳中提质、稳中增效，为新常态下经济社会发展大局提供了有力支撑。

（一）粮食生产实现"十二连增" 2015年，粮食总产62 143.9万吨，比上年增加1 441.3万吨，实现创历史的"十二连增"。全年粮食面积113 342.9千公顷，增加620.3千公顷（图1）。全年粮食单产每公顷5 482.8千克，比上年提高97.7千克，提高1.8%，创历史新高。

（二）主要农产品平稳发展 2015年，棉花产量560.3万吨，减少57.5万吨；油料产量3 537万吨，增加29.6万吨；糖料产量12 500万吨，减少861.2万吨；蔬菜产量785 261.1万吨，增产2 520.6万吨；水果产量27 375万吨，增产1 232.8万吨；茶叶产量224.9万吨，增产15.3万吨。全年肉类总产量8 625万吨，同比下降1.0%；禽蛋产量2 999万吨，增长3.6%；牛奶产量3 755万吨，增长0.8%。水产品产量6 699.65万吨，增长3.69%。

（三）农垦经济持续发展 2015年，农垦经济实现生产总值6 902.48亿元，比上年增长7.5%。其中，第一产业增加值1 768.13亿元，增长1.4%；第二产业增加值3 132.69亿元，增长9.3%；第三产业增加值2 001.65亿元，增长10.5%。第一、第二、第三产业增加值占农垦生产总值的比重分别为25.6%、45.4%和29.0%。人均生产总值48 648元，增长5.5%。全年农垦企业实现利润总额161.73亿元，下降18.77%。已交税金总额423.01亿元，增长

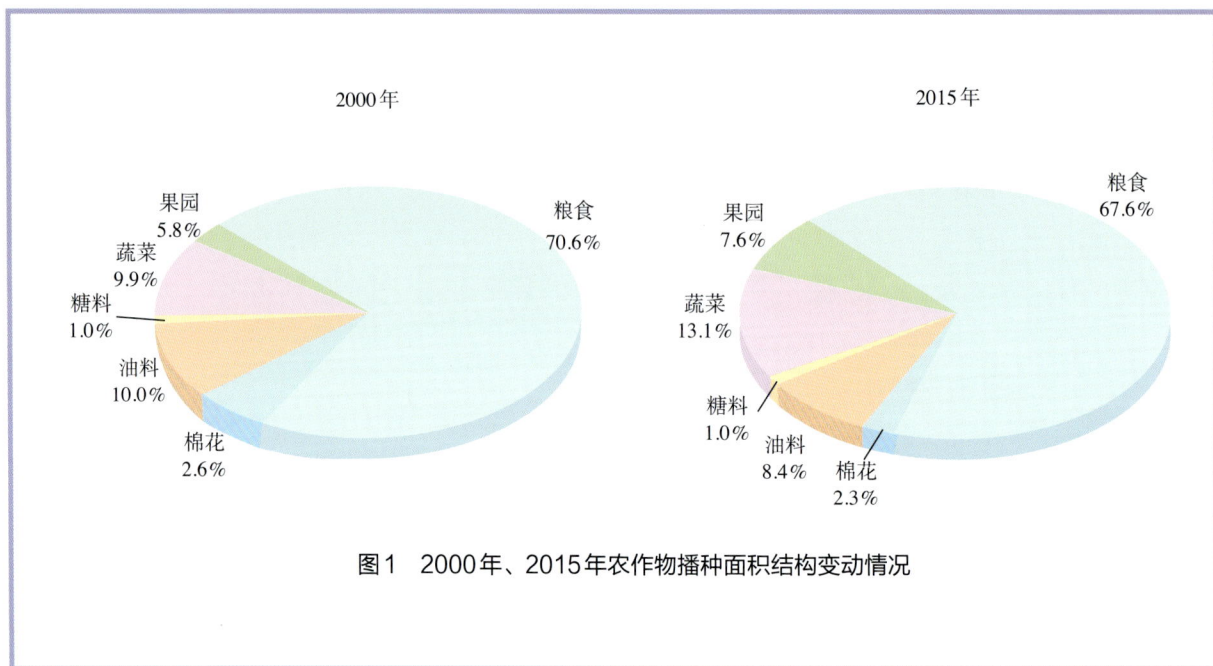

图1　2000年、2015年农作物播种面积结构变动情况

8.04%。粮食总产量达到3 665.10万吨，粮食商品率高达91.2%。

（四）农业生产条件进一步改善　2015年，全国农业机械总动力达11亿千瓦，农作物耕种收综合机械化率达到63%。农机装备结构进一步优化。大中型拖拉机、联合收获机、水稻插秧机保有量分别是"十一五"末的1.55倍、1.75倍和2.18倍，小型拖拉机占比持续下降，粮食生产环节高性能机具占比持续提高。主要农作物薄弱环节机械化快速推进，水稻种植、玉米收获机械化率分别超过40%、63%，比"十一五"末分别提高19个百分点、37个百分点，棉油糖主要经济作物机械化取得实质性进展。农机社会化服务向纵深发展，由耕种收环节为主向产前产中产后全环节加快拓展，各类新型主体不断涌现，服务模式不断创新，农机专业合作社超过5.65万个，全程机械化服务能力明显增强。全国草原综合植被盖度达54%，比上年提高0.4个百分点，全国天

然草原鲜草总产量102 805.65万吨，比上年增加0.57%；折合干草约31 734.30万吨，载畜能力约为24 943.61万羊单位，均比上年增加0.7%。2015年投入资金208.4亿元，完成种草改良2 308.4万公顷，建设草原围栏299.4万公顷，累计落实草原承包2.89亿公顷，草原禁牧面积1.05亿公顷，草畜平衡面积1.74亿公顷。

中央农业部门安排农业建设投资299.74亿元，比上年增加3.6%，重点支持农业综合生产能力、农业科技创新能力、农业公共服务能力条件、农业资源和环境保护与利用条件、民生基础设施等五个方面的建设。

（五）农产品市场繁荣稳定　目前全国农产品批发市场4 469家。2015年，我国农产品进出口贸易总额1 875.6亿美元，同比下降3.6%。其中，出口额706.8亿美元、下降1.8%，进口额为1 168.8亿美元、下降4.6%。农产品贸易逆差为462.0亿美元，下降8.7%。农产品价格总体平稳。2015年，全国农产品生

产者价格总水平比上年上涨1.7%。其中，种植业产品下降0.8%，林业产品下降2.1%，饲养动物及其产品上涨4.2%，渔业产品上涨2.5%。农村居民消费价格比上年上涨1.3%，比全国平均消费价格涨幅低0.1个百分点。农村商品零售价格比上年增长0.3%。实现乡村社会消费品零售总额41 932.1亿元，比上年增长11.8%，比城镇社会消费品零售额增速高1.3个百分点。

（六）农产品加工和产业化经营持续健康发展 2015年，全国规模以上农产品加工业增加值同比实际增长6.5%；实现主营业务收入193 689.3亿元，增长5.0%。实现利润总额12 908.0亿元，增长5.3%；上缴税金12 269.6亿元，增长5.0%。区域结构调整加速，产业结构调整深化，固定资产投资稳步增长。农业产业化进入农村一、二、三产业融合发展的新阶段，保持了稳健发展的态势。截至2015年年底，全国农业产业化组织总数达38.6万个，其中龙头企业12.9万个，龙头企业销售收入9.2万亿元，同比增长6.4%，净利润5 500亿元。2015年，全国各类农业产业化组织辐射带动农户1.26亿，农户从事产业化经营户均增收达3 380元。

（七）农产品质量安全平稳向好 2015年，农产品质量安全保持平稳向好的发展态势。蔬菜、畜禽产品和水产品例行监测合格率分别达到96.1%、99.4%、95.5%，全年没有发生重大农产品质量安全事件。专项整治深入开展，国家农产品质量安全县创建全面启动，突发事件得到妥善处置，农业标准化大力推进，风险监测评估稳步开展，监管体系不断完善。

（八）农民收入保持较快增长，生活水平稳步提升 2015年，全国农村常住居民人均可支配收入11 422元，同比名义增长8.9%，扣除价格因素影响，实际增长7.5%。农村居民人均可支配收入名义增速高于城镇居民0.7个百分点。其中，工资性收入4 600元，增长10.8%；经营净收入4 504元，增长6.3%；财产净收入252元，增长13.3%；转移净收入2 066元，增长10.1%。2015年，农村居民人均纯收入10 772元。

全国农村居民人均消费支出9 223元，名义增长10.0%，实际增长8.6%，交通通信、教育文化娱乐、医疗保健支出增速较快。

全国农村贫困人口从7 017万人减少到5 575万人，减少1 442万人，减幅20.6%。贫困县农民人均纯收入6 828元，比2010年翻了一番多，增幅连续5年高于全国农村平均水平。精准扶贫机制逐步健全完善，财政专项扶贫投入力度继续加大，精准扶贫十项工程启动实施，行业扶贫重点工作稳步推进，重点区域脱贫攻坚取得积极进展，社会扶贫不断深化。

专栏1

国务院办公厅关于加快转变农业发展方式的意见

近年来，我国粮食连年增产，农民收入持续较快增长，农业农村经济发展取得巨大成绩，为经济社会持续健康发展提供了有力支撑。当前，我国经济发展进入新常态，农业发展面临农产品价格"天花板"封顶、生产成本"地板"抬升、资源环境"硬约束"加剧等新挑战，迫切需要加快转变农业发展方式。为此，2015年7月，国务院办公厅下发了《关于加快转变农业发展方式的意见》。主要内容包括：

1. 指导思想。全面贯彻落实党的十八大和十八届二中、三中、四中全会精神，按照党中央、国务院决策部署，把转变农业发展方式作为当前和今后一个时期加快推进农业现代化的根本途径，以发展多种形式农业适度规模经营为核心，以构建现代农业经营体系、生产体系和产业体系为重点，着力转变，推动农业发展由数量增长为主转到数量质量效益并重上来，由主要依靠物质要素投入转到依靠科技创新和提高劳动者素质上来，由依赖资源消耗的粗放经营转到可持续发展上来，走产出高效、产品安全、资源节约、环境友好的现代农业发展道路。

2. 基本原则。坚持把增强粮食生产能力作为首要前提，坚持把提高质量效益作为主攻方向，坚持把促进可持续发展作为重要内容，坚持把推进改革创新作为根本动力，坚持把尊重农民主体地位作为基本遵循。

3. 主要目标。到2020年，转变农业发展方式取得积极进展。多种形式的农业适度规模经营加快发展，农业综合生产能力稳步提升，产业结构逐步优化，农业资源利用和生态环境保护水平不断提高，物质技术装备条件显著改善，农民收入持续增加，为全面建成小康社会提供重要支撑。到2030年，转变农业发展方式取得显著成效。产品优质安全，农业资源利用高效，产地生态环境良好，产业发展有机融合，农业质量和效益明显提升，竞争力显著增强。

4. 重点任务。一是加快建设高标准农田，切实加强耕地保护，积极推进粮食生产基地建设，增强粮食生产能力，提高粮食安全保障水平。二是培育壮大新型农业经营主体，推进多种形式的农业适度规模经营，大力开展农业产业化经营，加快发展农产品加工业，创新农业营销服务，积极开发农业多种功能，创新农业经营方式，延伸农业产业链。三是大力推广轮作和间作套作，鼓励发展种养结合循环农业，积极发展草食畜牧业，深入推进农业结构调整，促进种养业协调发展。四是大力发展节水农业，实施化肥和农药零增长行动，推进农业废弃物资源化利用，提高资源利用效率，打好农业面源污染治理攻坚战。五是加强农业科技自主创新，深化种业体制改革，推进农业生产机械化，加快发展农业信息化，大力培育新型职业农民，强化农业科技创新，提升科技装备水平和劳动者素质。六是全面推行农业标准化生产，推进农业品牌化建设，提高农产品质量安全监管能力，提升农产品质量安全水平，确保"舌尖上的安全"。七是推进国际产能合作，加强农产品贸易调控，统筹国际国内两个市场两种资源。

文件印发后，各地各部门高度重视，结合各自职责分工，精心组织实施，加强政策谋划，积极改革创新，基本形成了上下联动、合力推进的局面，推动农业转变发展方式取得积极进展。一是着力优化产业布局，推进产业均衡发展。二是着力生产与管理两端发力，提高质量安全水平。三是着力促进一、二、三产融合发展，完善产业链价值链。四是着力推动科技和经营体制创新，激发发展活力。五是着力加强资源环境保护，推动农业可持续发展。今后的工作重点：一是完善农业补贴政策；二是优化农产品价格形成机制；三是加快金融保险政策创新；四是积极创新农业科技体制机制。

种植业

2015年，农业部门紧紧围绕"稳粮增收调结构，提质增效转方式"的工作主线，坚定信心促发展，攻坚克难求实效，务实创新抓落实，经受住了局部地区严重的自然灾害、多发的生物灾害、多变的市场环境等多重考验，粮食实现"十二连增"，种植业生产保持发展好势头，为稳增长、调结构、促改革、惠民生奠定了重要基础，为应对各种风险挑战、维护改革发展稳定大局发挥了重要作用。

（一）粮食生产实现"十二连增"　2015年，全国粮食播种面积113 342.9千公顷，比上年增加620.3千公顷，增长0.6%。全国粮食总产量62 143.9万吨，比上年增加1 441.3万吨，增长2.4%，创历史新高，实现新中国成立以来首次连续12年增产（图2）。全国粮食平均单产每公顷5 482.8千克，比上年提高97.7千克，提高1.8%，创历史新高。夏粮、秋粮增产，早稻略减。夏粮产量14 088.1万吨，比上年增加428.5万吨，增长3.1%；秋粮产量44 687.1万吨，比上年增加1 045.2万吨，增长2.4%；早稻产量3 368.7万吨，比上年减32.4万吨，减少1%。三大粮食作物均增产。玉米产量22 463.2万吨，比上年增加898.5万吨，增长4.2%；稻谷产量20 822.5万吨，比上年增加171.8万吨，增产0.8%；小麦产量13 018.5万吨，比上年增加397.7万吨，增产3.2%。

（二）油料生产稳定，棉糖生产下滑　2015年，油料生产基本稳定，面积14 034.6千公顷，减少8.1千公顷；总产量3 537万吨，增加29.6万吨（图3）。受种植效益下降影响，棉花、糖料生产继续下滑。棉花面积3 796.7千公顷，减少425.6千公顷，减幅10.1%，连续4年减少；总产量560.3万吨，减少57.5万吨，减幅9.3%（图4）。糖料面积1 736.5千公顷，减少162.7千公顷，减幅8.6%，连续3年减少；总产量12 500万吨，减少861.2万吨，减幅6.4%（图5）。

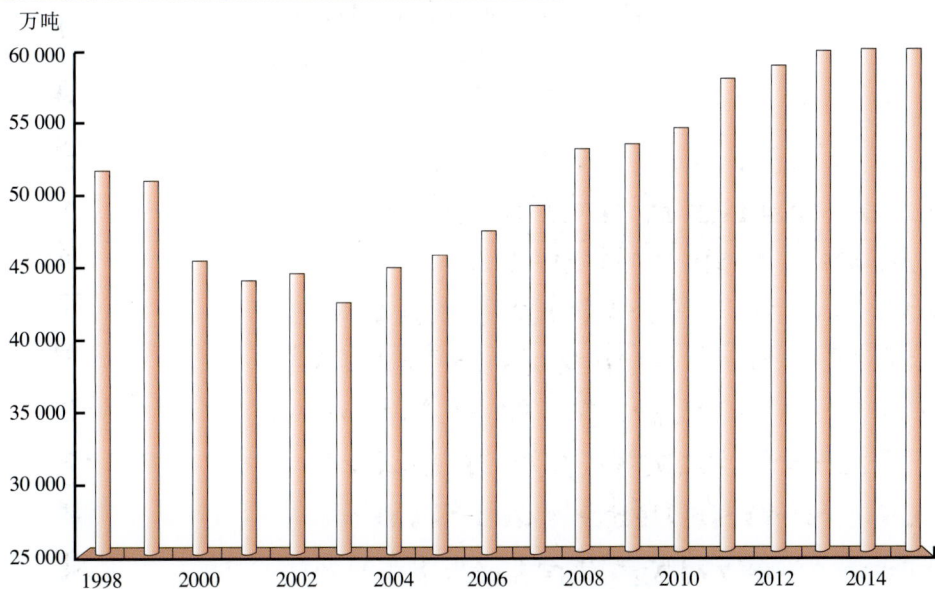

图2　1998—2015年粮食总产量变动情况

万吨

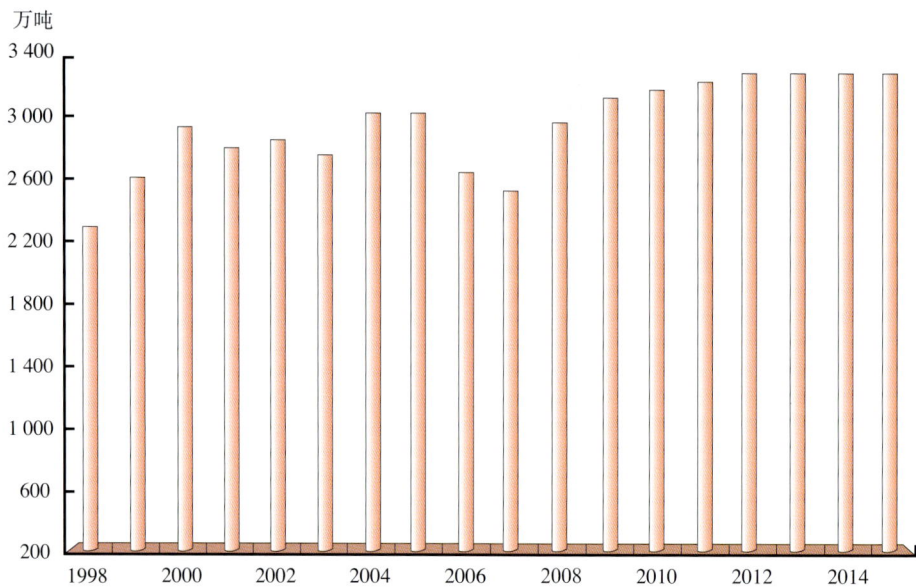

图3　1998—2015年油料总产量变动情况

万吨

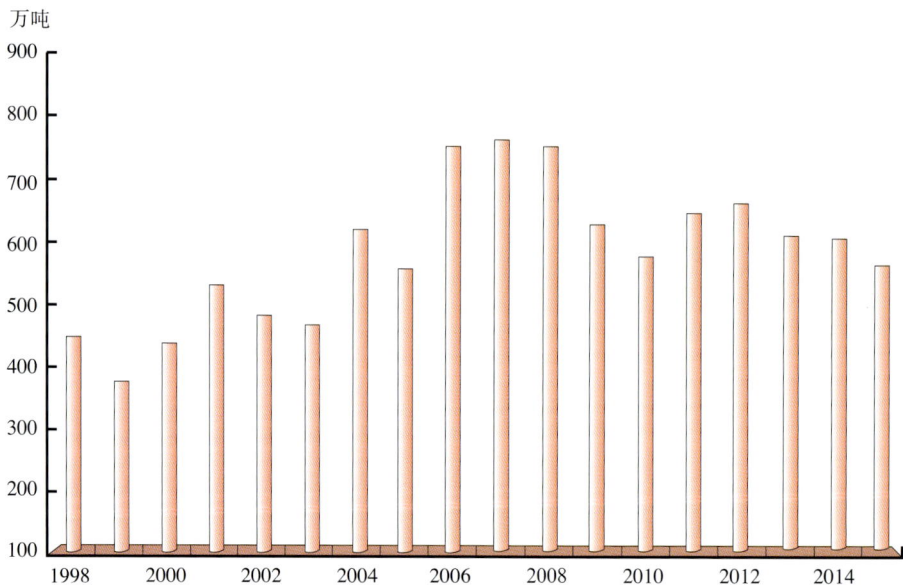

图4　1998—2015年棉花总产量变动情况

（三）菜果茶等园艺作物生产稳中有增　2015年，蔬菜面积、产量双增，据农业部农情调度，全年蔬菜产量78 526.1万吨，增产2 520.6万吨。水果产量27 375万吨，增产1 232.8万吨，苹果、柑橘、梨等大宗水果全

面增产（图6）。茶叶实现增产增收，全年产量224.9万吨，增产15.3万吨。桑蚕生产基本稳定，据农业部农情调度，桑园面积822千公顷，同比减少11千公顷；蚕茧总产量72.21万吨，减少1万吨。

万吨

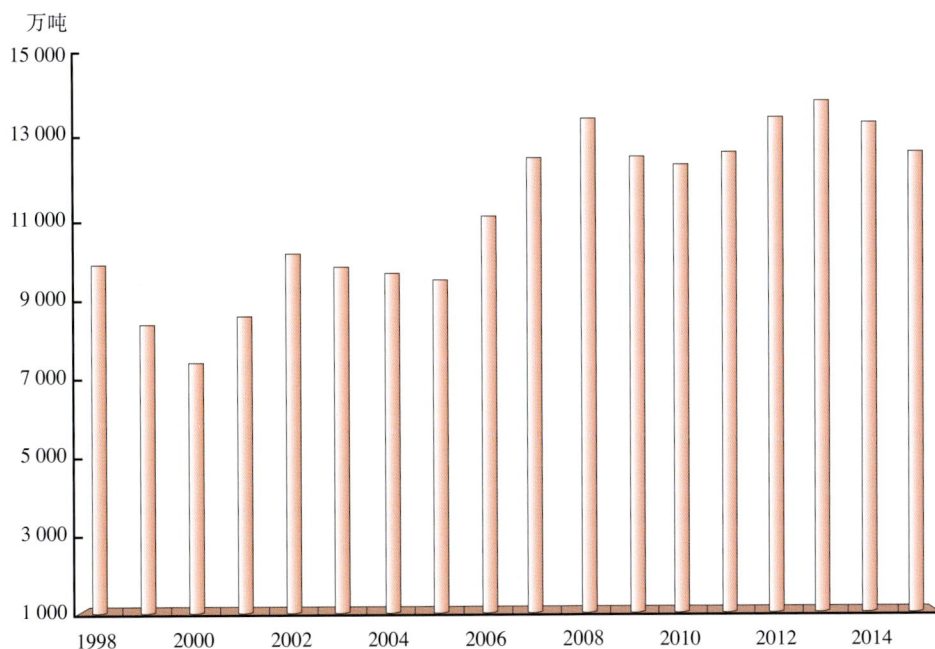

图5　1998—2015年糖料总产量变动情况

万吨

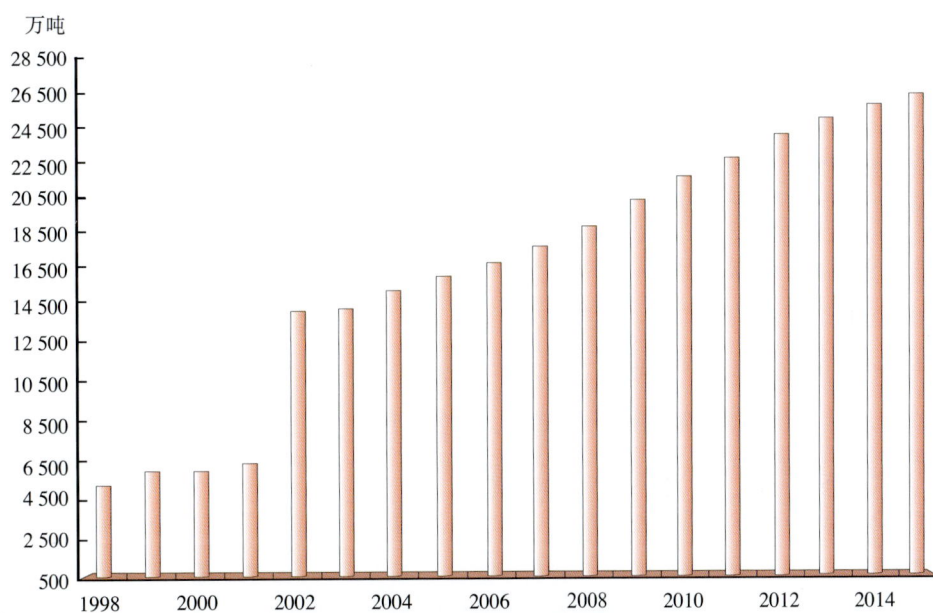

图6　1998—2015年水果总产量变动情况

注：2002年（含）以后水果总产量含果用瓜。

（四）调结构取得积极进展 2015年，农业部在黑龙江选择3个县（场）开展玉米大豆轮作试点，积极引导高纬度、干旱地区，因地制宜将耗水量大、越区种植的玉米等作物改种杂粮杂豆等耐旱作物。在"三北"地区选择30个县开展粮改饲试点，优化品质结构，调减籽粒玉米，改种饲用青贮玉米和鲜食玉米，发展草食畜牧业，促进农牧结合、种养循环。优化品种结构，引导农民种植市场需求量大的强筋小麦，高产优质、脱水快、适合机械收获的玉米品种和脱毒马铃薯等，促进粮食生产提质增效。

专栏2

藏粮于技挖掘增产潜力　绿色发展带动提质增效

2015年，农业部组织东北、黄淮海、长江中下游、西北西南等区域开展粮食绿色增产模式攻关，集成组装高产高效、资源节约、生态环保的技术模式，促进稳粮增收和提质增效，助推粮食实现"十二连增"。

一、取得的主要成效

各地按照农业部的要求，突出重点，协同推进，集成组装，创新服务，打造增产模式攻关升级版，引领农业发展方式转变。

1. 绿色理念引领升级取得新突破。综合运用安全投入品、物理技术、信息技术、绿色防控等措施，促进生产与生态协调发展。黑龙江开展"三减、两增、一提升"行动，减化肥、减除草剂、减化学农药，增加土壤耕层厚度、增加土壤有机质含量，552个万亩示范田化肥、化学农药、除草剂施用量分别减少3.1％、6.1％和6.2％。江西建立120个示范基地，集成应用"三生三诱"（生物防治、生态防控、生物农药防治，灯光诱杀、色板诱杀、性诱剂诱杀）绿色高效防控技术，实现单季减少用药1～2次，病虫损失下降2～3个百分点。

2. 集中攻关助力升级取得新进展。组织科研、教学、推广等开展联合攻关，突破关键环节的技术瓶颈，在水稻机插秧、玉米籽粒机收、油菜机械播栽及收获、马铃薯机种机收等方面取得了初步成果。湖北重点对油菜机械直播和育苗移栽进行攻关，选育出圣光127"早熟三高"新品种，生育期比普通品种缩短40天左右；研发出毯状育苗机械移栽技术，栽插效率比人工提高50倍以上。湖南通过改中迟熟普通品种为早中熟超级稻品种、改30厘米宽行为25厘米窄行插秧机、改毯盘育秧为钵毯盘育秧、改稀植为合理密植、改机械插秧为机械抛秧"五改"技术，"双季稻、双机插"示范区平均亩产超过600千克。

3. 服务创新推动升级取得新发展。推行耕种收全过程专业化、社会化服务，推动粮油生产组织机制创新。吉林在28个县开通测土配方施肥手机信息服务，农民在自家地块即可接受系统服务，有效提高了测土配方施肥技术入户到田率，探索了农业技术推广的新途径。四川推行种粮大户带动、"大园区＋小业主"全程托管、土地股份合作社等适度规模经营模式和"龙头企业+专合组织+种粮大户"的产业化经营模式，同时在20个高产创建县开展全程购买社会化服务试点，有效带动全省专业化服务水平提升。宁夏围绕"专家指导、农资超市、测土配肥、统防统治、农机服务、技术培训"六大功能，推进一站式、托管式等全程社会化服务，关键环节技术到位率达到95％以上，探索了农业综合技术服务新模式。

4. 提质增效带动升级取得新成效。广泛开展现场观摩和技术培训，示范带动产量提升、效益增加。山东大力推广小麦玉米标准化、机械化周年高效技术模式，涌现出一批"吨半粮县""吨粮市"。广西以农科院为依托，发展有机稻"一稻两鸭"种养模式，水稻生育期不施化肥农药，亩产达400千克以上，同时收获两批生态鸭，每亩增收6 000元。河南西华县与企业合作，探索应用化肥促进剂技术，每亩底施化肥节省30％，并减少1次苗期追肥，小麦亩产增加5％～10％，实现了少投入、多产出。

粮食绿色增产模式攻关的成效还体现在集成了一套绿色高效模式。分东北、黄淮海、长江中下游、西南、西北5大区域，水稻、小麦、玉米、油菜、马铃薯5大作物，集成组装了20套区域性标准化技术模式；围绕节种、节肥、节水、节药、环保5个方面，升级完善了20项绿色增产节本增效关键技术。创造了一批高产高效典型。山东德州市10万亩①核心示范区年亩产1 517.5千克，比全省平均亩产高80％，亩增收1 260.6元。四川广汉市整体推进10个小麦万亩示范片，最高亩产达到687.6千克。河南修武县小麦绿色增产模式攻关田平均亩产超700千克，最高亩产突破800千克。

二、开展的主要工作

各地将绿色增产模式攻关作为推进工作的重要抓手，加强组织发动、强化指导服务、狠抓措施落实，有力有序推进各项工作顺利开展。

1. 统筹协调抓落实。一省牵头一区域。绿色增产模式攻关以资源禀赋相近、种植制度相似、作物结构相同的区域为单元，对东北、黄淮海、长江中下游、西北、西南5大区域，每个区域确定1个牵头省份，由牵头省农业部门主动协调本区域其他省和有关科研、推广机构共同开展模式攻关。一区明确一重点。针对制约区域粮食增产的技术瓶颈，每个区域都明确1～2种作物，每种作物确立1～2项主攻模式。长江中下游围绕水稻油菜全程机械化、黄淮海围绕小麦玉米周年创高产、东北围绕水稻玉米化肥农药减量控害、西北西南围绕玉米马铃薯节水增效，通过分解目标任务，开展协同配合，形成攻关合力，确保模式攻关在区域间和省际间同步推进、同步见效。

2. 聚合力量抓落实。充分发挥行政+科研"1+1＞2"的作用，聚集各方力量，形成政府主导、部门配合、院所参与的大协作格局。行政出题。河北、湖北、四川等省组织省内外知名专家组成专家技术指导组，整合科研、教学、推广等部门资源和力量，要求每个项目县依托1个科研单位，聘请1名领衔专家，建立1支团队开展协同攻关。专家破题。针对油菜机收水平低的瓶颈，由傅廷栋院士和官春云院士领衔，集成组装了油菜直播全程机械化、毯苗机械移栽等高效技术模式；针对水稻毯式育秧存在的植伤瓶颈，由张洪程院士领衔，集成组装了水稻钵苗机插精准肥水绿色增产模式。农技部门答题。充分发挥

———————————
① 15亩＝1公顷。

基层农技部门业务性强、服务范围广、联系生产紧的优势，每个示范片明确1名农技人员蹲点包片，做到工作指导到田间、技术服务到地头、物资供应到农户，提高绿色增产模式的到位率。

3. 强化指导抓落实。政策引导。各地在落实中央财政专项资金的基础上，积极争取省市县财政扶持，扩大试点范围、提高补助标准，推进绿色增产模式攻关上层次上水平。江苏通过省级财政配套，将小麦水稻示范片补助标准由16万元分别提高到20万元、30万元。工作督导。在关键农时，组织机关干部和农技人员，采取进村入户、蹲点包片等方式，指导地方抓好示范片管理、项目资金落实、测产验收等工作，确保责任到位、资金到位、措施到位。技术指导。编辑出版《粮食绿色增产增效技术模式》，印制5 000册发送各省和相关县农业部门，作为绿色增产模式攻关的指导教材。各地也通过专家服务热线、短信服务平台、农技直通车等形式，将绿色增产技术送到生产一线。

4. 示范带动抓落实。发挥先锋队作用。引导种粮大户、家庭农场、农民合作社等新型经营主体，积极参与绿色增产技术模式攻关，率先推广应用新品种、新农药、新肥料、新农机，促进苗头性、前瞻性技术的大面积推广应用。发挥主力军作用。积极扶持农机、植保等社会化服务组织，开展代耕代种、代防代治、代配代施、代收代储等专业化服务，将绿色增产模式攻关片打造成先进实用技术的组装车间、高效经营方式的示范基地。湖南实施绿色增产模式攻关"1142"工程，即1个示范片联接1个加工企业、4个合作社、20个种粮大户，延伸了产业链条，促进了规模发展。

5. 监督考核抓落实。事前有把关。要求各项目承担单位制定实施方案，明确试点区域、目标任务、操作方式等内容，通过层层申报、逐级把关，做到公开公平公正。事中有检查。跟踪调度项目区工作进展，及时发现问题，督促整改落实。在夏粮、早稻、秋粮收获期，组织专家进行测产验收，并创新性开展了异地交叉检查、部门联合督查、上级部门不定期抽查等做法。事后有考核。山东对验收合格的绿色增产模式攻关示范方，省财政给予每亩30元的奖励。上海对评选出的100个优秀示范方，每个奖补3万元。陕西对综合考核排名前25％的项目县进行表彰，对低于70分的予以通报批评，作为下年度项目安排的重要依据。

三、工作打算

下一步，农业部将按照中央的部署和要求，认真落实新形势下国家粮食安全战略和藏粮于地、藏粮于技战略，紧紧围绕"提质增效转方式、稳粮增收可持续"的工作主线，创新思路，强化措施，逐年升级、逐区推进、逐项落实，为促进粮食稳定发展提供有力支撑。

1. 高起点搭建创建平台。总结近几年高产创建和绿色增产模式攻关经验，集聚力量、集约项目、集中资源，将高产创建打造成政府拿得出、部门打得响、农民信得过的精品工程。创建主体层次要高。打破过去"摊大饼""撒胡椒面"的操作方式，对承担单位实行逐级申报，对实施主体采取优中选优，优先将接受新知识能力强、示范带动效果好的科技示范户、星级示范社、新型职业农民等纳入补助实施主体范围。生产过程标准要高。选择高产、优质、多抗新品种，采用高性能、多用途、智能化农机装备，施用高效缓释化肥和低毒低残留农药，为实施主体量身定制标准化、程序化技术模式，提升绿色高产高效创建水平。项目管理水平要高。研究制定绿色高产高效创建考核办法和补助资金管理办法，提高项目管理的科学性、精准性和可操作性。将绿色增产模式攻关纳入粮食安全省长责任制考核，由部门行为上升为政府行为。

2. 高目标打造升级版。围绕绿色生态环保升级。集成化肥农药减量控害、绿色防控等技术，探索耕地轮作休耕模式，实现用地养地结合，促进农业可持续发展。围绕资源高效利用升级。集成节水灌溉、水肥一体化、精量播种、平衡施肥、精准施药等节种节水节肥节药技术，推行农作物秸秆、畜禽粪便、地膜等农业废弃物资源化利用，促进节本增效提质增效。围绕提高生产效能升级。集成全程机械化、航化作业、"互联网+"等高效技术，实行标准化生产、精准化管理、产业化经营，促进生产效率提升。

3. 大力度开展瓶颈攻关。区域难点协同突破。对于黄淮海砂姜黑土、华北地下水严重超采、南方重金属污染等区域性的问题，开展跨流域、跨省份协作攻关，从种植制度和耕作模式上突破。技术难点攻关突破。对于小麦赤霉病、水稻稻瘟病、马铃薯晚疫病，以及全程机械化等技术性的问题，开展跨学科、跨领域协作攻关，从品种选育、抗病机理、农机研发上突破。机制难点创新突破。对于生产标准不统一、关键技术不到位、农机农艺不配套等机制性的问题，开展跨部门、跨行业协作攻关，从行业标准、机具规格、技术规程上突破。

4. 大力度推进服务创新。耕种收全程化服务。扶持培育农机、植保、土肥等生产性服务组织，开展从种到收全过程服务、薄弱环节托管式服务、关键农时季节性服务，满足不同主体的多元化需求。产加销一体化服务。探索"农业企业+种粮大户""农业企业+农民合作社+种粮大户"等农企合作模式，健全优势互补、风险共担、利益共享的利益联结机制，实现"种得好"向"卖得好"转变，让农民通过全产业链得到更多实惠。政企银携手化服务。积极引导项目区开展农民合作社资金互助业务，探索农村合作金融、农业租赁金融、农业信贷保险等服务方式，破解农业生产资金瓶颈，撬动社会资本参与绿色增产模式攻关。

5. 大力度搞好宣传引导。主流宣传凝聚共识。在关键农时和重大活动，组织中央主流媒体开展系列宣传报道，宣传"绿色"理念，解读政策措施，介绍技术模式。典型宣传示范引领。及时总结各地推进绿色增产模式攻关的好做法、好经验，树立典型、扩大影响。社会宣传营造氛围。组织开展现场观摩、农企对接等活动，结合人大建议政协提案答复，邀请代表委员现场观摩指导，提高社会认知度和群众接受度。

（五）转方式有序展开 技术集成推广。深入推进高产创建，扎实开展粮食绿色增产模式攻关，集成组装20种绿色增产增效技术模式，遴选出20种节种节肥节药节水关键技术，打造了一批增产增效并进、生产生态协调可持续示范区。资源节约利用。按照"一控两减三基本"的要求，组织开展了"到2020年化肥使用量零增长"和"到2020年农药使用量零增长"，推进化肥、农药减量增效，并取得积极进展。据测算，2015年三大主粮化肥利用率35.2%，农药利用率36.6%，分别比2013年提高2.2个和1.6个百分点。服务方式创新。推进农企合作推广配方肥，依托新型经营主体，集成推广减量增效技术模式，实现节肥增效。在全国建立218个统防统治与绿色防控融合示范区，并组织农药企业在粮食主产区和园艺作物优势产区建立了210个农企合作示范基地，依托专业化服务组织开展病虫统防统治和绿色防控，实现农药减量增效。

（六）质量效益稳步提升 大力推进标准化生产，积极推进园艺作物标准园创建，依托新型经营主体整建制推广区域化、标准化绿色技术模式。开展园艺作物"三品"提升行动，开展老果（茶）园改造，推进品种改良、品质改进和品牌创建。在果菜茶重点产区展高毒农药定点经营和低毒生物农药示范试点，保障鲜活农产品质量安全，促进经济和园艺作物提质增效。

（七）环境治理扎实推进 开展"耕地质量保护和提升行动"，根据生态类型和耕地质量现状，实施退化耕地综合治理、污染耕地阻控修复、土壤肥力保护提升。2015年农业部专项安排5亿元，在东北地区17个产粮大县开展黑土地保护利用试点，按照"控制黑土流失、增加有机质含量、保水保肥和黑土养育"的路径，控制黑土退化，提升黑土地质量。继续安排15亿元资金，在湖南重金属污染区开展综合治理试点。同时，有序推进永久基本农田划定工作，夯实粮食生产的基础。

专栏3

耕地质量保护与提升行动

为贯彻落实中央1号文件和中共中央、国务院《关于加快推进生态文明建设的意见》《生态文明体制改革总体方案》的部署，2015年，农业部印发《耕地质量保护与提升行动方案》（农农发〔2015〕5号），在全国组织实施耕地质量保护与提升行动，提出开展退化耕地综合治理、污染耕地阻控修复、土壤肥力保护提升和耕地质量监测体系建设。力争到2020年，有机肥资源利用率显著提升、肥料利用效率显著提高，全国耕地基础地力提高0.5个等级以上，土壤有机质含量提高0.2个百分点以上，耕地酸化、盐渍化、重金属污染等问题得到有效控制。

2015年，中央财政安排28亿元资金，支持推广秸秆还田、有机肥施用、绿肥种植、酸化和盐碱化耕地土壤综合治理技术，推进东北黑土地保护利用试点和湖南重金属污染修复治理及农作物种植结构调整试点。各地按照《耕地质量保护与提升行动方案》的总体安排，强化行政推动、细化实施方案、搞好示范引导，带动大范围的耕地质量建设。一是种粮大户示范带动。内蒙古自治区组织23个旗县的4 472个100亩以上的种植大户、农业专业合作社，实施面积12.27千公顷。湖南省新邵县将全区100亩以上的种粮大户统一组织在大户平台，在关键农时时节，通过大户平台发送土壤改良、地力培肥、污染修复等技术信息。二是社会化服务组织示范带动。辽宁省昌图县利用当地农民合作社组织化程度高的优势，开展万亩玉米秸秆集中堆沤试点，实行秸秆统一堆沤、统一撒施。浙江省兰溪市按照每亩18元的标准，统一向农机合作社购买秸秆切碎还田服务。三是建设示范区示范带动。江苏省以高标准农田工程建成区、占补平衡补充耕地项目区、耕地质量问题突出区为重点，建立耕地质量提升综合示范区116个，集成推广耕地质量建设技术，提高广大农民对培肥改土作用的认知度。四是强化技术指导示范带动。针对东北黑土区、华北及黄淮平原潮土区、长江中下游平原水稻土区、南方丘陵岗地红黄壤区、西北灌溉及黄土型旱作农业区集成组装一批耕地质量保护与提升的技术模式。在关键农时，采取进村入户、蹲点包片等方式，组织农业技术人员和基层干部深入田间地头开展指导服务。

耕地质量保护与提升行动实施一年来，取得了一定成效，表现在"两提、两减"：一是耕地质量有新提升。2015年全国推广应用耕地质量保护与提升技术面积1 333.33万公顷以上，改善了土壤理化性状，提高土壤有机质含量和耕地基础地力。东北黑土地退化流失等问题得到初步遏制。二是粮食综合生产能力有新提高。甘肃省耕地质量保护与提升补助项目区农作物产量提高了10％以上，亩均增产在30千克以上。安徽省秸秆还田综合技术项目区水稻亩增产约15～38千克，平均增产达到5.8％。三是减少了农业生产投入。北方地区玉米秸秆还田后，平均每亩减少氮肥3.2千克（纯量，下同），减少磷肥1千克，减少钾肥5.5千克。南方地区冬闲田种植绿肥后，水稻亩均减少化肥用量3.8千克，节支近20元。四是减轻了农业面源污染。通过合理利用秸秆、畜禽粪便等废弃物，减少了污染排放。河南、山东等地推广有机与无机肥施用平衡技术，避免盲目施肥带来的禾苗过旺生长，病虫害加剧等问题，减少农药使用量，改善了农田生态环境。

下一步，农业部将紧紧围绕"提质增效转方式、稳粮增收可持续"的工作主线，大力实施"藏粮于地、藏粮于技"战略，深入开展耕地质量保护与提升行动，助力粮食产能提升，夯实农业可持续发展基础。

3 畜牧业

2015年，畜牧业生产克服消费持续低迷、市场波动较大、环保压力增加等一系列困难，在平稳中调整，在调整中优化，总体保持了平稳发展的良好势头。全年肉类总产量8 625万吨，比上年下降1.0％（图7）；禽蛋产量2 999万吨，增长3.6％；牛奶产量3 755万吨，增长0.8％。畜禽生产顺应市场需求积极调整，生产结构不断优化。畜产品市场供给充足，质量安全保持较高水平，较好地完成了"保供给、保安全、保生态"的既定目标和任务，实现了"十二五"的圆满收官。

（一）生猪产能深度调整 2015年生猪生产同比下降，产能作出适应性调整。全年生猪出栏7.08亿头，下降3.7％；猪肉产量5 487万吨，下降3.3％。年度内生猪价格总体表现为先抑后扬。2015年前3个月生猪价格延续了2014年的下降趋势，3月中旬开始，生猪价格恢复性上涨。在大宗农产品市场普遍低迷的情况下，生猪价格一枝独秀，全年平均活猪出栏价格为每千克15.27元，同比上涨13.3％。6月以后，猪粮比价升至6∶1的盈亏平衡点以上，养殖场户开始盈利。2015年出栏一头肥猪平均盈利109元，基本弥补了2014年头均101元的亏损。全年平均亏损面为28.1％，同比降低33个百分点。年末生猪存栏4.51亿头，同比下降

3.2%。其中能繁母猪存栏连续27个月环比下降，为2013年3月之后的最低水平。养猪户数同比下降11.3%，中小规模养猪户持续退出，生猪产能调幅度较大。

（二）家禽生产平稳增长 2015年，蛋鸡、肉鸡生产稳步增长，没有出现重大疫情。全年禽蛋产量2 999万吨，比上年增长3.6%，禽肉产量1 826万吨，增长4.3%。禽类产品供需关系总体宽松，价格受节日效应影响明显，中秋节、春节前为消费和价格高峰。全年平均看，全国鸡蛋平均零售价格为每千克9.94元，下降8.1%，白条鸡价格为每千克18.9元，上涨3.8%。蛋鸡、肉鸡生产效益总体下滑，处于偏低水平。每只产蛋鸡全年累计获利13.32元，减少13.66元，全年平均出栏一只肉鸡获利1.39元，减少0.38元。年度蛋鸡平均存栏增长4.0%，全年肉鸡累计出栏量减少6.8%。

（三）奶牛生产稳中略增 2015年，在全球奶业景气度普遍较低、国内奶牛养殖效益下滑、乳品进口冲击的情况下，牛奶产量仍实现稳中略增，全年牛奶产量3 755万吨，比上年增长0.8%。受产量增长、进口增加和消费疲软等因素影响，生鲜乳价格年初快速下跌，低位徘徊至第四季度后有所回升，总体呈"U"形走势。全年10个主产省生鲜乳平均价格为每千克3.45元，比上年下降14.8%，总体低于2013—2014年水平。平均一头年产6吨的奶牛年收益为1 050元，比上年减少2 825元。由于养殖效益明显下滑，中小规模养殖场户大量退出或兼并整合。截至2015年年末，奶牛养殖户数同比减少36.6%，规模场奶牛存栏增长4.1%。

（四）牛羊肉生产保持平稳 2015年，牛羊肉生产保持平稳。全年牛肉产量700万吨，

比上年增长1.6%；羊肉产量441万吨，增长2.9%。年内牛肉价格小幅波动，春节后开始下降，7月开始企稳回升，全年平均价格下降0.8%；羊肉价格一路震荡下降，至年末累计下降10.7%，全年平均价格下降6.5%。相比牛羊肉，活牛活羊价格下降幅度较大，养殖效益严重下滑。全年平均看，绵羊出栏价格每千克18.71元，下降18.7%；山羊出栏价格每千克28.6元，下降10.3%，肉牛出栏价格每千克25.66元，下降2.9%。出栏一只45千克绵羊盈利193元，减少70元；出栏一只30千克山羊盈利363元，减少43元；出栏一头450千克的肉牛平均盈利1 550元，减少337元。

（五）畜产品质量安全保持较好水平 2015年，饲料产品质量卫生指标监测合格率97.2%，畜产品"瘦肉精"例行监测合格率99.9%，生鲜乳三聚氰胺检测合格率连续7年保持100%，全年未发生重大质量安全事件。

（六）畜牧业转型升级取得明显成效 2015年，扶持标准化规模养殖、生猪和牛羊调出大县奖励、"菜篮子"工程等一系列政策继续实施。通过生猪、牛羊调出大县奖励政策，支持全国500个生猪大县和100个牛羊大县巩固生产能力。实施畜禽良种工程，提升良种供应能力和种畜禽质量。实施畜禽遗传改良计划，遴选了37家生猪、肉鸡核心育种场和15家肉鸡良种扩繁推广基地，畜禽自主育种水平稳步提升。持续推进畜禽标准化规模养殖，组织创建了410个国家级畜禽标准化示范场。2015年畜禽养殖规模化率超过54%，比"十一五"末提高9个百分点。国家级畜牧业产业化龙头企业达到583家，畜牧业发展进入了规模化生产、产业化经营的新阶段。

万吨

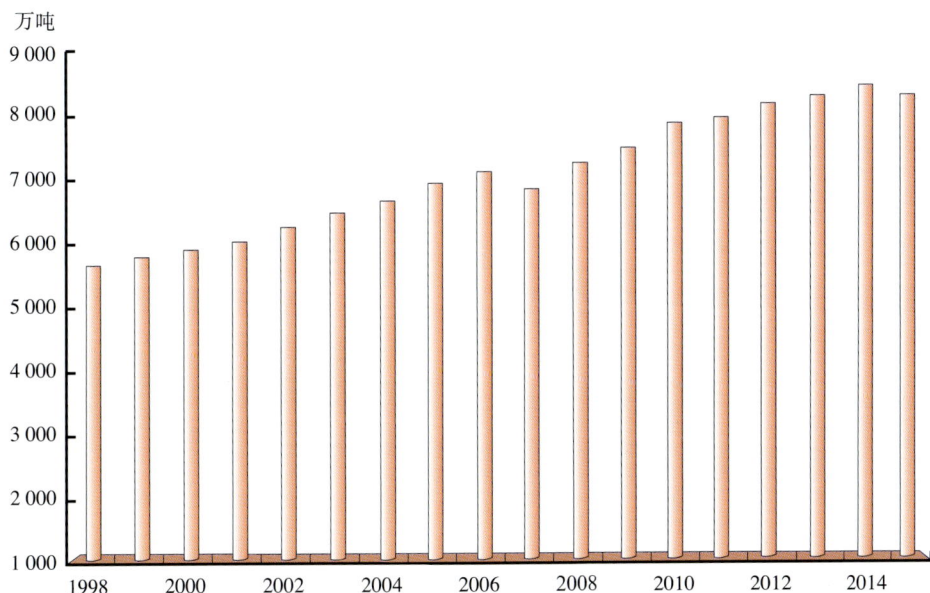

图7 1998—2015年肉类总产量变动情况

专栏4

促进草食畜牧业加快发展

我国是牛羊生产消费大国，羊肉产量稳居世界第一位，牛肉产量仅次于巴西和美国，居第三位。2015年，全国牛肉产量700万吨，增长1.6％；羊肉产量441万吨，增长2.9％；牛奶产量3 755万吨，增长0.8％。草食畜产品的生产方式逐步转变，多种形式的新型经营主体加快发展，规模养殖场建设步伐加快，规模养殖比重持续上升。

近年来，国家不断加大对草食畜牧业的扶持力度，逐步提高草食畜产品的生产水平。一是支持标准化规模养殖。实施奶牛和肉牛肉羊标准化规模养殖场建设项目，支持规模养殖场基础设施建设。二是支持基础母畜扩群。在肉牛主产省实施基础母牛扩群增量项目。采取"先增后补"方式，对肉牛母牛养殖大县（母牛3万头以上）的规模养殖场户、合作社和企业进行扶持。三是支持牛羊良种补贴。实施奶牛、肉牛、羊良种补贴政策，对养殖场户购买优质奶牛、肉牛冻精和种公羊给予补助，加快牛羊品种改良，提高养殖场户生产水平和养殖效益。四是支持南方现代草地畜牧业发展。继续开展南方现代草地畜牧业推进工作，在集中连片草山草地，重点建设一批草地规模较大、养殖基础较好、发展优势较明显、示范带动能力强的牛羊肉生产基地。五是支持牛羊调出大县发展。启动牛羊调出大县奖励政策，对内蒙古、西藏、青海、宁夏和新疆五省区的100个牛羊大县给予奖励，进一步调动地方发展牛羊生产积极性。

各级畜牧兽医部门认真贯彻落实党中央、国务院加快农业"转方式、调结构"的决策部署，积极推动草食畜牧业发展。一是印发《关于促进草食畜牧业加快发展的指导意见》。2015年5月，农业部印发《关于促进草食畜牧业加快发展的指导意见》，明确了今后一个时期，我国草食畜牧业发展要以肉牛、肉羊、奶牛为重点，以转变发展方式为主线，以提高产业效益和素质为核心，坚持种养结合，优化区域布局，加大政策扶持，强化科技支撑，推动草食畜牧业可持续集约发展，不断提高草食畜牧业综合生产能力和市场竞争能力，切实保障畜产品市场有效供给。二是继续开展畜禽养殖标准化示范创建活动。截至2015年，在全国范围内共创建奶牛、肉牛和肉羊畜禽养殖标准化示范场1 293个，其中奶牛650个、肉牛281个、肉羊362个，有效的推进了奶牛、肉牛肉羊的标准化规模养殖。2016年将在全国范围内再创建包括奶牛、肉牛肉羊在内的畜禽标准化示范场500个。三是印发全国肉羊遗传改良计划。通过肉牛肉羊遗传改良计划的实施，加快了肉牛肉羊的遗传改良进程，提高了肉牛肉羊的综合生产水平，截至目前，共遴选了21家肉牛核心育种场，有效提高了肉牛产业竞争力。

3 兽医事业

（一）切实抓好重大动物疫病防控工作，成功应对多起突发事件，未发生区域性重大动物疫情　农业部和各地畜牧兽医部门围绕《国家中长期动物疫病防治规划（2012—2020年）》，抓住关键节点和重点环节，突出抓好免疫、监测、应急处置等关键措施落实，扎实推进各项防控工作。及时部署检查春季、秋冬季重大动物疫病防控工作。及时制定下发国家动物疫病监测与流行病学调查计划，对全年禽流感、口蹄疫等优先防治病种的监测与流行病学调查工作做出安排。进一步加强应急管理工作，在黑龙江省牡丹江市成功举办全国非洲猪瘟防控应急演练，进一步提高了各地的应急实战能力。对部分省份零星发生的禽流感、口蹄疫等重大动物疫情，指导当地切实落实各项扑疫措施，坚决果断处置突发疫情，所有疫情均得到迅速控制和扑灭，没有出现扩散蔓延。针对辽宁西丰县、陕西甘泉县炭疽疫情，农业部

及时指导当地开展疫情处置，做好疫情监测排查和追溯调查，将风险和损失降到了最低。加强部门协作，突出抓好布病、血吸虫和包虫病等主要人畜共患病防控工作。协调财政部门落实布病包虫病专项应急防疫经费5.67亿元。进一步做好外来病防范工作，加大边境防控力度，坚持"内防外堵"，加强联防联控，完善多部门合作机制，确保各项防控措施落实到位，防止外来病传入。统筹做好生猪腹泻等常见多发病防控，加强技术指导和服务，强化综合防疫管理，提高养殖场生物安全水平。在突发自然灾害应对方面，全力组织开展灾后动物防疫工作。2015年，各种自然灾害多发频发，给动物防疫工作带来不小挑战。部分地区发生洪涝、泥石流、山体滑坡等灾害。受尼泊尔8.1级强烈地震影响，西藏多个县区受灾，新疆皮山县6.5级地震，浙江等东南沿海地区遭受强台风"灿鸿"袭击，当地畜牧业遭受较大损失。各级畜牧兽医部门迅速行动，及时开展灾后防疫工作，切实做好无害化处理、环境消毒、紧急免疫等工作，确保了大灾之后无大

疫。2015年，农业部以落实全国家禽H7N9流感剔除计划为抓手，进一步加大防控工作力度，强化监测和流行病学调查，加强源头净化，努力消除疫情隐患。坚持一手抓疫病防控，一手抓产业发展，努力降低病毒从活禽市场向人传播的风险，努力降低病毒由活禽市场向养禽场传播的风险，努力降低家禽产业面临的市场风险。

（二）加大动物卫生执法力度，从严管理兽药，努力确保动物产品质量安全

1. 继续开展全国动物卫生监督"提素质强能力"行动。及时派出工作组，指导地方妥善处理江西高安病死猪流入市场、河北山东生猪检疫不规范以及湖南醴陵摊派检疫收费等事件。通报近年来发生的10起动物卫生监督违法典型案例。启动动物检疫合格证明电子出证中央级平台与省级平台对接工作。组织开展《动物检疫管理办法》《动物防疫条件审查办法》立法后评估，并启动两个办法修订工作。开展"建立病死畜禽无害化处理机制宣传月"活动。召开病死畜禽无害化处理机制建设现场会议，研究部署推进机制建设有关工作。按照国务院要求，对将养殖环节病死猪无害化处理补助经费落实情况进行专项调研督查。全国动物卫生监督机构共产地检疫动物139亿头（只、羽），共检出病畜禽310万头（只、羽）。对检出病害畜禽全部实施了无害化处理。共查处各类违反《动物防疫法》案件2.35万件，有力地保障了畜牧业健康发展和畜产品质量安全。

2. 创新完善兽药管理制度和监管措施。一是加强兽药质量监管，完善法律法规制度。发布《兽药产品批准文号管理办法》（农业部令〔2015〕第4号）。解决当前兽药同质化严重等问题、促进行业健康发展。发布《兽药非临床研究质量管理规范》（兽药GCP）和《兽药临床研究质量管理规范》（兽药GCP），规范兽药研究活动。发布《兽用诊断制品生产质量管理规范》、兽医诊断制品注册要求及兽用生物制品临床试验靶动物数量要求等，积极促进兽用疫苗和诊断制品发展。二是加大监管力度，组织开展兽药监督抽检及检打联动。年初制定下发《兽药质量监督抽检计划》，共下达抽检任务7 480批，并要求各地同比例配套制定辖区抽检计划。为加大监管力度，增加质量情况摸底抽检，掌握兽药质量真实情况；发布《兽药中非法添加物质检查方法标准》，加大非法添加检测力度；针对近三年被抽检兽药产品批数超过200批，且检验结果合格率大于99%的企业生产的产品，统一由中国兽医药品监察所进行抽检。组织开展兽药中违法添加物检测方法制订工作，共发布10个检测方法，为兽药打假提供了有力支持。据统计，2015年共抽检兽药产品14 375批次，合格13 801批，合格率96.1%。三是强化兽药监督执法工作。针对重点监管环节和重点监管对象，加强部门合作，深入实施"检打"联动，严格实施从重处罚，重拳打击制售假劣兽药违规行为，取得明显成效，有力保障动物产品质量安全水平。2015年，依法吊销7家企业《兽药生产许可证》，撤销1家企业16个产品批准文号。四是全面实施兽药电子追溯管理制度。发布农业部公告第2210号，全面实施兽药电子追溯码（二维码）管理制度，分类、分批、分步实现兽药生产、经营和使用全过程追溯管理。截至2015年12月，追溯系统接入企业1 897家（含33个境外生产企业用户），占全国兽药生产企业的90.4%，基本实现了兽药生产企业全覆盖。组织开发"国家兽药查询"手机客户端（APP）系统，组织开发了国家统一的兽药经营环节追溯管理软件，并在内蒙古、广东和广西3地开展经营环节二维码追溯试点。

3. 加强兽用抗菌药监管及残留监控工作。一是加大兽药残留抽检力度。调整兽药残留监控计划，扩大禁用兽药残留检测的动物及组织覆盖面，扩大检测的药物种类覆盖面，提高检测的科学性和针对性。2015年共抽检畜禽及畜禽产品13 201批次，合格13 190批，合格率99.9%。二是组织开展综合治理兽用抗菌药行动。制定了《全国兽药（抗菌药）综合治理五年行动方案（2015—2019年）》，拟利用5年时间治理兽用抗菌药残留和动物源细菌耐药性问题。三是组织开展风险评估。对洛美沙星等4种人兽共用抗菌药开展风险评估，发布在食品动物中停止使用洛美沙星等4种原料药及其各种制剂公告，维护公共卫生安全。四是组织实施动物源细菌耐药性监测计划。建立完善动物源细菌耐药性监测数据库，掌握耐药性动态和发展趋势。五是启动修订《药物饲料添加剂规范》《停药期规定》《兽药最高残留限量标准》《禁用药清单》等规范性文件，进一步完善有关规定。

（三）屠宰监管职责调整目标任务完成，屠宰监管职能不断强化 截至2015年年底，全国市、县两级屠宰监管职责调整到位率分别达到95.1%、91.2%。市、县两级分别在农业（畜牧兽医）部门增设屠宰监管机构227个、1 202个，分别增加行政编制253人、410人，增加事业编制881人、4 432人。组织开展生猪屠宰专项整治行动，全国共排查屠宰违法线索2 827起，发现问题1 588条；查处屠宰违法案件6 042个，移送公安机关314起，罚款1 792万元；捣毁私屠滥宰窝点749个，清理取缔不符合设立条件的生猪屠宰场点1 694个。屠宰环节抽检"瘦肉精"样品362万余份，检出阳性样品141份，对检出阳性样品的企业均已依法处理。发放宣传材料186万余份，组织培训近5 000场次、培训13万人次。认真做好生猪等畜禽屠宰统计监测工作，定期向中央办公厅、国务院办公厅报送屠宰政务信息，每周向相关部门通报、向社会发布规模以上生猪屠宰企业白条肉出厂价格信息，每月发布屠宰量信息。

（四）加快推进兽医立法进程，继续强化兽医人才队伍建设管理 2015年，高度重视兽医立法、兽医人才队伍建设和兽医机构管理工作，积极采取措施，深入有序推进。在兽医立法方面，集中精力做好《动物卫生法》和《兽医法》两个法律草案的研究起草工作，开展立法调研，组织专题研讨，认真严肃规划兽医法律法规顶层设计。

1. 加强兽医人才队伍建设。一是完成《全国兽医人才队伍建设规划》起草工作。二是加强官方兽医队伍建设。继续开展官方兽医资格确认和官方兽医培训工作，截至2015年年底，全国共确认官方兽医11万余人。三是推进执业兽医队伍建设。调整完善考试管理制度，制定出台《香港和澳门特别行政区居民参加全国执业兽医资格考试实施细则（试行）》，组织修订一系列执业兽医资格考试相关规章办法。圆满完成2015年全国执业兽医资格考试工作，全国共有17 751人通过考试，其中执业兽医师和执业助理兽医师分别为8 837人和8 914人。四是加快基层兽医队伍建设。继续落实基层动物防疫工作补助经费，调动基层动物防疫人员工作积极性。开展基层兽医培训，提高其从业水平。组织开展基层老兽医待遇有关问题专项调研，摸清问题的由来和现状，推动地方妥善处理老兽医待遇问题。

2. 强化兽医机构建设。一是积极运用兽医体系效能评估（PVS）工具，组织编制中国兽医体系效能评估报告。二是全国范围内组织开展动物诊疗专项整治行动，进一步规范动物诊疗活动和执业兽医从业行为，显著改善了动物诊疗行业秩序。

（五）提升实验室科技支撑能力，加强兽医科技和标准管理　一是规范和加强实验室管理工作。印发《农业部关于进一步做好兽医实验室考核的通知》，组织全国32个省级疫控中心实验室检测能力比对工作，首次实现全部符合。全面提升全国动物疫情监测预警能力。积极争取国家发改委将19家已建成和在建的兽医实验室纳入规划。积极参与国家高级别生物安全实验室规划编制工作。召开全国兽医实验室发展研讨会，讨论研究兽医实验室发展。二是加强兽医科技和标准管理。组织提出兽医科技重大需求，跟踪兽医领域公益性农业行业科研进展。组织研究"十三五"兽医科研、重点实验室建设、产业技术体系建设需求及科研管理机制，编制《中国兽医科技发展报告（2013—2014）》。规范有关标委会标准制修订工作程序。完成2015年标准制修订项目87个（动物卫生标准18个、兽药残留标准67个、畜禽屠宰标准2个），申报2016年兽医标准制修订计划70个（动物卫生标准11个、屠宰加工标准10个、兽药残留标准48个、伴侣动物标准1个）。

（六）积极参与世界兽医事务，广泛开展国际兽医交流

1. 强化与有关国际组织合作。一是深入参与国际组织活动，积极履行国际义务，维护我国核心利益。作为世界动物卫生组织（OIE）亚太区委会当值主席国、OIE东南亚—中国口蹄疫控制行动（SEACFMD）委员会执委会副主席国和OIE全球跨境动物疫病防控框架（GF-TADs）区域执委会主席国，参加和支持OIE有关活动，积极向OIE提出我国对有关标准规则制修订的立场和主张。在青岛承办SEACFMD第18次国家协调员会议，研究区域内口蹄疫防控情况并制定防控路线图。中国口蹄疫官方控制计划获得OIE认可。二是充分利用国际组织平台，提高我国动物疫病防控能力和水平。与联合国粮农组织（FAO）联合实施中国兽医现场流行病学培训、非洲猪瘟防控策略发展项目、公共私营伙伴项目、新发流行病威胁强化项目（EPT+）等有关兽医领域项目。翻译出版发行OIE《陆生动物卫生法典》和《陆生动物诊断试剂和疫苗手册》，促进我国兽医工作与国际接轨。三是在国际组织框架下，加强跨境动物疫病联防联控机制建设。充分利用向OIE动物卫生与福利基金会捐款，实施亚洲猪病防控项目和跨境动物疫病防控合作。依托FAO国际资源及技术优势，开展中越、中蒙俄等双多边动物疫病联防联控机制建设。利用亚洲开发银行技术援助项目，在边境地区开展相关技术培训。

2. 深化双边交流合作。一是深化与有关国家兽医领域交流合作。与巴西重新签署《中华人民共和国政府和巴西联邦共和国政府关于动物卫生及动物检疫的合作协定》。举办第五届中蒙俄跨境动物疫病防控三方会议、中老缅跨境动物疫病防控研讨会暨培训班等双多边兽医会议和技术培训。二是积极促进动物及动物产品国际贸易。多次与美国、英国、法国、德国、丹麦、荷兰、俄罗斯、哥伦比亚、意大利、蒙古、哈萨克斯坦等国家就有关动物疫病输华禁令问题进行技术会谈和技术交流。组织专家就解除有关禁令开展风险评估。根据风险评估结果，有条件解除爱尔兰30月龄以下剔骨牛肉输华禁令、解除西班牙禽流感和新城疫输华禁令以及蒙古国西部5省牛羊肉口蹄疫输华禁令。

3. 进一步深化与港澳台合作。积极推动解决香港利用广州从化无规定马属动物疫病区过程中出现的相关问题。应澳门民政总署要求，为澳门兽医人员提供禽流感、狂犬病、食源性寄生虫病等技术培训。与台湾地区就兽用疫苗、屠宰和无害化处理、狂犬病防控开展深入交流，并举办2015年海峡两岸兽医管理及技术研讨会。

🐟 渔 业

2015年，渔业经济保持了稳中有增的发展势头。全年水产品总产量6 699.65万吨，比上年增长3.7%（图8）；渔民人均纯收入15 594.83元，增长8.1%。按当年价格计算，全社会渔业经济总产值22 019.94亿元，实现增加值10 203.55亿元，其中渔业产值11 328.70亿元，渔业增加值6 416.36亿元。

（一）渔业生产稳定增长 2015年，全国水产养殖产量4 937.90万吨，比上年增长4.0%；国内捕捞产量1 542.55万吨，增长2.1%。国内渔业生产养捕比为76∶24。远洋

渔业产量219.20万吨，增长8.1%。全国水产品人均占有量48.74千克。

（二）水产品市场健康运行 2015年，水产品批发市场交易量增加，价格小幅下降。据监测，水产品批发市场成交量同比增长8.49%，综合平均价格21.00元/千克，比上年下降0.3%，其中，海水产品价格36.92元/千克，增长0.8%；淡水产品价格15.03元/千克，下降1.5%。水产品进出口贸易下滑。据海关统计，2015年我国水产品进出口总量814.15万吨，进出口总额293.14亿美元，同比分别下降3.6%和5.1%。其中，出口量406.03万吨，出口额203.33亿美元，分别下降2.5%和6.3%；进口量408.13万吨，进口额89.82亿美元，分别下降4.7%和2.2%。贸易顺差113.51亿美元，下降9.3%。

（三）强渔惠渔力度加大 各级政府重视渔业发展，加强了对渔业的支持和投入。中央财政落实渔业基本建设中央资金26.17亿元，比上年增加5.8亿元，渔业财政项目资金11.1亿元，比上年增加1.22亿元，渔业油价补助资金等与上年基本持平。积极开展养殖池塘标准化改造，2015年中央财政渔业标准化健康养殖项目安排2亿元，引导各级财政资金，支持各地开展池塘改造等养殖基础设施建设，重点用于养殖水处理等环保设施升级，据不完全统计，全年共开展池塘标准化改造约18万公顷，各级财政投资约16亿元。渔业油价补助政策调整稳步推进。财政部、农业部印发了《关于调整国内渔业捕捞和养殖业油价补贴政策 促进渔业持续健康发展的通知》，随后两部联合召开视频会议进行安排部署，并印发了油补调整政策的各项实施方案。根据调整后的方案，未

万吨

图8　1998—2015年水产品总产量变动情况

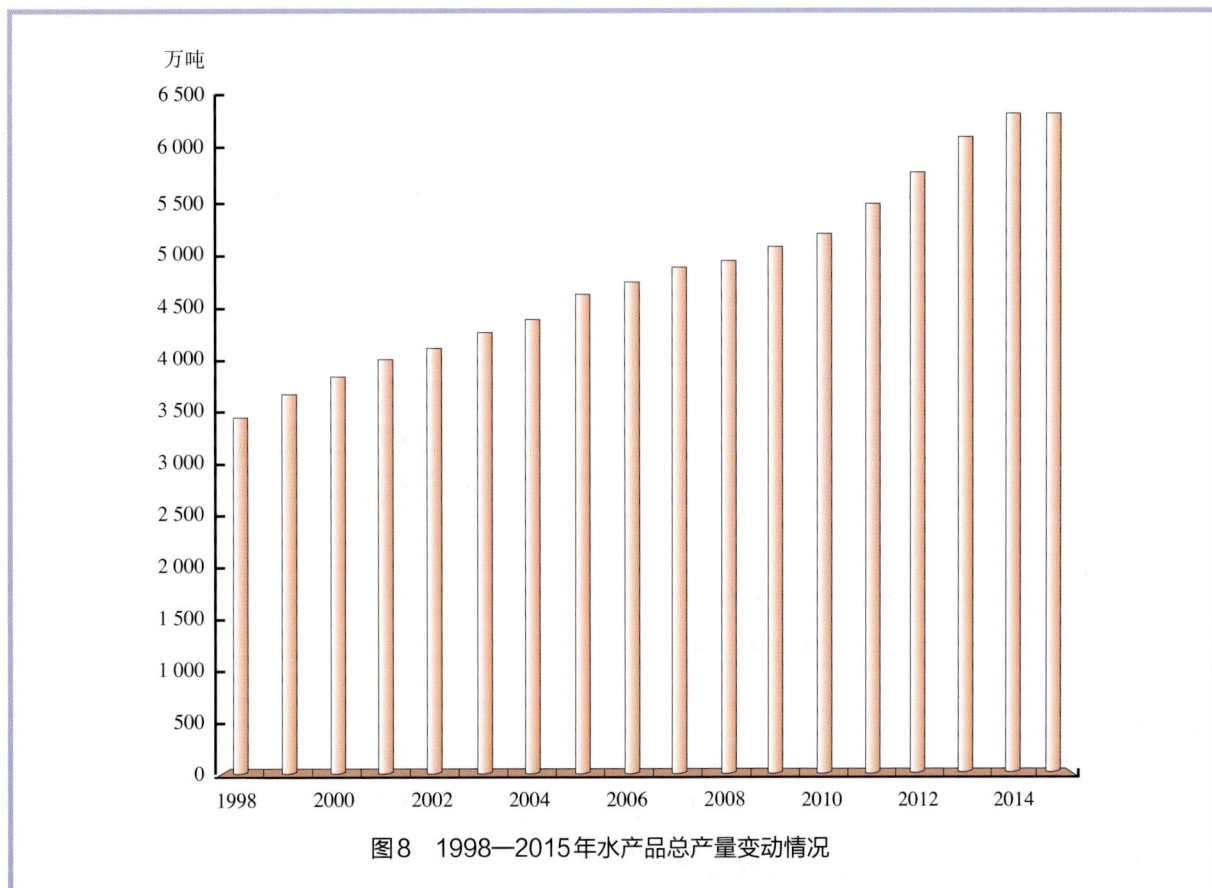

来5年每年约有40亿元资金以专项转移支付形式统筹用于渔民减船转产、渔船更新改造、水产养殖等重点工作。渔业互助保险业务保持平稳发展态势，全行业共承保渔民95万人、渔船7.8万艘、养殖水面1.7万公顷、养殖网箱2 590口，提供风险保障3 300亿元，比上年增长14.2％，年内支付经济补偿金6.6亿元，增长24.3％。

（四）水产健康养殖全面推进　继续在全国范围组织开展水产健康养殖示范创建活动，新创建水产健康养殖示范场614家，使农业部水产健康养殖示范场总数达到5 856个，新创建渔业健康养殖示范县5个。加强现代种业建设，对9家国家级水产原良种场进行复查，取消1家原良种场称号，验收通过了2家国家级

水产原良种场，国家级场总数达到80家，支持8省41个县的重点苗种繁育场开展亲本更新；组织2015年全国现代渔业种业示范场创建活动，评审通过全国现代渔业种业示范场21家，引导种业企业向育繁推一体化方向发展。继续组织实施2015年国家水生动物疫病监测计划，组织25个省（区、市）开展鲤春病毒血症等8种疫病的专项监测。指导和推进水产苗种产地检疫，共有621个县试点启动了检疫，年检疫7 200余批次，提高从源头控制水生动物疫病能力和效果。组织举办第二届水生动物官方兽医师资培训，经考试合格221人取得结业证书。启动水产养殖面源污染防治工作。制定了《水产养殖面源污染防治行动方案》；在江苏省盐城市召开全国水产养殖面源污染防治现场会。

（五）渔业科技支撑加强 完成"十三五"渔业科技发展战略研究工作，启动"十三五"渔业科技发展规划编制工作。全年有37项国家标准和行业标准获准实施，新增13类63个主导品种和9类36项主推技术，渔业科技贡献率达到58%。稻田综合种养作为发展生态循环农业的重要内容，写入《关于加快转变农业发展方式的意见》，农业部等八部委印发的《全国农业可持续发展规划（2015—2030年）》提出了要发展"稻鱼共生"等生态循环农业发展模式。在江苏、四川、山西、湖北和福建开展了养殖节能（水）减排试点示范，示范推广了池塘循环水养殖、池塘网箱减排、鱼菜共生生态养殖、大水面网箱养殖底排污等技术和渔用配合饲料应用技术。

（六）水产品质量安全继续提升 开展2015年国家产地水产品和水产苗种质量安全监督抽查、捕捞水产品质量安全监测、渔用投入品质量安全风险隐患排查和海水贝类产品卫生监测及生产区域划型工作，检测各类样品达到1万个以上。水产品产地监测合格率为99.6%，比上年提升0.4个百分点。加大了对"三鱼两药"的抽查力度，同时加大执法力度，重点打击养殖及育苗过程使用孔雀石绿、硝基呋喃类代谢物、氯霉素等禁用药物以及原料药和不执行休药期等违法行为。在全国范围内首次开展水产品质量安全监管与执法交叉督察工作。全年未发生重大水产品质量安全事件。

（七）渔业资源养护和环境保护持续推进 认真贯彻中央领导同志重要指示精神，持续加大对违规渔具清理整治力度，清理整治"绝户网"取得阶段性成果。4月，农业部在浙江象山召开全国清理整治"绝户网"和涉

渔"三无"船舶现场工作会，韩长赋部长对清理整治工作进行再动员再部署，会后各省区市进一步完善方案、落实责任，全国形成政府主导、上下联动、部门协作、海陆并举的工作机制。截至2015年年末，全国共取缔涉渔"三无"船舶近1.67万艘，取缔渔具近55万张（顶）。加强水生生物增殖保护力度，中央财政安排增殖放流资金4亿元，带动全国投入10.9亿元，放流重要水生生物苗种和珍稀濒危物种361.2亿尾（只），比上年增长5.2%。继续开展近海渔业资源和近岸产卵场调查，以及长江、珠江和黑龙江等重要内陆水域产卵场调查。伏季休渔和长江、珠江禁渔等休禁制度顺利实施。加强水生生物保护区建设和管理，新增国家级水产种质资源保护区28个，总数达到492个。创建国家级海洋牧场示范区20个，充分发挥了典型示范和辐射带动作用。加强水生野生动植物保护与管理，积极推进长江江豚拯救行动计划和中华白海豚保护行动计划，加强水生野生动物特许利用管理，规范水生野生动物驯养展演活动，开展水生野生动物及其产品进出口及特许利用审批，做好水生濒危物种履约工作。继续组织全国渔业生态环境监测网成员单位，对海洋和内陆重要天然渔业水域和养殖水域环境状况进行监测。强化对重点渔业水域污染监测监视和监督检查，积极稳妥处置突发性死鱼事件。据不完全统计，全年列入环保投资的渔业资源生态补偿资金达7.6亿元。

（八）渔业安全生产进一步好转 继续深入开展"平安渔业示范县"和"文明渔港"两个创建活动，评选公布了第三批11个"文明渔港"名单，并对第三批"平安渔业示范县"创建工作进行了部署。认真汲取天津港爆炸、长

江沉船等重特大事故事件教训，农业部加大督查检查力度，全年共组织渔业安全生产督查检查15批次，多次会同国家安监总局赴重点渔区开展专项督查。2015年，全国共发生渔业船舶水上事故254起，减少12.6%，死亡（失踪）307人，增加7.3%。全面贯彻实施《中华人民共和国渔业船员管理办法》，加大渔业船员安全基础培训和宣传教育工作。坚持渔业24小时应急值班和领导带班制度，及时通报灾害性天气预警预报信息，协调配合专业力量进行海难救助。

专栏5

渔业油价补贴政策调整稳步推进

渔业油价补贴是党中央、国务院出台的一项重要支渔惠渔政策。这项政策自2006年实施以来效果明显，深受广大渔民群众欢迎。但在政策执行过程中也出现了一些新问题，影响了市场经济条件下价格机制正常调节作用的发挥，抑制了渔民减船转产的积极性，不利于渔业资源和生态环境保护，社会各界要求调整渔业油价补贴的呼声越来越高。为促进渔业持续健康发展，经国务院同意，从2015年起，财政部、农业部决定对国内渔业捕捞和养殖业油价补贴政策进行调整。

一、油补政策调整的主要思路

按照"总量不减、存量调整、保障重点、统筹兼顾"的思路，将补贴政策调整为专项转移支付和一般性转移支付相结合的综合性支持政策。以2014年清算数为基数，将补贴资金的20%部分以专项转移支付形式，由中央统筹用于渔民减船转产和渔船更新改造等重点工作；80%部分以一般性转移支付形式，由地方政府统筹用于渔业生产成本补贴、转产转业等方面。

二、油补政策调整的主要内容

1. 坚持保障重点，强化对现代渔业建设的支撑。以专项转移支付形式支持渔民减船转产、渔船更新改造，以及人工鱼礁、深水网箱推广、渔港航标等公共基础设施建设和海洋渔船通导与安全装备建设等重点工作。

2. 坚持有保有压，优化补贴结构。以一般性转移支付方式，由地方政府统筹用于解决渔民生产成本和转产转业等方面。主要包括：一是稳定养殖业油价补贴政策，调整相关核算标准和方式。二是逐步压减国内捕捞业特别是大中型商业性渔船补贴规模，对小型生计性渔船予以适当照顾。除上述两类补贴外，一般性转移支付资金由地方政府根据渔业发展实际情况和轻重缓急，实行统筹兼顾，可在中央财政减船转产补助标准基础上加大补助力度，对减船上岸渔民给予就业扶持、培训教育，对渔业资源养护、休禁渔补贴、渔业渔政信息化建设、渔港航标建设、池塘标准化和工厂化循环用水改造等水产养殖基础设施建设给予一定支持。

3 农垦经济

2015年，农垦经济实现生产总值6 902.48亿元，比上年增长7.5%。其中，第一产业增加值1 768.13亿元，增长1.4%；第二产业增加值3 132.69亿元，增长9.3%；第三产业增加值2 001.65亿元，增长10.5%。第一、第二、第三产业增加值占农垦生产总值的比重分别为25.6%、45.4%和29.0%。人均生产总值48 648元，增长5.5%。全年农垦企业实现利润总额161.73亿元，比上年减少37.36亿元，下降18.77%。已交税金总额423.01亿元，比上年增加31.49亿元，增长8.04%。全年固定资产投资总额4 593.17亿元，增幅达0.8%；当年新增固定资产3 287.03亿元。

（一）扎实推进农垦现代农业建设，夯实大粮商产能基础 2015年，着力提升农垦粮食综合生产能力，强化粮棉油糖高产创建、畜牧高产攻关、农产品质量安全和现代农业示范区建设，优化农业结构和区域布局，推动政策落实，强化科技应用，提高农业设施装备水平，加强农田基础设施建设，农垦现代农业持续发展能力、示范辐射带动能力、抗风险能力和市场竞争力进一步增强。农垦粮食总产量达到3 665.10万吨，平均亩产达489千克，粮食商品率高达91.2%；棉花、油料、糖料、牛奶等综合生产能力和竞争力进一步提升；农业综合机械化程度达87.5%，农田有效灌溉率达到62.6%；建成高标准农田167.67万公顷，创建各类现代农业示范区（园）427个，粮棉油糖高产模式示范片100个，畜牧业高产攻关单位146家。大力推进热作产业转型升级，健全

产业扶持政策体系，实施打造国际大胶商和高端热作产业"两大计划"，加快发展天然橡胶、辣木、高端热作等"三大产业"。农业信息化建设成效显著，精准农业处于全国领先地位，土地管理信息化水平不断提升，246.8万公顷农田开展了信息化管理；加强农产品质量安全建设，建立了农产品质量安全追溯体系，追溯范围覆盖谷物、蔬菜、水果、茶叶、肉、蛋、奶、水产品等主要农产品，已有342家企业开展了农产品质量追溯体系建设，种植业追溯面积达到48.6万公顷，养殖业追溯规模达到7 457万头（只）。

（二）加快发展二、三产业，着力打造农业全产业链 多渠道利用资本、多形式推进创新、多方位开拓市场，加快发展以农产品加工为主的现代工业和服务业，努力做大做强龙头企业，稳步推进工业园区建设，二、三产业实现平稳较快发展。一是二、三产业占比明显提升。2015年实现生产总值6 902.48亿元，第一、二、三产业增加值分别为1 768.13亿元、3 132.69亿元、2 001.65亿元，比重由2010年的34.6%、39.7%、25.7%分别调整到25.6%、45.4%和29.0%。全年完成工业增加值2 430.46亿元，比上年增长9.8%；实现工业总产值9 079.31亿元，增长4.5%。在农垦经济总量中二、三产业份额继续上升，拉动农垦经济持续平稳发展。二是结构进一步优化。高新技术、绿色低碳、节能环保的新型工业实现新发展，工业的规模效益明显、集群效应增强、国际竞争力提升；特色旅游、餐饮服务、酒店地产等优势产业保持较快增速，物流配送、电子商务等现代服务的发展有了新突破。三是规模进一步扩大。目前，农垦拥有国家级产业化龙头

企业63家、省级龙头企业413家，农业产业化经营组织5 844个。全国农垦规模以上企业有6 596家，其中大中型工业企业455家。龙头企业集中在乳品、糖业、橡胶、饲料、产品零售、饮料制造、畜牧、农副产品加工等行业。四是品牌影响力和企业竞争力不断增强。积极推进中国农垦品牌建设，完成核心理念和价值体系重构、商标注册、标识设计及广告语设计，加强品牌营销与宣传推广，起草中国农垦品牌管理办法、授权管理办法以及商标授权协议文件等基础性材料。农垦系统已拥有北大荒（米）、王朝（葡萄酒）、光明（乳制品）、三元（乳制品）、完达山（乳制品）、天友（牛奶）等全国驰名商标。2015年，上海光明食品集团和黑龙江农垦北大荒集团总公司进入中国企业500强。

（三）加快实施联合联盟联营战略，积极培育农垦国际大粮商 2015年，农垦企业联合联盟联营步伐明显加快，集团化垦区重大资产重组活动明显加速，农垦国际大粮商组织框架初具雏形。成立了中国农垦种业联盟、中垦天然橡胶种业股份有限公司、中垦天然橡胶科技有限公司、中国农垦乳业联盟、中垦乳业股份有限公司、中国辣木产业联盟，中垦种业、中垦流通、中垦冷链物流公司正在加紧筹建中，并积极开展中垦节水技术联盟、糖业联盟的前期战略研究。同时，不断修改完善农垦国际大粮商战略规划研究，经过专家和垦区的多次论证，培育农垦国际大粮商的总体思路、方向、目标、路径和推进措施日渐清晰。广泛开展垦地合作，加快推进融合发展，以代耕代收代种、土地租赁流转托管等方式走出垦区。农垦企业与其他所有者企业合作日趋紧密，采取多种形式进行联营，企业实力明显增强。

（四）农业对外合作扎实推进，充分利用外部优势资源拓展发展空间 以大型农垦企业为主体，以境外农业资源和市场的合作开发为重点，加快实施一批重大开发项目，通过海外并购、构建全产业链、建设产业基地、对外援助等多种模式在境外建立起了比较稳固的粮食、天然橡胶、乳制品等农产品生产加工基地，境外产业经济体系进一步完善，境外产业合作方式逐渐从资源合作转向资本合作，合作质量、规模和效益不断提升，对外开放的广度和深度继续拓展，全方位开发的格局进一步形成，示范带动作用不断增强。目前，全国农垦已有23个垦区在42个国家和地区设立了113个境外企业和发展项目，全国农垦境外实际种植面积约26.67万公顷，当年实现境外产值240亿元、利润17亿元。全年出口供货商品总金额822.61亿元，其中工业品出口供货商品总金额754.72亿元，占总金额的91.7%；出口产品200多种，出口产品结构优化，出口竞争力增强。

（五）着力提升农垦职工队伍素质，为培育大粮商提供人才支撑 整合优化垦区培训资源，加快建设农垦特色新型智库，构建完善企业高管、职业经理人、新型职业农工教育培养体系，探索组建"中国农垦培训学院联盟"。建立健全农垦培训体系，多渠道、多形式、多层次开展科技人才、管理人才、实用人才等培训。2015年举办了7期农垦改革与发展轮训班。大力开展新型职业农工培训，启动了农垦农业技术远程培训试点，在35个垦区100个农场建立了卫星远端接收站及配套设施，面向各级管理技术人员和农场职工，开展粮棉生产和现代化养殖等前沿知识远程培训。以家庭农场主、承包大户、农机手等为培训重点，全面提高农场职工能力素质。加强农垦经营管理人才引进和培训，着力培养一批懂市场、善经营、会管理的优秀企业家，造就一支热爱农垦、献身农垦的高素质干部职工队伍。

（六）加强垦区社会事业建设，为培育大粮商提供投入民生保障　农垦危房改造工程大规模实施，覆盖面从直属直供垦区扩大至全国农垦，"十二五"期间共改造农垦危房160.7万户，落实中央投资157.3亿元，并同步建设了一批配套基础设施和公共服务项目，职工居住条件得到根本改善，场容场貌明显改观。农垦小城镇建设步伐明显加快，基础设施和功能不断完善，"十二五"期间共落实农垦公益性项目201个，总投资11.16亿元，其中中央投资7.66亿元，涉及科研、医疗、教育、文体和市政工程等五类建设项目；落实饮水安全项目3 449个，受益人口641万人；电网改造项目4 638个，受益人口575万人；新修公路1.83万千米。扎实推进扶贫开发，集中整合资源，加大对重点贫困农场的扶持力度，"十二五"期间投入扶贫开发资金14.12亿元，实施扶贫项目1 123个，302个重点贫困农场实现生产总值517.62多亿元，绝大多数农场的生产经营状况实现好转，资产负债率比2011年下降3.85个百分点。大力发展农垦社会保障事业，以职工基本养老保险社会统筹为核心，医疗、失业、生育、工伤保险为基础，最低生活保障、灾害救助等社会救助为配套的农垦社会保障工作，已基本纳入国家社会保障体系统筹管理。2015年农垦人均纯收入达到14 629元，职工养老和医疗保险参保率分别为94.0％和96.3％；比2010年分别提高3.6％和4.9％；退休人员养老和医疗保险参保率分别为99.2％和95.9％，医保参保率比2010年提高5％；企业退休人员年人均基本养老金为16 618元，比2010年提高11％，基本做到按时足额发放。30.54万户家庭、59.15万人享受到城乡居民最低生活保障，困难职工家庭享受自然灾害救助、医疗救助等其他各项社会救助共计8.49亿元。

专栏6

中央农垦改革发展文件出台

2015年11月，《中共中央、国务院关于进一步推进农垦改革发展的意见》（中发〔2015〕33号，以下简称《意见》）正式印发，文件科学分析了农垦面临的形势，指出了存在的困难和问题，从全面和战略的高度明确了新时期农垦的战略定位和改革发展方向，鲜明地提出了推进改革发展的思路、目标、任务和有关政策。这是新时期农垦改革发展的纲领性文件，对我国农垦事业发展具有划时代的里程碑意义。

一、《意见》出台背景

我国农垦事业是在特定历史条件下为承担国家使命而建立的。经过六十多年的艰苦创业，已在全国31个省（自治区、直辖市）建成了1 780个国有农场、5 400多家国有及国有控股企业，拥有36.2万平方千米土地、624.27万公顷耕地、1 413万人口、319万职工、12 000多亿元国有资产（不含土地等资源性资产），成为农工商综合经营、一、二、三产业全面发展、科教文卫等设施较为完善的经济社会系统。目前，农垦管理体制有三类：一是新疆生产建设兵团，实行党政军企合一的体制，由中央直接管理。二是中央直属垦区，包括黑龙江和广东两个垦区，实行"部省双重领导、以省为主"的管理体制。三是地方垦区，又分为由省直属和市、县管理两种情况。

当前和今后一个时期，我国农业发展资源环境约束不断加大，国际农业竞争日趋激烈，保障国家粮食安全和重要农产品有效供给的任务更加艰巨，维护边疆和谐稳定的形势更加复杂。农垦农业生产力先进，具有独特优势，在国家全局中的战略作用更加突出，但存在管理体制未完全理顺、经营机制不活、社会负担重、政策支持体系不健全、部分国有农场生产经营困难等问题，迫切需要进一步深化改革，促进农垦事业持续健康发展。在这一背景下，由农业部、国研室牵头，会同中央农办、发展改革委、财政部、人力资源社会保障部、国土资源部、商务部等部门，组成农垦改革发展专题调研组和文件起草组，经过深入调查研究、广泛征求意见和多次专题论证，形成了指导农垦改革发展的意见。经中央全面深化改革领导小组第17次会议、国务院第102次常务会议审议通过，2015年11月27日，中共中央、国务院正式印发了《关于进一步推进农垦改革发展的意见》。这是24年来中央首次发文对农垦改革发展做出全面部署。

二、《意见》的主要内容

《意见》共五部分、二十三条。

第一部分共三条，深刻认识新时期农垦的特殊地位和重要作用。简要回顾了农垦的历史贡献，总结了农垦事业发展取得的巨大成就，分析了当前存在的突出问题。阐述了农垦是中国特色农业经济体系不可或缺的重要组成部分，强调了大力发展农垦经济，对于带动农业农村多种所有制经济共同发展、坚持和完善我国基本经济制度、巩固党的执政基础，具有重要意义。《意见》提出，新形势下要努力把农垦建设成为保障国家粮食安全和重要农产品有效供给的国家队、中国特色新型农业现代化的示范区、农业对外合作的排头兵、安边固疆的稳定器。

第二部分共三条，明确新时期农垦改革发展的总体要求。强调农垦改革发展要坚持社会主义市场经济改革方向，以保障国家粮食安全和重要农产品有效供给为核心，以推进垦区集团化、农场企业化改革为主线，不断做强做优做大农垦经济，以更好服务国家战略需要。农垦改革发展要坚持国有属性、服务大局，市场导向、政府支持，分类指导、分级负责，统筹兼顾、稳步推进四条基本原则。围绕垦区率先基本实现农业现代化、率先全面建成小康社会，从改革、发展、民生建设3个方面提出了具体目标。

第三部分共七条，深化农垦管理体制和经营机制改革。从7个方面推进农垦改革，重点回答了垦区怎么改、农场怎么改，以及人员、资产和土地管理体制机制等怎么办的问题。一是继续推进垦区集团化改革，推动垦区企业整合重组和农场公司化改造，构建以资本为纽带的母子公司体制，建设大型现代农业企业集团。二是改革国有农场办社会职能，用三年左右的时间将国有农场承担的社会管理和公共服务职能纳入地方政府统一管理。三是创新农业经营管理体制，坚持和完善以职工家庭经营为基础、大农场统筹小农场的农业双层经营体制，发展多种形式的农业适度规模经营。四是构建新型劳动用工制度，健全职工招录、培训和考核体系，逐步建立以劳动合同制为核心的市场化用工制度。五是完善社会保障机制，将农垦职工和垦区居民纳入相应的社会保障体系，允许农垦实行符合农业生产特点的参保缴费办法。六是健全国有资产监管制度，建立符合农垦特点、以管资本为主的国有资产监管体制。七是创新土地管理方式，强化农垦土地权益保护，创新农垦土地资产配置方式，盘活国有农用地资源。

第四部分共六条，加快推进农垦现代农业发展。从6个方面推进农垦现代农业建设，充分体现农垦先进性、示范性、带动性。一是建设大型农产品生产基地，加大对土地资源富集和比较优势突出垦区的支持。二是大力发展农产品加工流通业，打造农业全产业链，率先推动一、二、三产业融合发展。三是提升科技创新能力，在良种化、机械化、信息化、农业技术推广等方面继续走在全国前列。四是示范带动现代农业和区域新型城镇化发展，大力开展垦地合作。五是发挥农垦在农业对外合作中的引领作用，统筹规划目标区域和发展重点。六是加强薄弱地区农场建设，重点加强边境农场、贫困农场和生态脆弱区农场建设。

第五部分共四条，加强对农垦改革发展工作的领导。要求切实加强党的领导和建设，充分发挥农垦党组织的政治核心作用。明确各省（自治区、直辖市）要制定具体实施方案，国家有关部门予以积极支持。强调农垦管理部门要转变职能，加强能力建设，切实履行好职责。农垦广大干部职工要大力弘扬农垦精神，继续艰苦创业、勇于开拓，积极投身农垦改革发展。

三、《意见》的三个突破

一是理论上有新突破。《意见》对认识和明确新时期农垦在国家战略全局中的特殊地位和重要作用有重大突破。《意见》明确指出，农垦是中国特色农业经济体系不可或缺的重要组成部分，是国有农业经济的骨干和代表，是推进中国特色新型农业现代化的重要力量。在农业农村领域，不仅需要农村集体经济、农户家庭经济、农民合作经济，还需要农垦这支国有经济的力量。新时期农垦要成为保障国家粮食安全和重要农产品有效供给的国家队、中国特色新型农业现代化的示范区、农业对外合作的排头兵、安边固疆的稳定器。这是根据新形势、新任务，对农垦作出的全新战略定位，是事关中国特色农业经济体系的重大命题，旗帜鲜明地回答了"农垦是什么、干什么"的重大问题，为新时期农垦改革发展奠定了坚实的理论基础。

二是改革上有新突破。《意见》在重大改革部署上，坚持以理顺政企、社企、政资关系为重点，在垦区管理体制、农场经营机制、国有资产体制等方面改革上取得实质性突破。《意见》坚持社会主义市场经济的改革导向，明确提出要以垦区集团化、农场企业化改革为主线，指明了农垦改革发展的方向。《意见》对新时期农垦改革的指导思想、原则、目标和措施等进行了全面深入阐述，从垦区集团化改革等7个方面回答了垦区怎么改、农场怎么改，以及人员、资产和土地管理体制机制怎么办等一系列重大问题。同时，还结合农垦实际提出了垦区管理体制改革"一个机构、两块牌子"、国有农场办社会职能改革内部分开、管办分离，授权委托、购买服务等改革过渡路径。

三是政策上有新突破。《意见》明确提出了扶持农垦改革发展的政策体系，政策亮点多、含金量高。比如，针对惠农惠民政策实施"慢半拍"现象，提出了"一个同步实施、两个全面覆盖"，即所有重要规划都要将农垦纳入其中并同步组织实施，强农惠农富农和改善民生政策在农垦实现全覆盖；针对资金投入不足问题，提出创新国有资本运作和财政资金投入方式，开展改组组建农垦国有资本投资、运营公司试点，设立中国农垦产业发展股权基金等；针对土地资本价值弱化现象，提出有序开展农垦国有农用地使用权抵押、担保试点，允许农垦国有土地作价出资（入股）、授权经营方式处置等。

3 农业机械化

2015年，农业机械化装备水平、作业水平、安全水平、社会化服务水平稳步提升，农作物耕种收综合机械化率达到63%，超过"十二五"规划目标3个百分点，超额完成了1 333.33万公顷深松整地任务，为巩固农业农村经济发展好形势作出了积极贡献。

（一）农业机械化制度改革创新进一步推进 农业部门认真贯彻落实国务院关于推进简政放权、放管结合、转变政府职能的部署要求，积极开展了购机补贴、试验鉴定、安全监理等3个方面制度的改革完善。一是持续推进农机购置补贴政策改革，力求从顶层设计上优化程序、管控风险，提升政策实施的针对性、公平性和安全性。制定发布了《2015—2017年农机购置补贴实施指导意见》，着力于五突出、一加强：突出稳定性，一定管三年，稳定预期；突出保重点，选择重点机具敞开补贴；突出市场化，补贴机具资质与支持推广目录脱钩，补贴操作与经销商脱钩；突出鼓励创新，探索农机新产品补贴试点；突出便民，简化操作程序；加强了信息公开和违规惩处，优化政策实施环境。二是积极推进鉴定制度改革，力求进一步统一责权、提高效能。修订完善了农机试验鉴定办法及推广鉴定实施办法，强化鉴定机构主体责任，精简推广鉴定内容，简化换证手续。加强监督检查及结果运用，促进鉴定规范化。三是积极推进安全监理制度改革，力求务实管用可操作。开展农机检验制度改革研究，启动修订拖拉机、联合收割机有关牌证管理规章，明确了进一步整合规章制度、落实管理责任、下放管理权限、优化业务流程、方便农民群众的改革方向。这些改革措施，便民利民效果明显，促进了政策目标和管理目标实现，营造了公平竞争市场秩序，全年补贴政策实施总体规范有序，各方反映良好。

（二）农业机械化支持政策进一步强化 国务院将现代农机装备列入《中国制造2025》重点支持领域，为提高国产农机产品有效供给能力开辟了新途径。支持适宜地区统筹一定比例的农机购置补贴资金用于深松整地作业补助试点，各级财政累计安排补助19.5亿元，积累了大范围实施农机作业补助政策的经验。在新疆、广西开展了大型农机具金融租赁贴息试点，开辟了金融支持农机化发展的新途径。积极争取将机耕道、全程机械化技术试验基地及科学观测站等纳入"十三五"相关基本建设规划。各地加大了政策创设力度，湖南省每年财政奖补建设一千个较高标准的农机合作社，山东省每年安排4 000万元在全省实施农机装备研发创新计划，甘肃省将4 500万元省级购机补贴资金拓展用于示范推广、体系建设等方面，四川省投入9 500万元建设机耕道等农机化基础设施，江苏省开展农机综合保险。这些新的探索，极大丰富发展了农机化支持政策体系。

（三）农业机械化装备和作业服务水平进一步提高 "十二五"期间，我国农机装备水平、作业水平、科技水平、安全水平和社会化服务水平实现了前所未有的快速提升，确保了《国民经济和社会发展"十二五"规划纲要》《农业机械化发展"十二五"规划》有关农机化目标任务的全面完成，再现了农机化发展的又一个黄金期。一是农机装备结构显著优化，2015年全国农机总动力达到11亿千瓦，大中型拖拉机、联合收获机、水稻插秧机保有量分别是"十一五"末的1.55倍、1.75倍和2.18倍，小型拖拉机占比持续下降，粮食生产环节高性能机具占比持续提高。二是主要农作物薄弱环节机械化快速推进，耕种收综合机械化率达到63%，年均提高2个百分点；水稻种植、玉米收获机械化率分别超过40%、63%，比"十一五"末分别提高19个百分点、37个百分点，棉油糖主要经济作物机械化取得实质性进展。三是农机化科技迈出新步伐，高效、精准、节能型装备研发制造取得重大突破，农机农艺融合成为广泛共识，适应机械化的良种、良法加快应用，农机深松等重点技术大范围推广。四是农机社会化服务纵深发展，由耕种收环节为主向产前产中产后全环节加快拓展，各类新型主体不断涌现，服务模式不断创新，农机专业合作社超过5.65万个，全程机械化服务能力明显增强。农业机械化成为"十二五"农业现代化发展的突出亮点，为保障粮食产能持续增强、农业农村经济持续向好发挥了重要的支撑保障作用。

专栏7

主要农作物生产全程机械化推进行动

为促进农业发展方式转变，加快推进农业现代化进程，2015年8月农业部印发《关于开展主要农作物生产全程机械化推进行动的意见》（以下简称《意见》），在全国部署开展主要农作物生产全程机械化推进行动。

《意见》指出，加快推进主要农作物生产全程机械化，有利于充分发挥农业机械集成技术、节本增效、推动规模经营的重要作用，有利于提升农业生产效率、降低生产成本，有利于促进农业发展方式转变，破解我国农业生产面临的"谁来种地、怎么种地"的难题，不断提高农业的综合生产能力和市场竞争力。

《意见》明确了全程机械化推进行动的总体思路：围绕转变农业发展方式的总要求，以提高主要农作物生产全程机械化水平为目标，以粮棉油糖主产区为重点区域，以耕整地、播种、植保、收获、烘干、秸秆处理为重点环节，以推广先进适用农机化技术及装备、培育壮大农机服务市场主体、探索全程机械化生产模式、改善农机化基础设施为重点内容，积极开展全程机械化示范区创建，努力构建上下联动、协调推进农业机械化的新机制，共同打造我国农业机械化发展的升级版。

《意见》明确了全程机械化推进行动的工作目标：到2020年，力争全国农作物耕种收综合机械化水平达到68％以上，其中三大粮食作物耕种收综合机械化水平均达到80％以上，机械化植保防治、机械化秸秆处理和机械化烘干处理水平有大幅度提升。在主要农作物的优势生产区域内，建设500个左右率先基本实现生产全程机械化的示范县；在有条件的省份整省推进，率先基本实现全省（自治区、直辖市）主要农作物生产全程机械化。

全程机械化推进行动聚焦于九大农作物：水稻、玉米、小麦、马铃薯、棉花、油菜、花生、大豆、甘蔗。确定了两个主攻方向：一是提升主要粮食作物生产全程机械化水平，重点是巩固提高深松整地、精量播种、水稻机械化育（插）秧、玉米机收、马铃薯机收、大豆机收等环节机械化作业水平，解决高效植保、烘干、秸秆处理等薄弱环节的机械应用难题；二是突破主要经济作物生产全程机械化"瓶颈"，重点是示范推广棉花机采、油菜机播和机收、花生机播和机收、甘蔗机种和机收等关键环节的农机化技术。突出了四项重点任务：一是强化农机购置补贴等政策的导向作用，全面提升全程机械化生产的装备水平；二是发展农机社会化服务，培育壮大全程机械化的生产主体；三是创建农机化示范区（县），探索形成区域化的全程机械化生产模式；四是加强农机化基础建设，努力改善全程机械化的发展条件。

农业部强调，各地要把推进主要农作物生产全程机械化作为加快现代农业发展的一项重点工作来抓，积极争取各级政府的重视和支持，坚持"因地制宜、分类指导，统筹规划、梯度推进，机艺融合、协同发展，政府引导、多方参与"的原则，强化组织领导、政策扶持、技术支撑、绩效管理、宣传引导等五个方面的保障措施。生产全程机械化推进行动是一项系统工程，涉及农机农艺、经营体制、基础设施、装备制造等多个方面。各有关局司和有关单位要密切协作，充分发挥专家团队的技术支撑作用，调动发挥地方的积极性主动性，形成推动任务落实的强大合力。要合理制定基本实现全程机械化的评价指标体系，强化绩效考核，形成上下联动、多方协作的工作机制。坚持试点先行，先易后难，在有基础、条件好的地区加快步伐，树立可复制、可推广的典型，以点带面，不断提高全程机械化水平。

（四）全程机械化推进行动启动 为进一步提升农业生产效率、降低生产成本，促进农业发展方式转变，农业部印发《关于开展主要农作物生产全程机械化推进行动的意见》，明确提出了推进行动的总体思路、发展目标、区域布局和工作重点。新布局了一批全程机械化创建示范县，分别在湖南、广西、山东等省召开水稻、甘蔗、花生生产全程机械化现场推进会，促进农机农艺融合示范。组织开展农机合作社建设经验交流，支持引导农机合作社在全程机械化等方面发挥示范带头作用。深入开展农机化教育培训，组建农机装备职教集团，举办全国农机推广人员知识竞赛及农机维修职业技能竞赛，带动提高主推技术应用能力。推进行动得到各方面的积极响应，许多地方制定完善了具体创建方案，江苏省、吉林省政府提出整省推进粮食生产全程机械化，科研推广机构加快了关键装备的研发突破和全程化技术的集成推广，骨干农机企业纷纷建立全程机械化示范农场。大力推进全程机械化，已经逐步成为农机化行业的普遍共识和共同行动。

（五）农机深松整地等农机化生产大会战顺利开展　各级农机化主管部门紧扣重点农时，紧抓工作部署，强化机具调度，强化信息服务，宣传贯彻小麦、水稻、玉米机械化收获减损等技术指导意见，推行复式和一体化作业，推广应用农机化生产信息服务平台，促进农机有序流动和跨区作业，推动了全年机械化

作业任务顺利完成，作业效率和作业质量得到了明显提高，机收损失率和焚烧秸秆现象得到了有效控制。粮食作物机播率比上年提高1～2个百分点，大规模小麦机收作业时间比上年减少1天，为粮食生产赢得了农时主动。国务院下达1 333万公顷农机深松作业任务之后，农业部和各省市区高度重视，从细化分解任务、增加机具装备、实施作业补助、加强作业质量监管和开展工作督导等方面入手，举全系统之力，齐抓共促，完成深松土地1 366.67万公顷，超额完成了全年任务。

专栏8

大力推进农机深松整地作业

2015年《政府工作报告》明确要求"增加深松土地面积2亿亩"，并纳入当年的量化指标考核内容之一。农业部高度重视，强化责任落实，采取多项举措，全力推动实施。截至2015年年底，全国共完成农机深松整地1 366.67万公顷，超额完成全年任务。

实施农机深松整地作业，可以打破坚硬的犁底层，加深耕层，还可以降低土壤容重，提高土壤通透性，从而增强土壤蓄水保墒和抗旱防涝能力，有利于作物生长发育和提高产量。据河北、黑龙江、吉林等省的监测数据表明，深松地块的小麦、玉米产量明显增加，平均增产效果可达到10％左右。在水、肥资源紧缺的背景下，通过深松来改善土壤条件，成为当前提高农业综合生产能力的重要举措。为推动2亿亩的目标任务落实，农业部从分解目标任务、增加机具装备、开展作业补助、推进农机服务、强化作业监管等方面入手，充分调动各方面开展农机深松整地作业的积极性。

一是分解目标任务，强化督导检查。2015年年初，农业部将2亿亩作业任务细化分解到各省，首次建立了深松整地进度月报（重点省份周报）考核制度，定期向国务院上报农机深松整地进展情况并通报各省。先后两次召开工作推进会进行动员部署，并派出多个督导组，由部、司领导带队分赴东北、华北、西北、黄淮海等重点地区开展农机深松整地检查督导。

二是实施机具补贴，强化装备支撑。农业部明确将深松机具列为农机购置补贴的重点，优先满足农民购置大马力拖拉机、深松机、联合整地机等作业机具需求。同时，适当提高了深松作业机具的补贴标准，要求各地力争做到敞开补贴、应补尽补。2015年全国80马力以上拖拉机和深松机具保有量分别超过

78万台和24万台（套）。

三是开展作业补助，强化政策扶持。2015年农财两部继续开展农机深松作业补助试点，并采用"先作业后补助，先公示后兑现"的方式实施，所需资金由各省从中央财政下达的农机购置补贴专项资金中统筹安排。截至2016年3月31日，全国已落实农机深松作业补助资金153 830万元（其中中央财政资金111 861.29万元），补助作业面积达4 219.33千公顷。补助标准由各省依据当地深松的作业模式、土壤条件、农民认识程度等因素自主确定，一般从15元/亩到40元/亩不等。

四是开展农机服务，强化作业效率。要求各地充分发挥农机合作社等社会化服务组织主力军的作用，提高农机深松作业的组织化、规模化程度。山东等省通过政府购买服务公开招投标等方式，积极组织农机合作社、农机大户开展订单作业，鼓励开展连片作业，整村整乡推进。

五是应用信息技术，强化监管创新。积极推动各地运用现代信息化手段对农机深松整地工作进行监督管理，改变过去"人工弯腰插钢钎，绕着田头量皮尺"的做法。黑龙江、山东、安徽等省为参与深松整地补助试点项目的拖拉机和深松机安装远程信息化监测装置，有效避免了降低作业标准、虚报作业面积、套取补贴资金等违规行为的发生。

农机深松整地改善了耕地质量，提高了农业综合生产能力，为夺取粮食"十二连增"发挥了重要作用，达到了农民欢迎、机手受益、政府满意的成效。青岛市对深松整地核心试验示范区进行监测的数据表明，实施深松作业后耕地地力提升，作物增产10%左右；每季作物可减少浇水1～2次，每亩可节支40元左右；土壤有机质含量增加，每亩可减少化肥使用5千克，节约费用15元左右。深松地块与旋耕地块相比，可减少水土流失和扬沙浮尘，有利于生态环境保护。专家测算，土地深松后蓄水容量每亩可增加15立方米左右，按2亿亩测算可增加土地蓄水30亿立方米，相当于1个北京密云水库的日常蓄水量。

下一步，农业部将继续把农机深松整地作为稳粮增粮的重要措施，继续在"十三五"期间重点推广应用。2016年2月，农业部印发《全国农机深松整地作业实施规划（2016—2020年）》，明确了全国推进农机深松整地的目标任务、指导思想、基本原则、机型选择、适宜区域、技术路线、实施进度等内容。

（六）农业机械化安全水平进一步提升　以"落实安全责任、传播法治文化、普及安全知识、建设平安农机"为重点，在全国组织开展农机安全生产月、农机安全生产宣传咨询日、农机安全事故处置应急演练等活动，各地开展现场宣传活动1.7万余次，营造了重安全、懂安全的氛围，进一步增强了相关负责人安全生产红线意识和法治观念。采用用户调查与安全性检查相结合的方式，组织开展在用微耕机、大马力拖拉机、玉米收获机产品质量调查，促使企业不断提升产品质量和安全水平。积极创建"平安农机"，新推出一批示范县、示范岗位标兵，巩固"政府负责、农机主抓、部门配合、社会参与"的农机安全监管工作长效机制。开展安全生产大检查，严厉打击违规上牌行为，举办农机监理法治建设和执法培训，强化监理干部依法行政意识。督导各地落实农机监理惠农政策，进一步推广免费监理的经验做法，全国农机牌、证、检三率超过70％。2015年等级公路以外的农机事故起数、死亡人数和受伤人数均同比下降20％以上，全国农机安全生产形势持续稳定向好。

3 农作物种业

（一）农作物用种需求与种子生产 2015年种子市场供大于求，种子质量总体较好。据统计，全国玉米需种12.2亿千克，可供种20亿千克；杂交水稻需种2亿千克，可供种3.37亿千克；常规稻需种7亿千克，可供种8.3亿千克；棉花需种1.01亿千克，可供种1.47亿千克；大豆需种3亿千克，可供种4.9亿千克。冬小麦需种约35亿千克，可供种50亿千克；冬油菜杂交种需种950万千克，可供种1 140万千克。主要农作物种子生产形势基本稳定，能够满足2016年农业生产用种需求。2015年玉米制种228千公顷，总产10.96亿千克；杂交水稻制种96.67千公顷，总产2.39亿千克；杂交棉制种178万千克；常规棉繁种7 354万千克；大豆

繁种3.72亿千克。其他作物种子生产稳定，均可满足2016年用种需求。种子市场价格总体与上年基本持平，平均售价涨跌幅在5％左右。杂交稻种子三系均价上涨3％，两系均价下降5.1％；常规稻种子全国均价6.6元/千克，下降0.9％。玉米种子东北春玉米区、黄淮夏玉米区分别上涨5.3％、0.5％，南方玉米区、西北春玉米区分别下降5％、0.5％。杂交棉种子均价237.6元/千克，上涨8.1％；常规棉种子均价30.3元/千克，下降6.4％。大豆种子，东北区均价6.1元/千克，上涨4.3％；黄淮区均价7.7元/千克，上涨2.1％。

（二）主要农作物品种审定与推广 2015年，国家级审定主要农作物品种142个，其中稻53个，玉米55个，棉花14个，大豆13个，马铃薯7个；年度退出国审品种155个。截至2015年，国审品种已累计退出983个。2015年，省级审定主要农作物品种1 477个，其中稻422个，小麦165个，玉米545个，棉花51个，大豆105个，油菜79个，马铃薯38个。

专栏9

新修订《种子法》审议通过并实施

《种子法》于2000年颁布，2004年和2013年分别对个别条款进行过修订，这次对《种子法》的全面修订，是中国种业向市场化方向迈出的重要一步。此次修法由全国人大农委牵头，法工委、法律委审核，农业部和国家林业局共同参与。经全国人大常委会二次审议，2015年11月4日，第十二届全国人大常委会第十七次会议以149票同意，0票反对，5票弃权表决通过了《种子法（修订草案）》。同日，习近平总书记签发了第35号主席令，颁布了新修订《种子法》，并于2016年1月1日起实施。

一、修法背景及修法精神

修法背景：2000年《种子法》的颁布实施，打破了区域分割、行业垄断的种子市场格局，实现了政

企脱钩，培养了以民营企业为主的多元化市场主体，开启了中国种业市场化的进程，为促进农业发展、保障粮食安全做出了突出的贡献。近年来，随着改革开放的不断深化，农业现代化的快速发展，《种子法》原有的制度设计已不适应新形势的需要，且不符合党的十八届三中全会关于发挥市场在资源配置中的决定性作用的精神要求，急需修改完善。

修法精神：认真贯彻党的十八届三中全会精神，按照发展现代种业要求，着力提升我国种业自主创新能力和市场竞争力，对种质资源保护、科研创新、品种管理、植物新品种保护、种子生产经营及监督管理等进行规范，构建科学、合理、健全的种子法律制度。种子法修改把握五个原则：一是鼓励自主创新，强化植物新品种保护，禁止和打击假冒侵权的原则。二是理顺育种创新的体制机制，加强支持基础性、前沿性和公益性育种研究的原则。三是发挥种子企业的市场主体地位，引导和扶持其做大做强的原则。四是保障种业安全和生物安全的原则。五是建立市场导向下的全程监管的原则。

二、修改的主要内容

新法共10章，较原法少了1章，修改后的法律将原法种子生产、种子经营、种子使用合并为种子生产经营，将原种子质量、种子行政管理合并为种子监督管理，新增新品种保护、扶持政策两个章节。新法共94条，新增27条，删除11条，修改72条，仅保留6条。主要修改如下：

一是提升种业地位，加强安全管理。新法在总则中明确了发展现代种业、保障国家粮食安全的目的；增加了各级人民政府在种子执法和监督方面的职责，将种业管理由部门行为上升为政府行为；增加了建立种业国家安全审查的机制。

二是明确资源利用，强化资源管理。明确了种质资源的公共属性，应当依法开放利用；强化了种质资源的保护，要求征占用种质资源设施场地的，须经原设立机关同意；严格了种质资源对外合作管理，任何单位和个人与境外机构、个人利用种质资源开展合作研究的，应提交共享惠益方案，并经省级审核报农业部批准。

三是改革品种管理制度，设立品种登记制度。减少审定作物范围：改革现行5+2+2审定模式，将作物种类由28种减少到水稻、小麦、玉米、棉花、大豆5种；简化同一生态区省间引种程序，由过去须经所在省农业主管部门同意改为备案；为符合条件的育繁推一体化企业开辟品种审定绿色通道，扩大到所有主要农作物和两级审定范围；建立部分非主要农作物品种登记制度，将取消审定的23种作物及其他部分非主要农作物纳入登记管理，登记作物目录由农业部确定。

四是提升品种保护地位，加大保护力度。新设品种保护一章，提升了新品种保护的法律地位；整合执法资源，赋予县级农业行政部门侵权查处职能；规定一个品种在审定、登记、保护和市场销售必须使用同一个名称；加大对侵权假冒行为的处罚力度，将侵权赔偿金额由品种权人损失或侵权人获利的1倍提高到3倍，难以确定损失或获利金额的赔偿额由50万元提高到300万元，将侵权处罚由货值的1～5倍提高到5～10倍。

五是改革许可管理，加强事后监管。将生产许可证、经营许可证合二为一；下放"育繁推一体化"企业生产经营许可证审批权到省级；取消了生产经营许可中有关资金的要求；取消生产经营许可证先证后照的规定，取消种子检验员考核审批；将事前许可向事中、事后监管转移，明确了品种审定、登记、保护以及生产经营档案管理，建立委托生产、代销等4种不办许可证的备案制度，设立了种子质量自愿认证制度。

六是强化执法手段，提升监管能力。明确农林主管部门所属的综合执法机构和委托的种子管理机构是种子执法主体；赋予执法人员查封扣押种子等行政强制权；对当事人拒绝、阻挠执法的，明确了法律责任；明确了品种快速检测方法的法律地位；将无标签种子列入假种子范畴，要求标签标信息代码；限定农民自繁自用的常规种子仅能在当地集贸市场出售、串换；增加了种子标签标注信息代码的规定，明确建立全国统一的品种审定、登记、保护及种子生产经营许可和市场监管的政府信息发布平台，为强化种子质量和信息可追溯管理和推进种子经营代理制提供了法律支持。

七是推动种业体制改革，明确扶持政策。将2011年以来国务院出台的8号文件、109号文件等有关深化种业体制改革、推动现代种业发展的政策措施以法律形式予以明确。删除原法有关鼓励教学科研单位开展种子经营推广的规定，强调支持公益性科研教学单位开展基础性、公益性研究，禁止成果私下交易，鼓励科研人员向企业流动并进行成果转化，鼓励企业培育具有自主知识产权的优良品种；明确对制种大县给予扶持，将种用农机纳入购置补贴，将优势基地划入基本农田进行永久保护，明确向种业提供信贷支持和种子生产保险补贴等规定。

八是加大主体责任，加重处罚力度。管理主体：增加了品种试验、检测、审定、种子检验以及执法管理人员弄虚作假、徇私枉法的法律责任；企业主体：增加了育繁推一体化企业和申请品种登记者对提供试验材料和标准样品的真实性，及种子生产经营者对标签内容真实性负责的规定，增加了种子生产经营者因标签不真实造成损失应予赔偿的规定；将生产经营假种子的罚款由违法所得的5～10倍提高到货值的10～20倍，并增加了禁业规定。

三、新法的重要变化

这次修法充分体现了简政放权、放管结合的精神，主要表现为"三放三管"。"三放"：一是放品种准入渠道。减少审定作物，开通绿色通道，引种实行备案制，实行非主要农作物品种登记制；二是放市场准入要求。取消对企业的资金要求，取消先证后照的规定，下放育繁推一体化审批权；三是放行政权。监管职能下沉，下放种子市场监管权、下放侵权执法权、下放检验机构审批权。"三管"：一是管主体。从企业主体到管理主体、育种者、受委托的种子生产、经营者均明确了法律责任；二是管标签。扩充了标签标注内容，引入了标签真实性的管理理念；三是管安全。明确建立了种业国家安全审查管理，严格了种质资源管理，保留了主粮品种审定制度。

专栏10

《国家南繁科研育种基地（海南）建设规划（2015—2025）》出台

经国务院批准，2015年10月，农业部、国家发展改革委、财政部、国土资源部和海南省人民政府联合印发了《国家南繁科研育种基地（海南）建设规划（2015—2025）》（以下简称《规划》）。

《规划》按照"中央支持、地方负责、社会参与、市场运作"的基本建设原则，提出了海南南繁科研育种基地建设的总体目标。一是划定17.87千公顷适宜南繁的科研育种保护区。将三亚、陵水、乐东适宜南繁育制种的耕地划定为永久基本农田，予以严格保护，实行用途管制。二是建设高标准南繁科研育种核心区。在保护区内对现有南繁基地提升改造的同时，新建相对集中连片的南繁基地，实现核心区路相通、渠相连、旱能灌、涝能排，科研、生产、信息、生活、服务设施相配套，达到育种科研的基本需求。三是建立健全南繁基地管理保护体系。建立并形成较为完备的法律法规体系、政策支持体系，及涵盖登记备案、检疫监管等管理制度体系，实现南繁植物检疫、监管全覆盖。四是打造一支监管有力、服务高效的南繁管理队伍。改善管理手段，确保工作经费，着力强化植物检疫防控等能力建设，打造一支部省协作、属地负责、服务高效的管理队伍。

通过加强基础建设，完善制度设计，创新运行机制，强化政策扶持，力争用5～10年时间，把海南南繁科研育种基地打造成为服务全国的用地稳定、运行顺畅、监管有力、服务高效的科研育种平台，为现代种业科技发展提供有力支撑。

（三）农业植物新品种保护 2015年，我国农业植物新品种权申请量2 069件，同比增长17%，授权量1 413件，同比增长71%，年度申请量仅次于欧盟，居UPOV成员第二位。至2015年年底，水稻、玉米、小麦三大粮食作物仍是申请品种权的主体，超过申请总量的70%，但花卉、蔬菜、果树等非主要农作物申请量增长明显，申请作物结构不断优化。2015年国内企业申请量为993件，科研单位申请量为702件，分别占年申请量的48%和34%，企业的申请主体地位进一步确立。2015年来自海外申请184件，同比增长133%，占我国建立植物新品种保护制度以来海外申请量的近两成。截至2015年年底，农业植物新品种权申请总量累计15 552件，授权总量达6 258件。

（四）种子企业许可与发展 自国务院8号文件颁布以来，种子企业数量持续减少，规模企业（注册资本3 000万元以上）数量逐年增加。截至2015年年底，全国持有效种子经营许可证的企业4 660家，比上年减少404家，其中内资企业4 636家、外资企业24家。农业部发证企业229家，同比增加46家；省级发证企业1 770家，同比减少136家；市县级发证企业2 661家，同比减少314家。注册资本1亿元以上的146家、3 000万元至1亿元的1 220家，所占比例分别为3.13%和26.18%，同比分别提高0.84个和4.85个百分点。获得信用等级A以上（含）的种子企业354家，其中AAA级企业109家，AA级企业163家，A级企业82家。

行业统计数据显示，2015年全国种子企业共实现商品种子销售额792.88亿元，同比减少0.2%。销售额前50名实现销售252.37亿元，占全部种子企业销售额的31.83%，同比减少1.69%。规模企业（注册资本3 000万元以上）商品种子销售额556.05亿元，占全部种子企业销售额的70.13%。规模企业投入科研经费32.94亿元，科研投入占企业商品种子销售额的5.92%。

（五）种子质量与市场监管 主要农作物种子质量稳定在较高水平。2014—2015年农业部冬季种子企业监督抽查结果显示，玉米、水稻和棉花种子质量抽检总体合格率为99.6%；2015年农业部春季种子市场专项检查结果显示，种子质量抽检合格率为98.5%。2015年农业部联合公安部、工商总局，继续在全国组织开展打击侵犯品种权和制售假劣种子行为专项行动，并启动了区域性制假售假专项治理打击行动，先后组织实施种子企业督查、春季市场检查、生产基地整治、秋季市场检查等。注重创新监管方式，通过强化"五个结合"，即部门协同与系统联动、部门打假与举报维权、查大要案与媒体曝光、挂牌督办与纪检问责、治标与治本相结合，监管取得明显成效。据统计，全国共检查企业8 000多个（次）、市场1.8万个（次）。各地共查处种子案件6 000多起，没收违法所得424万元，罚款3 340万元，吊销许可证24个，移送司法案件38起，惩处不法分子334名。农业部通过农民日报等新闻媒体两次曝光各地查处的40起典型种子案件。通过各地各部门共同努力，种子市场秩序明显好转，违法分子已不敢公开制售套牌种子，套牌侵权行为明显减少，企业自有品种销量明显提高。

（六）农作物种质资源保护 2015年，共收集178种（类）作物种质资源15 968份，其中国内收集11 802份，国外引进4 166份。完成了水稻、小麦、玉米、大豆、蔬菜、麻类、牧草和果树等118种（类）作物15 702份种质的基本农艺性状鉴定。对水稻、小麦、玉米、大豆、食用豆、棉花等26种作物的5 265份种质进行了抗病虫、抗逆、品质的鉴定评价筛选。105种（类）作物11 725份种质编目繁殖存入国家种质库（圃）长期保存，其中存入国家种质库保存有29种（类）作物10 238份，存入国家种质圃保存有76种（类）作物1 487份。截至2015年12月，我国长期保存的种质资源总计470 295份，其中国家种质库404 690份，43个国家种质圃65 605份。完成了10 300份保存种质的生活力监测，以及36 596份中期库和种质圃资源的繁殖更新或复壮。分发种质资源180余种作物共32 325份次，用种单位1 144个；在水稻、小麦、玉米、大豆、棉花、果树等作物的主产区，田间种植展示了5 952份优异种质资源，现场参观人数6 779人次，发放种质材料7 852份次。

（七）种业国际合作与交流 2015年，我国从50多个国家（地区）审批进口农作物种子1 737.2万千克，同比增加9.36%，进口种苗（球）2 769.1万株（头），同比下降1.4%，进口额达到2.56亿美元以上，同比增加50.0%，进口量最大的是蔬菜种子，为1 285.8万千克，同比增长15.48%；我国主要从意大利、香港、印度尼西亚、美国和荷兰等5个国家和地区进口种子（苗）。

2015年批准对外提供种质资源申请24件，对外提供种质资源987份，涉及作物10种。向36个国家（地区）出口农作物种子6 601万千克，出口额2.43亿美元，同比分别增加3 028万千克和1亿美元。其中，出口杂交水稻种子5 695万千克，出口玉米种子113万千克。出口量和金额较大的国家是巴基斯坦、越南和印度尼西亚等。2015年，在国家外专局资助下，农业部选派种业骨干技术人员，先后赴阿根廷、荷兰、波兰、德国等国考察学习。派员赴美国、法国、荷兰、巴西等6个国家参加UPOV春季会议、UPOV技术工作组会议、UPOV和美国专利局技术培训、UPOV测试培训，以及新品种专题研讨活动，跟踪和掌握国际先进技术，起草了《植物新品种保护国际合作规划2016—2020年（建议稿）》，积极推动种业国际合作和交流，提升了我国种业的国际影响力。

专栏11

《全国农作物种质资源保护与利用中长期发展规划（2015—2030）》发布

2015年2月，农业部、国家发展改革委、科技部联合印发了《全国农作物种质资源保护与利用中长期发展规划（2015—2030）》，确定了今后15年我国农作物种质资源保护与利用的总体思路、发展目标、主要任务和行动计划。为落实《全国农作物种质资源保护与利用中长期发展规划（2015—2030年）》，2015年7月13日，农业部召开第三次全国农作物种质资源普查与收集行动启动会，组织开展种质资源普查与收集行动。普查与收集行动覆盖湖北、湖南、广西、重庆4省（区、市）235个普查县，征集到2 603份资源；在22个重点调查县开展了资源系统调查与抢救性收集，共收集重要资源2 809份。此外，在非普查县新收集种质6 390份，并引进国外特有或有重大应用前景的种质资源4 166份。

3 农产品价格与市场

（一）**农产品生产者价格** 据对全国20 000个农业生产经营单位和农户调查，2015年全国农产品生产者价格[1]总水平比上年同期上涨1.7%。具体变动情况如下：

1. 农业产品生产者价格下降0.8%。分季度看，1、2季度农业产品生产者价格分别上涨0.4%、0.5%，3季度持平，4季度农业产品生产者价格下降3.7%（图9至图14）。

粮食生产者价格下降1.3%。分季度看，1、2季度粮食生产者价格分别上涨1.7%、1.4%，3、4季度分别下降1.9%、5.7%。分品种看，谷物生产者价格下降1.3%，其中，稻谷上涨1.6%，小麦和玉米分别下降0.8%和3.5%。豆类下降1.1%，其中，大豆下降1%。薯类下降0.7%。分区域看，粮食主产区[2]生产者价格下降1.6%，主销区生产者价格下降0.8%，其他地区下降1%。

棉花（籽棉）生产者价格下降12.5%。分季度看，1、2季度生产者价格同比分别下降22.2%、14.1%，4季度下降7.3%。

油料生产者价格上涨0.8%。分季度看，1、2季度分别上涨3.4%、0.3%，3季度下降1.6%，4季度上涨0.9%。分品种看，花生上涨2%，

---

[1]农产品生产者价格是指农业生产者首次直接出售其生产的农产品时实际获得的价格。

[2]粮食主产区包括河北、内蒙古、辽宁、吉林、黑龙江、江苏、安徽、江西、山东、河南、湖北、湖南、四川等13个省份；粮食主销区包括北京、天津、上海、浙江、福建、广东、海南等7个省份；其他地区指除上述主产区、主销区以外的省份。

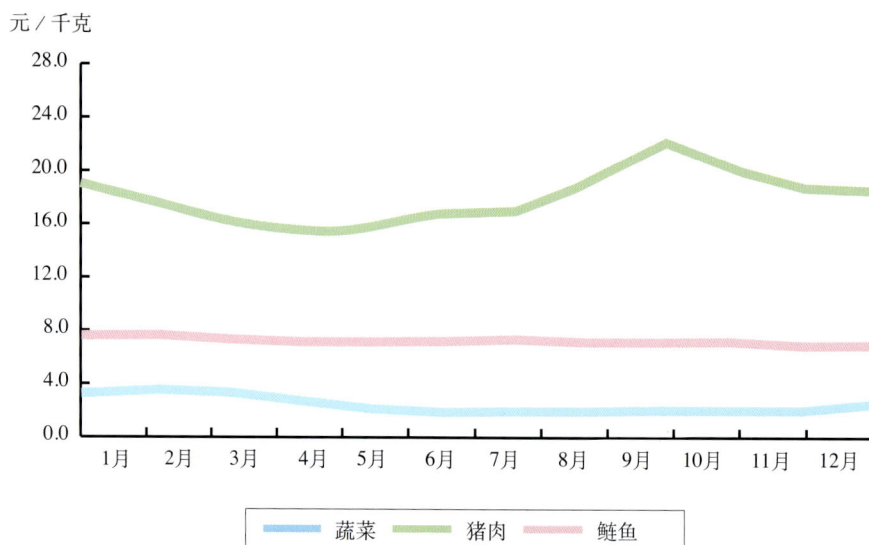

图9　2015年猪肉、鲢鱼、蔬菜批发价格分月变动情况

注：蔬菜为10种蔬菜（大白菜、白萝卜、大葱、黄瓜、西红柿、
　　　茄子、青椒、土豆、芹菜、油菜）平均价格。

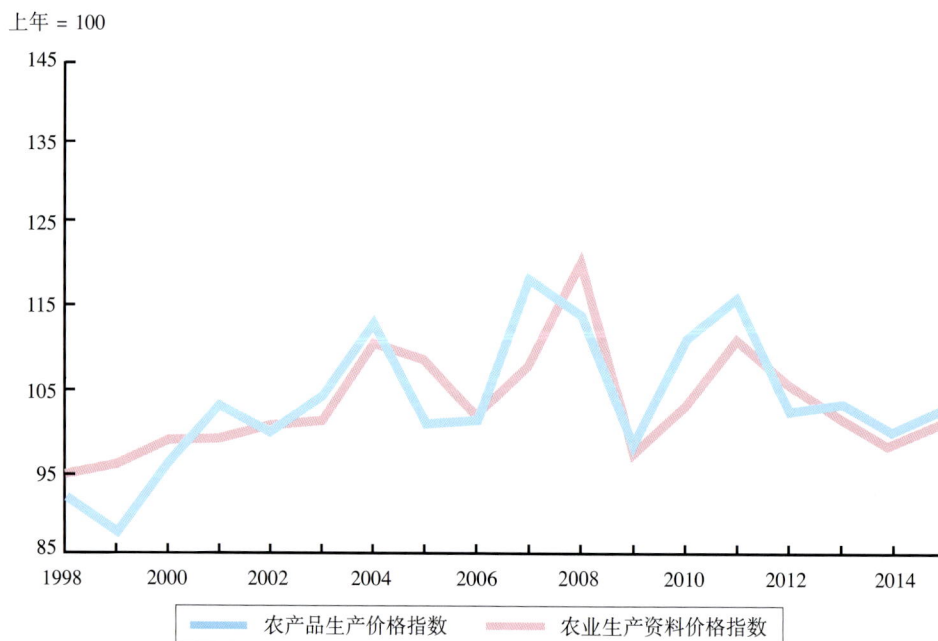

图10　1998—2015年农产品生产价格指数及农业生产资料价格指数变动情况

注：2000年（含）以前农产品生产价格指数为农副产品收购价格指数。

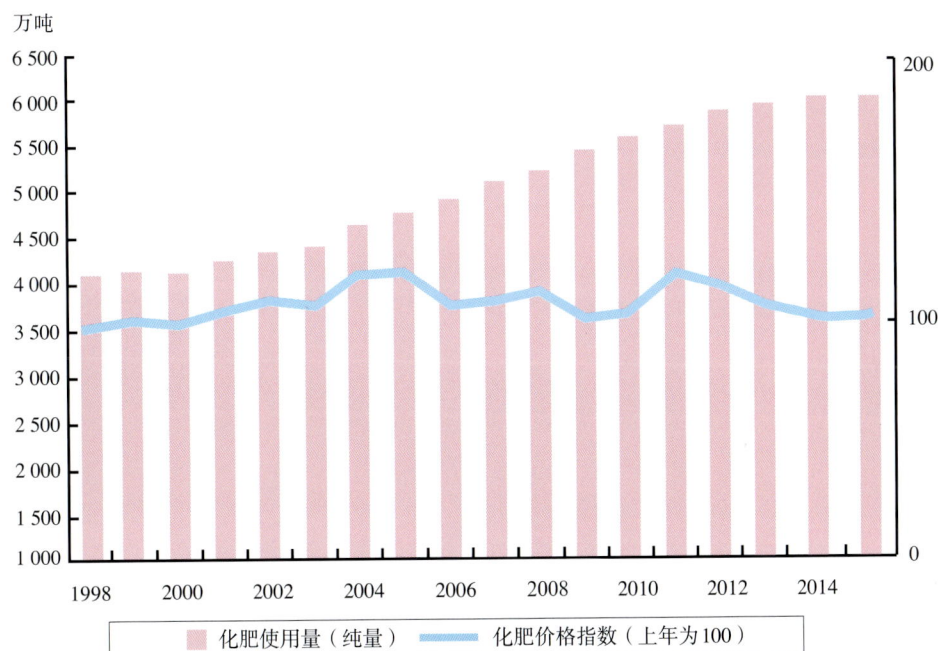

图11　1998—2015年化肥使用量及价格指数变动情况

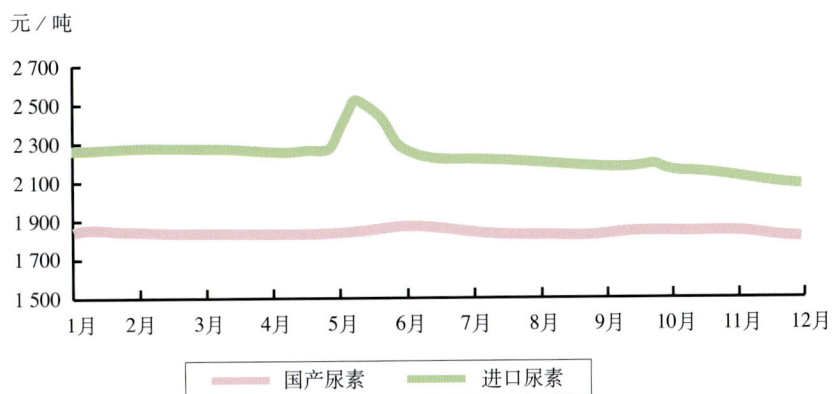

图12　2015年尿素零售价格分月变动情况

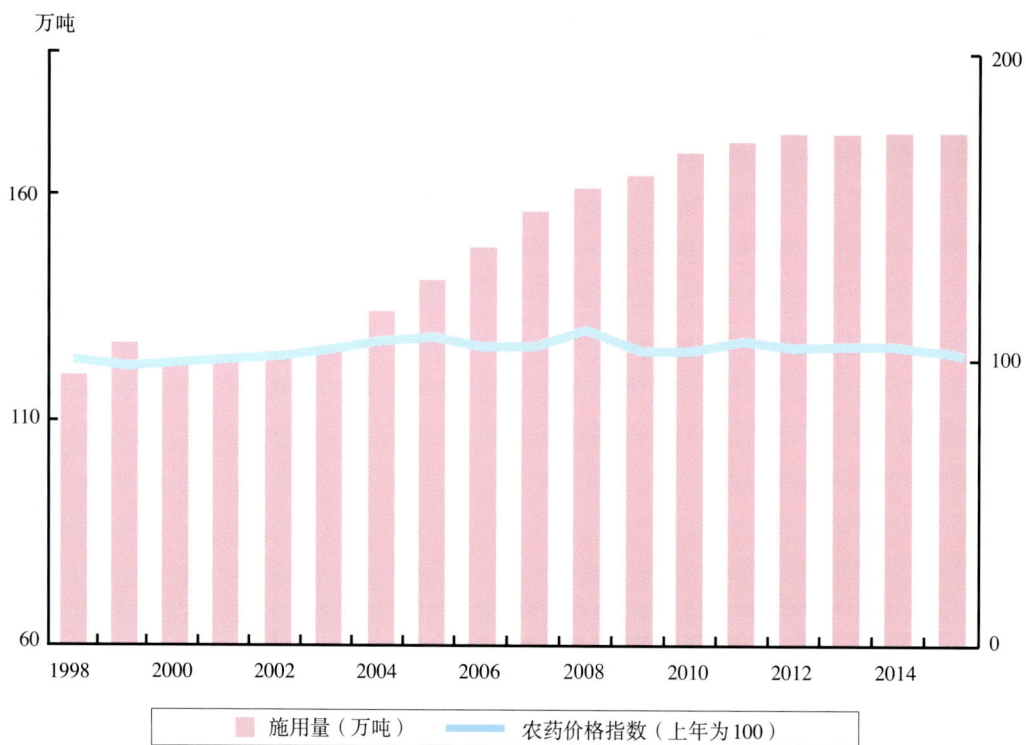

图13　1998—2015年农药施用量及价格指数变动情况

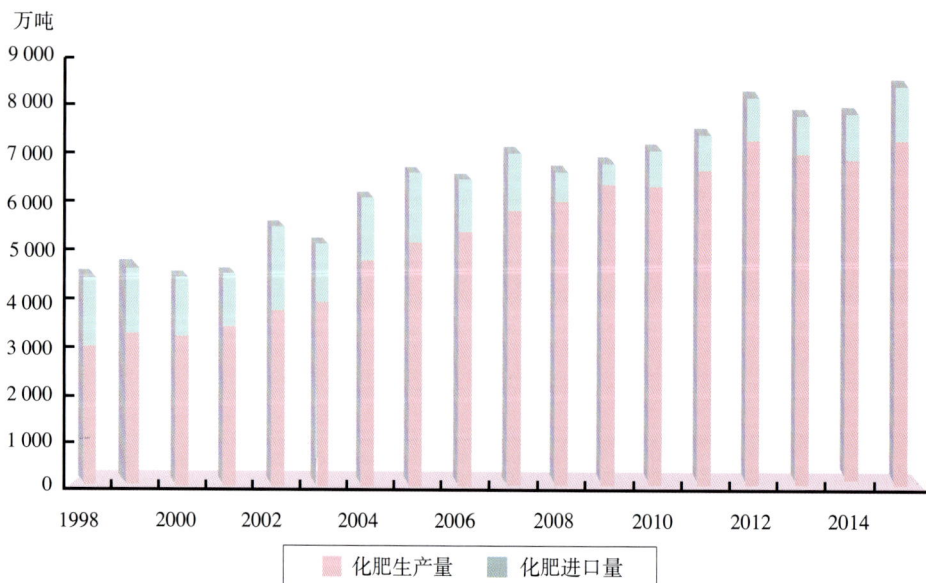

图14　1998—2015年化肥生产量与进口量变动情况

45

芝麻上涨0.1%，油菜籽下降0.4%。

糖料生产者价格下降1.2%。分季度看，1、2季度分别下降2.5%、5.5%，4季度上涨7.5%。分品种看，甜菜上涨2%，甘蔗下降1.4%。

蔬菜生产者价格上涨4.6%，分季度看，1～4季度分别上涨3%、3.8%、8.4%和3.6%。分种类看，叶菜类上涨5.5%，白菜类上涨4%，瓜菜类上涨6.7%，菜用豆类上涨3.7%，茄果类上涨2.4%，葱蒜类上涨6%，根茎类下降1.5%。食用菌下降1.7%。

水果生产者价格下降0.3%，分季度看，1季度水果生产者价格上涨8.5%，2～4季度分别下降7.9%、2.1%和6.2%。分品种看，苹果下降5.9%，梨上涨0.5%，柑橘上涨6.6%。

2. 林业产品生产者价格下降2.1%。分季度看，1、2季度分别下降2.4%、3.5%，3季度上涨0.6%，4季度下降5.3%。分种类看，木材生产者价格上涨1.2%，竹材下降2.7%，胶脂和果实类林产品下降13.1%，其中橡胶下降12.7%。

3. 饲养动物及其产品生产者价格上涨4.2%。生猪生产者价格上涨8.9%。分季度看，1季度生猪生产者价格同比下降3.6%，2～4季度同比分别上涨5.9%、19.4%和12.9%。分区域来看，生猪主产省①生产者价格上涨10%，其他省份上涨8.4%。

活牛和活羊生产者价格分别下降0.9%和10.6%。活家禽生产者价格上涨1.3%。禽蛋生产者价格下降3.1%，其中，鸡蛋和鸭蛋分别下降4.2%和0.6%。生奶产品生产者价格下降7.8%，动物毛类下降1.9%。

4. 渔业产品生产者价格上涨2.5%。分季度看，1～4季度分别上涨3%、4.3%、1.3%和2.1%。海水养殖产品生产者价格上涨1%，海水捕捞产品上涨6%；淡水养殖产品生产者价格上涨2.1%。

（二）农产品集贸市场价格 2015年1～12月，农产品集贸市场价格有升有降。农业产品中，集贸市场价格上涨最快的是花生，比上年上涨8.3%，粳米和籼米分别比上年上涨2.1%和1.7%。价格下降最快的是棉花，比上年下降14.9%。小麦、玉米、大豆和油菜籽分别比上年下降1.9%、3.2%、1.7%和2.6%。畜牧业产品中，猪涨幅明显。2015年，活猪、仔猪和猪肉集贸市场价格分别上涨13.4%、17.0%和10.2%。牛肉价格比上年微涨0.7%。其他畜牧业产品集贸市场价格均有所下降。羊肉和禽蛋集贸市场价格比上年分别下降5.2%和8.8%。

（三）农村商品零售价格 2015年1～12月，农村商品零售价格比上年增长0.3%，增幅低于上年0.7个百分点，高于全国平均0.2个百分点，高于城市商品零售价格0.3个百分点。分类别看，食品价格和中、西药品及医疗保健用品价格增长最快，均比上年增长2.4%；其次是服装鞋帽，比上年增长2.3%；书报杂志及电子出版物比上年增长2.1%。农村商品零售价格下降最快的是燃料，比上年下降12.9%；其次是金银珠宝，比上年下降5.0%；建筑材料及五金电料和交通、通信用品分别比上年下降1.2%和1.1%。

（四）农村居民消费价格 2015年1～12月，农村居民消费价格比上年增长1.3%，低于全国0.1个百分点，低于城市0.2个百分

①生猪生产省包括河北、辽宁、江苏、浙江、安徽、江西、山东、河南、湖北、湖南、广东、广西、重庆、四川、云南等15个省份，其他省份为非生猪生产省。

点（图15）。分类别看，农村食品价格增长2.4%，高于全国0.1个百分点，其中，肉禽及其制品增长5.5%，鲜菜增长7.1%，水产品增长2.2%，粮食增长1.7%，蛋、鲜果、油脂和液体乳及乳制品价格分别比上年下降7.1%、3.1%、2.7%和0.4%；农村烟酒及用品价格增长2.3%，高于全国0.2个百分点，其中，烟草价格增长4.8%，酒下降1.0%；衣着价格增长2.3%，低于全国0.4个百分点；家庭设备用品及维修服务增长0.9%，低于全国0.1个百分

点；医疗保健和个人用品增长2.3%，高于全国0.3个百分点；交通和通信价格下降1.9%，低于全国0.2个百分点；娱乐教育文化用品及服务价格增长1.4%，与全国持平；居住价格下降0.3%，而全国居住价格增长0.7%。

（五）乡村社会消费品零售额 2015年，实现乡村社会消费品零售额41 932.1亿元，比上年增长11.8%，而城镇社会消费品零售额比上年增长仅为10.5%。乡村社会消费品零售额增速高于城镇社会消费品零售额增速1.3个百分点。

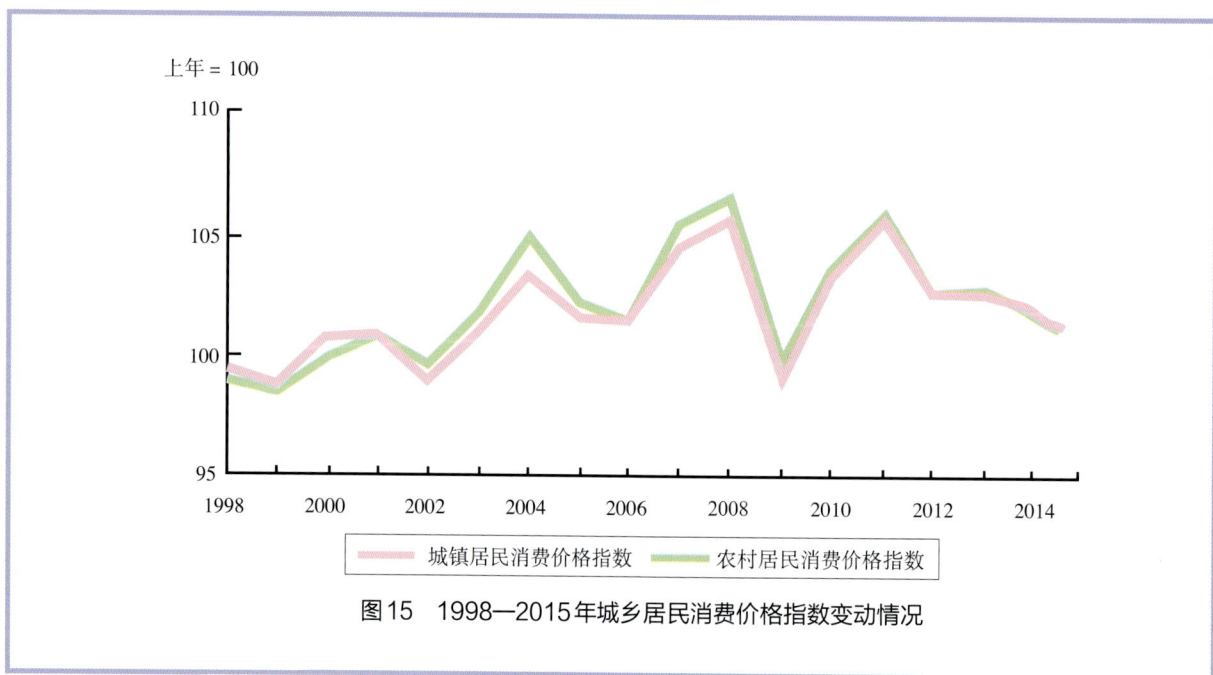

图15　1998—2015年城乡居民消费价格指数变动情况

农产品进出口

2015年我国农产品进出口均有不同程度的下降，进口降幅大于出口降幅，农产品贸易逆差下降。2015年，我国农产品进出口贸易总额为1 875.6亿美元，同比下降3.6%。其中，出口额706.8亿美元、同比下降1.8%，进口额

为1 168.8亿美元、同比下降4.6%（图16、图17）。农产品贸易逆差为462.0亿美元，同比下降8.7%。

（一）粮食（谷物）净进口同比增长71.7% 2015年，我国粮食（谷物）出口53.3万吨，同比下降30.8%；进口3 271.5万吨，增长67.6%；净进口3 218.2万吨，增长71.7%（图18）。

2015年，我国粮食（谷物）出口额为4.4亿美元，同比下降25.9%；进口额为94.0亿美元，增长51.1%；粮食（谷物）贸易逆差为89.6亿美元，增长59.3%。其中，小麦产品的逆差为8.3亿美元，大麦产品的逆差为28.6亿美元；玉米产品的逆差为11.0亿美元，稻谷产

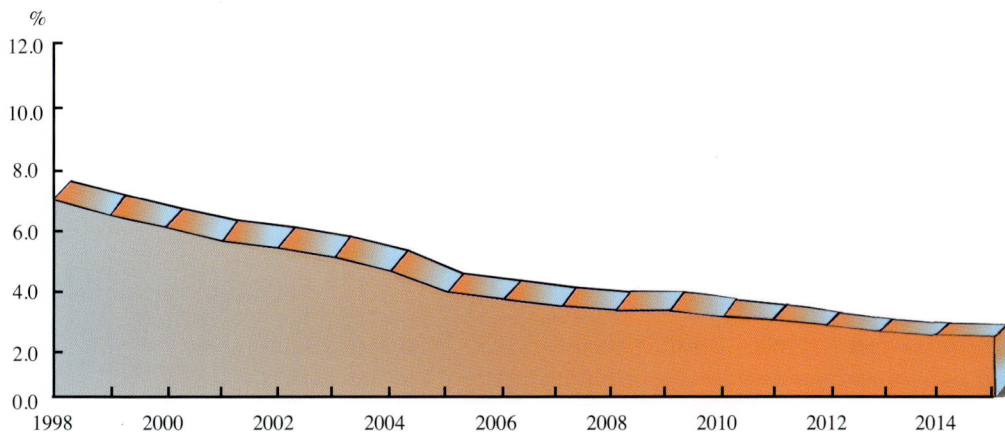

图16　1998—2015年农产品出口额占总出口额比重变动情况

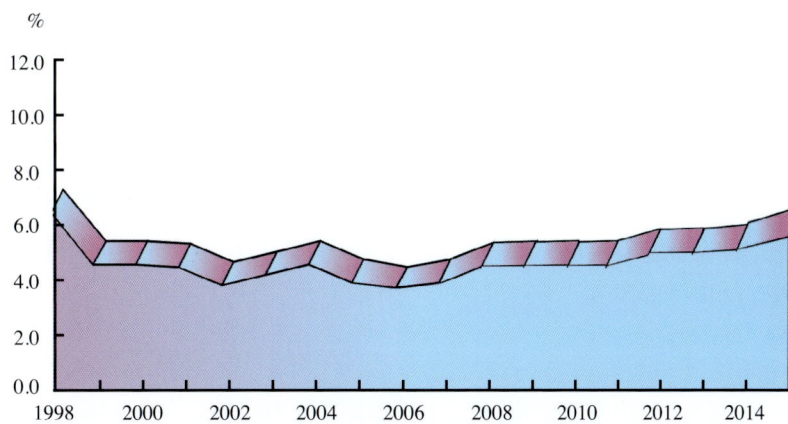

图17　1998—2015年农产品进口额占总进口额比重变动情况

万吨

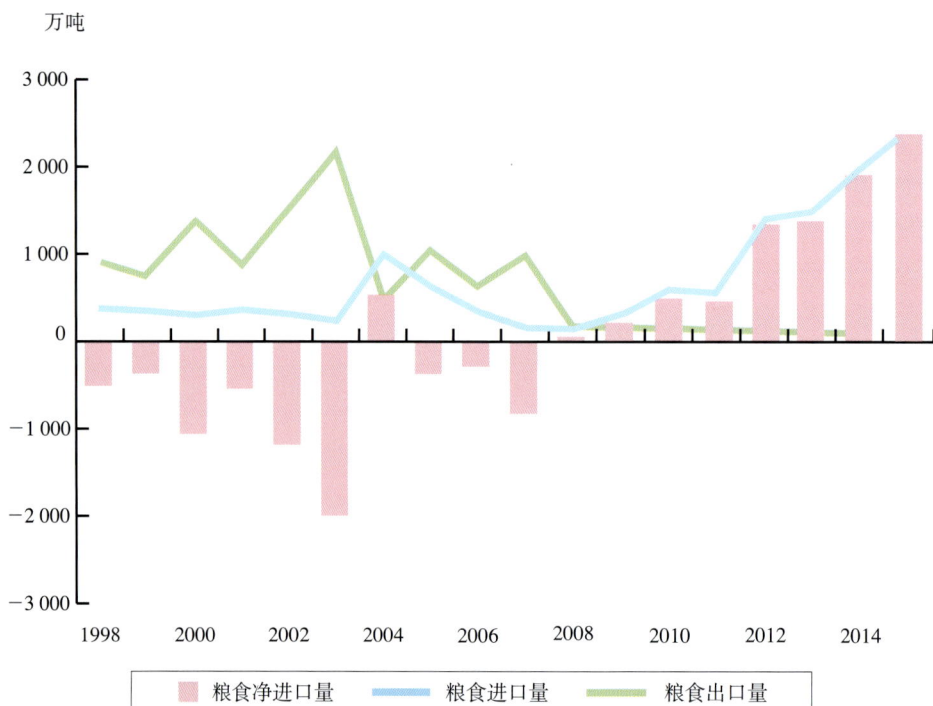

图18 1998—2015年粮食（不含大豆）进出口变动情况

品的逆差为12.3亿美元。

稻谷产品 2015年，出口28.7万吨，同比下降31.5%；进口337.7万吨，增长30.9%；净进口309.0万吨，增长43.1%。在稻谷产品的进出口贸易中，大米的进出口占绝大部分，具体比重分别是出口占93.0%，进口占98.9%。

2015年我国稻谷产品出口额为2.7亿美元，同比下降29.3%；进口额为15.0亿美元，增长19.4%。稻谷产品包括大米、大米粉、稻谷和种用稻谷。

玉米产品 2015年，出口1.1万吨，同比下降44.6%；进口473.0万吨，增长82.0%；净进口471.9万吨，增长83.0%。

2015年我国玉米产品出口额为0.05亿美元，同比下降36.3%；进口额为11.1亿美元，

增长52%。玉米产品包括玉米、玉米粉、其他加工玉米和种用玉米。

小麦产品 2015年，出口12.2万吨，同比下降35.8%；进口300.7万吨，增长0.09%；净进口288.5万吨，同比增长2.5%。

2015年我国小麦产品出口额为0.7亿美元，同比下降33.5%；进口额为9.0亿美元，同比下降7.9%。小麦产品包括小麦、小麦粉和种用小麦。

大麦产品 2015年，进口1073.2万吨，同比增长98.3%。

2015年我国大麦产品进口额为28.6亿美元，同比增长81.7%。大麦产品包括大麦、加工大麦和种用大麦。

（二）食用油籽进口增长13.0%、食用植物油进口增长6.6%

食用油籽 2015年，出口84.2万吨，同比下降3.5%；进口8 757.1万吨，增长13.0%。其中，大豆进口8 169.4万吨，增长14.4%；油菜籽进口447.1万吨，下降12.0%。

2015年我国食用油籽出口额为14.6亿美元，同比增长2.4%；进口额为383.9亿美元，下降13.8%；贸易逆差为369.2亿美元。其中，大豆出口额为1.3亿美元，下降37.0%；进口额为348.3亿美元，下降13.5%；贸易逆差为347.1亿美元。

食用植物油 2015年，出口13.7万吨，同比增长1.2%；进口839.1万吨，增长6.6%。其中，豆油进口81.8万吨，下降28.0%。棕榈油进口590.9万吨，增长11.0%；菜油进口81.5万吨，增长0.6%。

2015年我国食用植物油出口额为1.9亿美元，同比下降7.6%；进口额为59.9亿美元，下降15.1%；贸易逆差为58.0亿美元。

（三）棉花进口量同比下降34.1%，食糖进口量增长39.0%，蔬菜水果进出口均增长；畜产品贸易逆差下降5.0%，水产品贸易顺差下降9.3%

棉花 2015年出口3.0万吨，同比增长107.4%；进口175.9万吨，下降34.1%。

2015年我国棉花出口额为0.50亿美元，同比增长60.7%；进口额为27.2亿美元，同比下降47.2%；贸易逆差为26.7亿美元。

食糖 2015年出口7.5万吨，同比增长62.2%；进口484.6万吨，增长39.0%。

2015年我国食糖出口额为0.5亿美元，同比增长23.0%；进口额为17.7亿美元，增长

18.7%；贸易逆差为17.3亿美元。

蔬菜 2015年出口1 018.0万吨，同比增长4.3%；进口24.4万吨，增长10.1%。出口额132.7亿美元，增长6.2%；进口额5.4亿美元，增长5.0%。贸易顺差为127.3亿美元。

水果 2015年出口450.3万吨，同比增长3.3%；进口448.5万吨，增长11.9%。出口额68.9亿美元，同比增长11.5%；进口额58.7亿美元，增长14.7%。贸易顺差为10.2亿美元。

畜产品 2015年出口额58.9亿美元，同比下降14.0%；进口额204.5亿美元，下降7.8%；贸易逆差为145.6亿美元，下降5.0%。其中，生猪产品出口12.3亿美元，下降10.3%；进口27.5亿美元，增长10.5%。禽产品（家禽类）出口16.5亿美元，下降10.7%；进口9.5亿美元，增长3.4%。

水产品 2015年出口额203.3亿美元，同比下降6.3%；进口额89.8亿美元，下降2.2%；水产品贸易顺差113.5亿美元，同比下降9.3%。

（四）一般贸易是我国进出口贸易的主要方式，分别占我国进出口贸易总额的81.78%和81.81% 一般贸易方式出口578.0亿美元，同比下降2.0%，占我国农产品出口总额的81.78%，下降0.2个百分点；进料加工方式出口75.5亿美元，同比下降4.3%，占10.7%，减少0.3个百分点；边境小额出口18.1亿美元，增长2.5%，占2.6%，增加了0.11个百分点；来料加工装配贸易方式出口17.5亿美元，下降6.8%，占2.5%，减少0.13个百分点。

一般贸易方式进口956.2亿美元，同比下降3.2%，占我国农产品进口总额的81.81%，同比增加1.2个百分点；保税区仓储转口货物贸易方式进口86.2亿美元，增长0.8%，占

7.4%，增加0.4个百分点；进料加工方式进口55.6亿美元，下降30.4%，占4.8%，减少1.8个百分点；保税仓库进出境货物贸易方式进口38.4亿美元，下降2.8%，占3.3%，增加0.1个百分点。

（五）亚洲是我国农产品第一大出口市场，第三大进口市场；南美洲为我国农产品第一大进口市场，第五大出口市场 亚洲是我国农产品第一大出口市场，2015年对亚洲出口455.6亿美元，同比下降0.19%，占我国农产品出口总额的64.5%，比上年增加1.0个百分点。欧洲为第二大出口市场，对欧洲出口103.7亿美元，下降8.2%，占14.7%，减少1.0个百分点。北美洲为第三大出口市场，对北美洲出口90.7亿美元，下降1.2%，占12.8%，增加0.07个百分点。对非洲、南美洲和大洋洲分别出口27.7亿美元、15.9亿美元和13.1亿美元，增幅分别为－3.1%、－3.2%和－1.2%，对这三大洲出口金额合计占我国农产品出口总额的8.0%，比上年减少0.07个百分点。

就国际组织来看，我国对东盟、北美自由贸易协定组织和欧盟分别出口147.8亿美元、90.7亿美元和81.9亿美元，增幅分别为8.9%、－1.2%和－3.8%。

从出口国家和地区来看，2015年出口前10位的国家和地区依次是：日本102.1亿美元，同比下降8.4%，占我国农产品出口总额的14.5%；中国香港89.3亿美元，增长2.2%，占12.6%；美国74.4亿美元，下降1.2%，占10.5%；韩国43.5亿美元，下降10.6%，占6.2%；泰国38.2亿美元，增长33.5%，占5.4%；其次是越南、马来西亚、中国台湾、德国和印度尼西亚，出口额分别

为34.3亿美元、26.3亿美元、21.9亿美元、19.5亿美元和18.4亿美元，对这五个国家（地区）的出口额合计占我国农产品出口总额的17.4%。

2015年南美洲是我国进口农产品第一大洲，进口额为311.3亿美元，同比下降2.6%，占我国农产品进口总额的26.6%，同比增加0.6个百分点；从北美洲进口居第二位，为302.8亿美元，下降12.6%，占25.9%，减少2.4个百分点；从亚洲进口居第三位，为223.9亿美元，下降4.4%，占19.2%，增加0.04个百分点；从欧洲、大洋洲以及非洲的进口额分别为175.2亿美元、125.5亿美元和30.1亿美元，分别增长23.0%、－16.5%和－6.9%，三者合计占我国农产品进口总额的28.3%。比上年增加1.8个百分点。

从国际组织来看，从北美自由贸易协定组织、东盟和欧盟进口分别为301.9亿美元、162.1亿美元和132.8亿美元，分别增长－12.7%、－1.5%和20.6%。

从进口国家看，2015年进口前10位国家依次是：美国247.4亿美元，同比下降14.0%，占我国农产品进口总额的21.2%；巴西198.9亿美元，下降7.9%，占17.0%；澳大利亚80.6亿美元，下降1.2%，占6.9%；加拿大52.2亿美元，下降6.4%，占4.5%；阿根廷50.9亿美元，增长12.7%，占4.4%；其次是泰国、新西兰、印度尼西亚、法国和越南，进口额分别为50.6亿美元、44.3亿美元、41.8亿美元、39.7亿美元和27.5亿美元，分别增长－0.5%、－34.8%、3.2%、28.3%和20.1%，这五个国家进口额合计占我国农产品进口总额的17.5%。

（六）东部地区进出口均居第一，山东出口居各省首位　2015年我国东部地区农产品出口额477.2亿美元，同比下降2.1％，占我国农产品出口总额的67.5％，同比增加0.2个百分点；进口额953.5亿美元，下降4.5％，占81.6％，同比增加0.07个百分点。

西部地区出口额为90.5亿美元，同比增长7.4％，占我国农产品出口总额的12.8％，增加1.09个百分点；进口额81.8亿美元，下降6.0％，占我国农产品进口总额的7.0％，减少0.1个百分点。

东北地区出口额为71.3亿美元，同比下降9.7％，占我国农产品出口总额的10.1％，减少0.89个百分点；进口额86.5亿美元，下降13.6％，占我国农产品进口总额的7.4％，减少0.8个百分点。

中部地区出口额67.9亿美元，同比下降1.6％，占我国农产品出口总额的9.6％，增加0.02个百分点；进口额47.0亿美元，增长19.2％，占我国农产品进口总额的4.0％，增加0.8个百分点。

2015年出口前五位的省依次是：山东164.7亿美元，同比下降2.1％，占我国农产品出口总额的23.3％；广东93.9亿美元，增长1.7％，占13.3％；福建84.5亿美元，下降0.12％，占12.0％；浙江49.7亿美元，下降5.6％，占7.0％；辽宁47.0亿美元，下降7.5％，占6.6％。

进口前五位的省（市）依次是：广东240.6亿美元，同比增长6.0％，占我国农产品进口总额的20.6％；山东171.0亿美元，下降19.8％，占14.6％；江苏168.9亿美元，下降4.9％，占14.5％；上海108.0亿美元，增

长6.6％，占9.2％；天津76.9亿美元，下降13.1％，占6.6％。

３　农村居民收入与消费

据国家统计局对全国31个省（自治区、直辖市）16万户居民家庭开展的城乡一体化住户抽样调查，2015年，全国农村居民收入较快增长，消费水平稳步提升，生活质量不断提高，贫困人口大幅减少。

（一）农村居民收入

1.农村居民收入较快增长。2015年全国农村居民人均可支配收入11 422元，同比名义增长8.9％，扣除价格因素影响，实际增长7.5％。农村居民人均可支配收入名义增速高于城镇居民0.7个百分点。2015年农村居民人均纯收入为10 772元。

（1）工资性收入增长10.8％。2015年，全国农村居民人均工资性收入4 600元，增长10.8％，保持较快增长，但增速同比回落2.9个百分点。工资性收入占人均可支配收入的比重为40.3％，对全年农民增收的贡献率为48％，拉动可支配收入增长4.3个百分点。工资性收入增长主要是由于农民工人数继续增加，尤其是本地务工人员增多，同时农民工工资水平保持增长。据全国农民工监测调查显示，2015年农民工月均收入同比增长7.2％，比上年下降2.6个百分点。

（2）经营净收入增长6.3％。2015年，全国农村居民人均经营净收入4 504元，增长6.3％，比上年下降1.4个百分点，占人均可支配收入的比重为39.4％，对全年农民增收的贡献率为28.5％，拉动可支配收入增长2.5个百

分点。其中，第一产业经营净收入增长5.2%。一是种植业净收入增速回落。人均种植业净收入2 412元，增长4.6%，增速同比回落2.2个百分点。2015年粮食丰收，总产量增长2.4%，同时蔬菜等农产品价格上涨，使得种植业净收入实现增长。增速回落主要是受到玉米、棉花、小麦等价格同比下跌，尤其是四季度玉米价格大幅下跌的影响。二是牧业净收入大幅回升。人均牧业净收入489元，增速由上年的减少3.7%转为增长10.3%，主要是由于生猪价格大幅回升。

（3）财产净收入增长13.3%。2015年，全国农村居民人均财产净收入252元，增长13.3%，占人均可支配收入的比重为2.2%，对全年农民增收的贡献率为3.2%，拉动可支配收入增长0.3个百分点。其中，人均房租收入51元，增长19.5%；人均转让承包土地经营权租金净收入92元，增长9.2%。

（4）转移净收入增长10.1%。2015年，全国农村居民人均转移净收入2 066元，增长10.1%，占人均可支配收入的比重为18.1%，对全年农民增收的贡献率为20.3%，拉动可支配收入增长1.8个百分点。一是农村最低基础养老金标准提高，人均离退休金与养老金增长22.1%。二是国家大力推进精准扶贫，加大对低收入群体帮扶力度，各地陆续提高低保、合作医疗等社保标准，推动低收入群体收入较快增长，但农业生产直接补贴增速放缓，现金政策性惠农补贴仅增长6%。

2.农村居民收入特点。

（1）分地区看，西部地区农村居民收入增速最快，东北地区增速最慢。2015年东部、中部、西部、东北地区农村居民人均可支配收入分别为14 297元、10 919元、9 093元、11 490元，增速分别为8.8%、9.1%、9.6%、6.4%。收入水平较低的西部地区居民收入增速最快，东北地区居民收入增速最慢。西部地区农村居民收入增速比中部地区高0.5个百分点，比东部地区高0.8个百分点，比东北地区高3.2个百分点。

（2）按收入分组看，低收入户收入增速最快，中高收入户增速最慢。2015年，按人均可支配收入从低到高进行五等份分组，全国农村居民低收入户人均可支配收入为3 086元，增长11.5%；中低收入户人均可支配收入为7 221元，增长9.3%；中等收入户人均可支配收入为10 311元，增长8.5%；中高收入户人均可支配收入为14 537元，增长8.1%；高收入户人均可支配收入为26 014元，增长8.6%。高低收入户人均收入比由上年的8.65缩小为8.43。

（二）农村居民消费

1.农村居民各项生活消费支出全面增长。2015年农村居民人均消费支出9 223元，名义增长10.0%，实际增长8.6%（图19）。总体来看，农村居民人均消费支出保持平稳增长，交通通信、教育文化娱乐、医疗保健支出增速较快。

（1）食品烟酒支出增长8.3%。2015年农村居民人均食品烟酒支出3 048元，增长8.3%。其中，食品支出2 332元，增长7.2%；饮食服务支出247元，增长16.6%。

（2）衣着支出增长7.9%。2015年农村居民人均衣着支出550元，增长7.9%。其中，衣类支出411元，增长7.3%；鞋类支出140元，增长9.4%。

（3）居住支出增长9.3%。2015年农村居

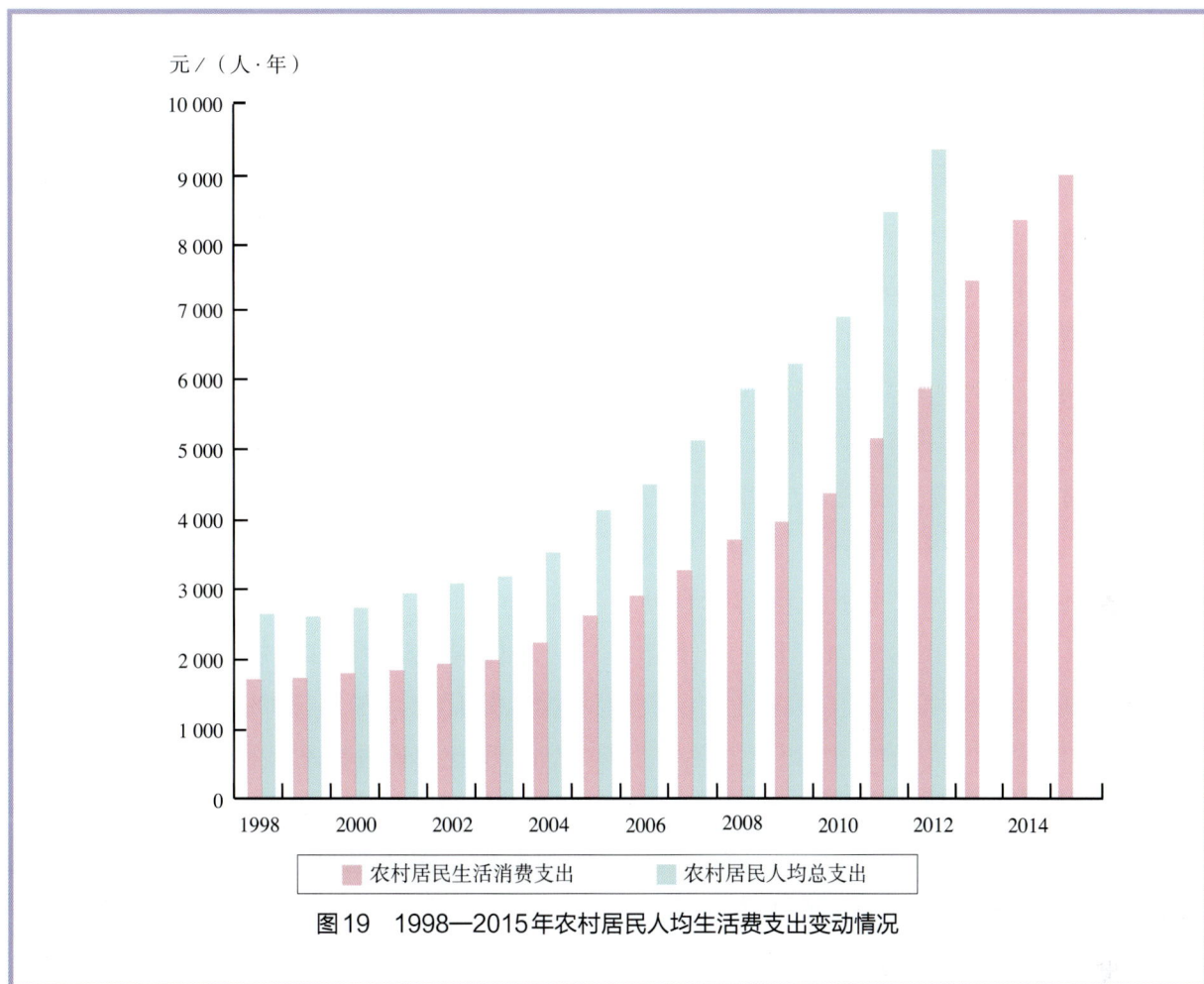

图19　1998—2015年农村居民人均生活费支出变动情况

民人均居住支出1 926元，增长9.3％。其中，住房维修及管理支出339元，增长2.1％；水电燃料支出478元，与上年基本持平。

（4）生活用品及服务支出增长7.7％。2015年农村居民人均生活用品及服务支出546元，增长7.7％。其中，家具及室内装饰品支出与个人用品支出增长较快，分别增长9.4％和32.3％。

（5）交通通信支出增长14.9％。2015年农村居民人均交通通信支出1 163元，增长14.9％。其中，交通支出773元，增长16.4％；通信支出390元，增长12％。

（6）教育文化娱乐支出增长12.8％。2015年农村居民人均教育文化娱乐支出969元，增长12.8％。其中，文化娱乐支出增长较快，人均239元，增长15.4％。

（7）医疗保健支出增长12.2％。2015年农村居民人均医疗保健支出846元，增长12.2％。其中，医疗器具及药品支出239元，增长9.6％；医疗服务支出607元，增长13.3％。

（8）其他用品和服务支出增长6.8％。2015年农村居民人均其他用品和服务支出174元，增长6.8％。

2.农村居民消费特点。2015年农村居民人均消费支出中，吃、穿、住等生存型消费占比下降，交通通信、教育文化娱乐、医疗保健等发展型消费占比提高。

（1）生存型消费占消费支出比重下降。2015年农村居民人均食品烟酒支出占比为33%，比上年下降0.6个百分点；衣着支出占比为6%，比上年下降0.1个百分点；居住支出占比为20.9%，比上年下降0.1个百分点。

（2）发展型消费占消费支出比重提高。2015年农村居民人均交通通信支出占比为12.6%，比上年上升0.5个百分点；教育文化娱乐支出占比为10.5%，比上年上升0.2个百分点；医疗保健支出占比为9.2%，比上年上升0.2个百分点。

财政支农投入

2015年，农业部参与安排农业建设投资299.74亿元，比上年增加10.39亿元，增加3.6%。在投资总量增长的同时，农业投资结构不断优化，项目单体投资规模不断扩大，监督管理力度进一步加强，为促进农业现代化建设提供了物质基础。从投资领域看，2015年农业建设投资主要用于农业综合生产能力建设、农业科技创新能力建设、农业公共服务能力条件建设、农业资源和环境保护与利用条件建设、民生基础设施建设等五个方面。

（一）农业综合生产能力建设198.30亿元，占66.16% 包括新增千亿斤粮食田间工程及农技服务体系141亿元，糖料蔗核心基地15亿元，国家现代农业示范区标准农田7亿元，海南冬季瓜菜生产基地1亿元，畜禽标准化规模养殖小区14亿元，海洋渔船更新改造

15亿元，农垦天然橡胶基地1.30亿元，新疆棉花生产基地4亿元。

（二）农业科技创新能力建设12.70亿元，占4.24% 包括种植业种子工程5亿元，养殖业良种工程3亿元，农业科技创新能力条件建设4.70亿元。

（三）农业公共服务能力条件建设21.15亿元，占7.06% 包括农产品质量安全检验检测体系8.03亿元，动物防疫体系0.76亿元，渔政渔港工程5.71亿元，农垦公益性项目（含政法基础设施）2.20亿元，部门自身建设4.45亿元。

（四）农业资源和环境保护与利用条件建设42.85亿元，占14.29% 农村沼气工程20亿元，天然草原退牧还草工程20亿元，草原防火2.80亿元，农业湿地保护工程0.05亿元。

（五）民生基础设施建设24.74元，占8.25% 包括垦区棚户区改造及配套基础设施建设19.26亿元，血吸虫病农业综合治理2亿元，以船为家渔民上岸安居工程3.48亿元。

农业综合开发

2015年，中央财政预算安排农业综合开发资金387.67亿元，比上年增加26.96亿元，增长7.5%。通过督促地方财政按照分担比例增加投入，引导和撬动金融机构、农民群众等投入资金，全年农业综合开发资金预计共投入812.67亿元。

（一）突出重点，着力推进高标准农田建设 把加强农业基础设施建设作为履行农业综合开发职能的主阵地，进一步加大资金投入，集中力量建设高标准农田。

1. 继续集中力量抓好高标准农田建设。认真落实《全国高标准农田建设总体规划（2011—2020年）》，2015年中央财政安排311亿元土地治理项目资金，共建设高标准农田2 112千公顷，亩均提升粮食生产能力100千克以上。提高投入标准，将亩均财政投入上限标准由1 300元提高到1 500元，完善投入政策，进一步把资金向高标准农田和粮食主产县集中。允许地方按照"缺什么、补什么"的原则，因地制宜确定治理措施和工程投入比例。

2. 撬动金融和社会资本投入高标准农田建设。分别与国家开发银行、中国农业发展银行、中国农业银行联合启动创新投融资机制加快高标准农田建设试点，对国有农场、农业龙头企业、农民合作社等新型经营主体实施的高标准农田建设项目，采取贴息和补助两种方式给予支持。相对于传统投入方式，这种创新机制可带动3～9倍的银行贷款和社会投入。河南、湖南等试点项目已获国开行、农发行贷款发放，内蒙古、吉林等9省的10个项目进入银行审查程序，融资需求共计12.7亿元，预计可建设高标准农田47.67千公顷。

3. 支持新型农业经营主体实施高标准农田建设项目。调整完善政策，降低"准入门槛"，继续加大支持新型农业经营主体直接申报实施高标准农田建设项目。将项目建成后形成的资产及时移交新型经营主体经营、使用和管护，探索农业综合开发项目建设管护一体化的新机制。2015年，中央财政安排3.6亿元，扶持252个新型农业经营主体建设高标准农田28.6千公顷。

4. 大力推进中型灌区节水配套改造。中央财政安排14.93亿元，新建和续建中型灌区节水配套改造项目309个，积极推广新型高效节水灌溉技术，促进项目区灌溉水利用率的提高。积极开展中型灌区现代化改造与高标准农田建设同步规划设计、同步建设实施、同步发挥效益试点项目建设，为高标准农田提高配套水利设施和可靠水源保证。

5. 做好生态综合治理和现代农业园区试点工作。中央财政安排21.17亿元，继续在生态脆弱地区开展生态综合治理，共建设草原（场）162.74千公顷，治理沙化土地13.37千公顷，开展小流域治理142.61千公顷。同时，安排12.8亿元，扶持74个现代农业园区试点项目。调整完善现代农业园区试点政策，鼓励地方因地制宜开展园区建设。

（二）完善政策，着力打造优势特色产业集群　进一步调整和完善产业化经营项目扶持政策，集中打造农业区域优势特色产业集群，促进农业增效农民增收。

1. 进一步完善产业化项目政策。集中推进"三个转变"：扶持定位从项目向产业转变，通过集中投入，合力支持区域优势特色产业；实施主体从单一化向多元化转变，加大对新型农业经营主体的扶持力度，并推行同一产业多主体申报、协同发展机制；项目资金从"主导"向"引导"地位转变，以项目为平台，借助财政资金引导杠杆作用，大力吸引金融资本和社会资本投入。放宽新型农业经营主体申报立项门槛，加大支持力度，共扶持新型经营主体4 651个。完善贷款贴息政策，将"后选项后结算"的贷款方式调整为"先选项先结算"，预计利用贷款超千亿元。

2. 打造农业优势特色产业集群。组织编制《农业综合开发扶持农业优势特色产业规划（2016—2018年）》，找准产业链条中的关键环节、薄弱环节进行重点连续扶持，计划用3年时间，在各开发县形成1～2个优势特色产业，以省为单位各形成10个左右、在全国初步形成百个资源优势大、产业链条长、一、二、三产业融合、示范带动作用强的区域优势特色产业集群。2015年，中央财政安排54.09亿元，围绕"畜牧、蔬菜、林果"等主导产业打造了一批优势特色产业集群，示范引领效应更加突出。

3. 积极创新资金投入和管理方式。将土地治理和产业化经营两类项目紧密结合，立足基地扶龙头，围绕龙头建基地，构建两类项目一体化推进机制，集成资金和项目合力。自2015年起，鼓励有条件的省份探索股权引导基金和贷款担保基金的投入方式扶持农业产业化发展，创新扶持资金投入机制。积极推进财政补助资金"先建后补"管理方式改革。

（三）示范引领，着力提升部门和外资项目成效 完善政策，强化管理，提升项目成效，充分发挥部门和外资项目的示范引领作用。

1. 做好部门项目管理工作。中央财政安排农业综合开发部门项目资金42.48亿元。其中，安排7.41亿元用于农业部良种繁育、优势特色示范等项目建设；安排14.29亿元用于加强中型灌区节水配套改造项目建设；安排6.36亿元用于加强对长江和黄河中上游、珠江上游岩溶区和东北黑土区等水土流失严重地区的治理；安排7.75亿元用于林业生态和经济林示范基地建设；安排6.49亿元用于新型合作示范和新型农业社会化服务体系项目建设；安排1 946万元继续实施国土资源部土地复垦项目。将新型

农业社会化服务体系试点区域扩大至全国11个省（自治区），在12个省（自治区）启动实施区域生态循环农业试点项目。同时，调整优化部门项目结构，完善部门项目政策，简化项目申报流程，完善项目扶持方式，合理划分部门职责，进一步加强部门项目监管。

2. 做好外资项目管理工作。组织做好世界银行贷款可持续发展农业项目和亚洲开发银行贷款农业综合开发项目实施工作，建设高标准农田26.53千公顷，改造中低产田40.67千公顷。加强外资项目日常管理工作，配合世行、亚行实地检查，项目建设和报账提款等工作进展顺利。加强与世行、亚行、发改委的沟通交流，积极做好新项目申请工作。

3 扶贫开发

2015年是我国扶贫开发历史上极不平凡的一年。党中央、国务院空前重视扶贫开发工作，把脱贫攻坚上升到事关全面建成小康社会、实现第一个百年奋斗目标的高度，纳入"五位一体"总体布局和"四个全面"战略布局安排部署，全力推进脱贫攻坚重点工作。习近平总书记先后到云南、陕西、贵州等省调研扶贫工作，主持召开革命老区脱贫攻坚座谈会、部分省区市扶贫攻坚座谈会、中央财经领导小组会议、中央政治局常委会议、中央政治局会议研究扶贫工作，召开中央扶贫开发工作会议作出重大决策部署。李克强总理多次就扶贫开发作出重要指示。在《政府工作报告》中明确千万减贫任务，并将扶贫作为国务院重大决策部署落实情况督促检查的重要内容。中央其他领导同志都对扶贫开发非常关心，开展调

查研究，作出明确指示，提出工作要求。中央召开扶贫开发工作会议，习近平总书记、李克强总理发表重要讲话，中共中央、国务院印发《关于打赢脱贫攻坚战的决定》，对"十三五"脱贫攻坚进行了全面部署，确定了到2020年"确保我国现行标准下农村贫困人口实现脱贫，贫困县全部摘帽，解决区域性整体贫困"的目标，明确了实现目标的指导思想、基本方略、主要途径、政策举措和保障措施。各地区各部门坚决落实中央决策部署，深入实施精准扶贫、精准脱贫方略，扶贫开发工作呈现新局面。

2015年，减少贫困人口1 442万人，超额完成千万减贫任务，标志着《中国农村扶贫开发纲要（2011—2020年）》提出的中期目标顺利实现。"十二五"期间，我国农村贫困人口从2010年的1.66亿人减少到2015年底的5 575万人，减少了1亿多人。贫困县农民人均纯收入从2010年的3 273元，增长到2015年的6 828元，翻了一番多，增长幅度连续5年高于全国农村平均水平。贫困地区饮水安全、道路交通、电力保障等基础设施建设目标全面完成，教育、卫生等基本公共服务目标基本完成。

（一）精准扶贫机制不断健全完善 围绕脱贫目标，完善工作机制，用好政策指挥棒。一是加快完善建档立卡工作。动员200万余干部开展"回头看"活动，提高数据精准度。基本建成全国扶贫开发信息系统，为精准决策奠定了基础。二是完善干部驻村帮扶机制。23个省区市制定了驻村工作队指导意见。全国选派驻村工作队12.8万个，驻村干部48万多人，基本实现了对建档立卡贫困村的全覆盖。全国共向贫困村派驻第一书记17万名，其中中央定点

扶贫单位派驻311名。三是健全考核机制。研究起草《省级党委和政府扶贫开发工作成效考核办法》，从减贫成效、精准识别、精准帮扶、扶贫资金4个方面对各地脱贫成效进行考核，已由中央办公厅、国务院办公厅印发实施。有16个省（自治区）制定了对贫困县的考核办法，扶贫考核权重占到60%以上，最高的达到80%。

（二）财政专项扶贫投入力度继续加大 2015年，中央财政安排专项扶贫资金467.5亿元，比上年增长约8%。各地大幅增加扶贫投入，2015年达到334.5亿元，比上年增长25%，有力地支持了脱贫攻坚。甘肃省级和片区县按当年地方财政收入增量的20%以上、市级按10%以上、插花县按15%以上增列本级专项扶贫资金预算。按照"管总量不管结构、管任务不管项目、管监督不管实施"的原则，统筹使用资金。广西明确自治区和扶贫重点市、县按当年地方财政收入增量20%以上增列专项扶贫预算。

（三）精准扶贫十项工程启动实施 整村推进工程全年共启动实施3.5万个村扶贫规划。职业教育培训工程劳动力培训转移72.4万人。扶贫小额信贷全年金融机构发放1 200亿元，有力支持了建档立卡贫困村增收脱贫。召开全国易地扶贫搬迁工作电视电话会议，印发《"十三五"时期易地扶贫搬迁工作方案》，对易地扶贫搬迁工程作出全面部署，全年各地完成了112.5万人的搬迁任务。国务院扶贫办与苏宁云商集团签署电商扶贫战略合作协议，开展"双百示范行动"，通过电商扶贫带动100多个贫困县的200多万贫困户创业增收。旅游扶贫选择560个建档立卡贫困村作为试点村，按

规划积极推进。光伏扶贫工程全国并网发电超过183万千瓦,帮助43万建档立卡贫困户户均年增收3 000元。启动构树扶贫工程试点工作,研究编制了《构树扶贫工程指导意见》。组织开展贫困村创业致富带头人培训,启动扶贫龙头企业带动工程。

(四)行业扶贫重点工作稳步推进 各牵头部门和参与单位继续扎实推进《关于创新机制扎实推进农村扶贫开发工作的意见》(中办发〔2013〕25号)提出的10项重点工作。交通方面,全年投入交通建设车购税资金1 300亿元,实施贫困地区高速公路建设、农村公路畅通工程、"溜索改桥"等工作。安全饮水方面,安排资金解决了1 800万农村居民饮水安全问题。农村电力保障方面,安排资金282亿元,支持农村电网改造升级,安排48亿元用于无电地区电力建设,基本解决无电人口用电问题。危房改造方面,安排资金365亿元,支持432万贫困农户改造危房。特色产业增收方面,安排14个连片特困地区农牧业资金250亿元,用于支持种子工程、基层农牧推广体系、动物防疫体系等基本建设项目和良种、农机购置等补贴。乡村旅游扶贫方面,制定《关于开展贫困村旅游扶贫试点工作的方案》,启动旅游扶贫试点。教育扶贫方面,实施连片特困地区学前教育三年行动计划,支持开展贫困地区义务教育阶段学生营养改善计划,支持贫困地区中等职业学校全日制农村在校生免除学费、提供助学金,对片区农村学生实现全覆盖。继续实施面向贫困地区定向招生专项计划,扩大招生规模,实施区域扩到832个贫困县。卫生和计划生育方面,大力支持贫困地区卫生计生机构基础设施建设,继续在贫困地区实施儿童营养改

善、新生儿疾病筛查项目。文化建设方面,实施"春雨工程"项目,推动优质文化资源向贫困地区倾斜,印发了《"十三五"时期贫困地区公共文化服务体系建设规划纲要》,对贫困地区公共文化服务体系建设作出部署。贫困村信息化方面,继续实施"村村通工程"和"宽带中国"战略,基本实现片区内已通电行政村互联网全覆盖,20户以上已通电自然村基本通电话。

(五)重点区域脱贫攻坚取得积极进展 一是加快连片特困地区发展。国务院扶贫办与国家发展改革委联合印发《关于加快推进集中连片特殊困难地区重大基础设施项目建设工作的通知》,推动各部门、片区联系单位及各有关省加强相互间沟通协调,及时将重点基础设施和"十项重点工作"项目纳入2015年计划并加快实施。二是推进革命老区脱贫攻坚。召开革命老区开发建设与脱贫攻坚座谈会,对"十三五"革命老区脱贫攻坚作出部署。商务部、财政部在组织电子商务示范县中,把154个革命老区县纳入其中,重点倾斜。启动中央企业与革命老区百县万村帮扶行动,重点支持改善贫困老区县基础设施,解决1万个贫困村的水、电、路等问题,助推革命老区脱贫攻坚。三是加大对民族地区、边疆地区扶贫工作支持力度。2015年中央财政安排民族八省区专项扶贫资金200亿元,比上年增长8.1%。国家发展改革委、国家民委等部门出台支持四川凉山、云南怒江、甘肃临夏三州加快建设小康社会进程的意见。继续安排专项资金实施兴边富民行动计划。

(六)社会扶贫不断深化

1. 拓展东西部扶贫协作。召开东部地区扶

贫工作座谈会，对做好东西部扶贫协作工作作出部署。2015年东部省市共向西部贫困地区提供财政援助资金13.4亿元，比上年增长13%；动员社会力量捐助款物1亿元，双方企业开展经贸协作实际投资3 131亿元；双方领导考察互访5 426人次，其中省级62人次，开展人才交流1 836人次；举办培训班403期，培训各类人员3.6万人次，帮助西部地区输出劳务25.9万人次，实现劳务收入49.2亿元。

2. 完善定点扶贫机制。召开中央单位定点扶贫工作会议，部署中央单位定点扶贫工作。调整完善定点扶贫结对关系，解决任务畸重畸轻、行业优势发挥不充分等问题。建立由扶贫办、中央组织部、中央统战部、中央直属机关工委、中央国家机关工委、总政治部、教育部、人民银行、国资委9个部门牵头联系定点扶贫工作的新机制，明确了定点扶贫牵头部门的责任和任务。2015年，各单位共向定点县投入帮扶资金（含物资折款）33.1亿元，帮助引进资金282.4亿元，分别比上年增加9.3%和29%；举办培训班4 485期，培训各类人员12.2万人次，组织劳务输出7万人次；资助贫困学生4.3万人次。

3. 广泛开展社会动员。各地各部门利用扶贫日平台，组织开展多种形式的活动，募集扶贫资金近100亿元。积极搭建社会扶贫服务平台，全国社会扶贫网已进入测试阶段，截至2015年底已收到定向捐赠近3亿元。实施民营企业"万企帮万村"精准扶贫行动，已组织1万余家民营企业与1万多个建档立卡贫困村结对帮扶。

4. 积极开展国际减贫交流合作。加大中非、中拉减贫交流合作，与南非签署《减贫交流合作谅解备忘录》，与委内瑞拉签署《2015—2017年减贫交流合作工作计划》。稳步推进中国与老挝、缅甸、柬埔寨3国的减贫项目合作。争取世界银行第六期扶贫贷款项目，总投资18亿元人民币，其中世行贷款1.5亿美元。

饲料工业

2015年，我国饲料行业结构调整力度加大，产业融合整合加快，发展方式从追求数量增长和效益提升向提倡优质安全环保转变。2015年全国饲料产量首次突破2亿吨，同比增长1.4%，实现了饲料工业"十二五"规划的目标任务。

（一）商品饲料总产量突破2亿吨　2015年，全国商品饲料总产量20 009万吨，同比增长1.4%。其中，配合饲料产量为17 396万吨，增长2.7%；浓缩饲料产量为1 961万吨，下降8.9%；添加剂预混合饲料产量为653万吨，增长1.9%。配合饲料、浓缩饲料、添加剂预混合饲料产量占总产量比重分别为86.9%、9.8%、3.3%，与上年相比，配合饲料占总产量比重提高1.1个百分点，浓缩饲料下降1.1个百分点，添加剂预混合饲料提高0.1个百分点。

（二）饲料工业产值小幅增长　2015年，全国饲料工业总产值为7 810亿元，增长2.7%。其中，商品饲料工业总产值7 126亿元，增长2.7%；饲料添加剂总产值616亿元，增长3.6%；饲料机械设备总产值68亿元，增长1.4%。全国饲料工业总营业收入为7 418亿元，增长1.4%。其中，商品饲料总营业收入6 786亿元，增长1.6%；饲料添加剂总营业收入563亿元，下降0.9%；饲料机械设备总营业收入

69亿元，增长4.6%。

（三）饲料和饲料添加剂生产企业数量及生产许可证发放 2015年饲料生产企业8 508家，其中，浓缩饲料、配合饲料和精料补充生产企业6 764家，添加剂预混合饲料生产企业2 747家；饲料添加剂生产企业1 691家，其中，化工合成，生物发酵、提取等工艺直接制备饲料添加剂企业1 280家，混合型饲料添加剂生产企业616家；单一饲料生产企业2 032家。

（四）产品结构加速调整 从品种总量看，2015年，猪饲料产量8 344万吨，同比下降3.2%；蛋禽饲料产量3 020万吨，增长4.1%；肉禽饲料产量5 515万吨，增长9.6%；水产饲料产量1 893万吨，下降0.5%；反刍动物饲料产量884万吨，增长0.9%；其他饲料产量354万吨，下降10.9%。从类别看，在配合饲料中，猪配合饲料总产量6 802万吨，下降2.1%；蛋禽配合饲料2 505万吨，增长6.2%；肉禽配合饲料5 275万吨，增长10.5%；水产配合饲料1 866万吨，下降0.3%；精料补充料656万吨，增长2.3%；其他配合饲料294万吨，下降14.8%。在浓缩饲料中，猪浓缩饲料总产量1 173万吨，下降10.0%；蛋禽浓缩饲料364万吨，下降8.5%；肉禽浓缩饲料187万吨，下降10.0%；水产浓缩饲料3.0万吨，下降27.8%；反刍动物浓缩饲料192万吨，下降6.3%；其他浓缩饲料37万吨，增长27.0%。在添加剂预混合饲料中，猪添加剂预混合饲料总产量368万吨，增长0.1%；蛋禽添加剂预混合饲料151万吨，增长4.5%；肉禽添加剂预混合饲料53万吨，增长7.0%；水产添加剂预混合饲料25万吨，下降13.7%；反刍动物添加剂预混合饲料34万吨，增长21.3%；其

他添加剂预混合饲料23万吨，下降1.9%。

（五）不同区域产量有增有降发展速度各异 饲料产量大省产量权重近64%。2015年，过千万吨省份由9个减少至8个。8省饲料总产量11 744万吨，占全国总产量58.7%。减少地区为四川省，饲料产量由上年的1 038万吨，下降至978万吨，减少5.9%。2015年，东部地区、中部地区、西部地区的总产量分别占全国的52%、30%和18%，与上年相比，东部地区增长0.5%，中部地区增长0.8%，西部地区下降1.3%。

（六）饲料添加剂产量小幅增长 2015年，饲料添加剂产品总量816.4万吨，增长1.7%。其中，原饲料添加剂Ⅰ型764.1万吨，增长2.6%；Ⅱ型31.0万吨，下降19.9%；混合型饲料添加剂21.3万吨，增长8.2%。

1. 氨基酸。2015年总产量154.5万吨，增长23.1%。原Ⅰ型152.2万吨，增长22.3%；Ⅱ型1.1万吨，增长7.7%；混合型1.2万吨，增长2 038.2%。其中，蛋氨酸2015年产量为11.8万吨，增长11.3%；赖氨酸产量为95.8万吨（含65%赖氨酸），增长4.4%；苏氨酸国内产量为37.9万吨，增长55.0%；色氨酸国内产量为1.0万吨，增长107.8%。

2. 维生素。2015年总产量109.1万吨，增长22.3%。原Ⅰ型91.8万吨，增长26.9%；Ⅱ型13.5万吨，下降17.5%；混合型3.8万吨，增长621.9%。2015年，氯化胆碱产量63.6万吨，增长30.4%；维生素A 9 858吨，下降11.2%；维生素E 6.5万吨，下降13.6%；维生素B_1 24.4吨，下降91.0%；维生素B_2 6 695吨，下降25.0%；维生素C 6.8万吨，增长566.2%。

3. 矿物元素及其络合物。2015年总产量

420.2万吨，下降10.2%。其中原Ⅰ型414.8万吨，下降10.1%；Ⅱ型2.8万吨，下降37.8%；混合型2.6万吨，增长41.5%。2015年，磷酸氢钙（含磷酸二氢钙）产量为326.2万吨，下降9.2%；硫酸铜2.8万吨，下降4.9%；硫酸亚铁14.6万吨。下降17.1%；硫酸锌15.4万吨，下降13.2%；硫酸锰10.5万吨。增长12.0%。

4. 酶制剂。2015年总产量9.8万吨，下降8.5%。其中，原Ⅰ型5.0万吨，下降3.9%；Ⅱ型2.0万吨，增长2.4%；混合型2.8万吨，下降21.0%。

5. 抗氧化剂。2015年总产量5.1万吨，增长26.9%。其中，原Ⅰ型2.7万吨，增长66.6%；Ⅱ型1.0万吨，下降0.5%；混合型1.3万吨，下降1.6%。

6. 防腐、防霉剂。2015年总产量25.4万吨，下降6.3%。其中，原Ⅰ型21.6万吨，下降8.9%；Ⅱ型1.6万吨，下降38.9%；混合型2.1万吨，增长198.1%。

7. 微生物。2015年总产量10.9万吨，下降6.3%。其中，原Ⅰ型5.6万吨，增长6.4%；Ⅱ型2.8万吨，下降42.9%；混合型2.5万吨，增长76.8%。

8. 其他类添加剂。2015年总产量81.4万吨，增长21.6%。其中，Ⅰ型70.3万吨，增长39.4%；Ⅱ型6.0万吨，下降1.4%；混合型5.0万吨，下降51.5%。

（七）饲料机械设备生产总量下降 2015年，饲料加工机械设备生产总量为27 140台套，减少1 370台套，下降4.8%。其中，成套机组1 349台套，减少361台套，下降21.1%；单机25 791台，减少1 009台，下降3.8%。在成套机组中，时产≥10吨设备968台套，减少317台套，下降24.7%；时产＜10吨设备381台套，减少44台套，下降10.4%。在单机设备中，粉碎机8 197台，减少676台，下降7.6%；混合机6 662台，减少389台，下降5.5%；制粒机7 676台，减少165台，下降2.1%；单机其他3 256台，增加221台，增长7.3%。

（八）饲料行业从业人数小幅增长 2015年，饲料企业年末职工人数为51.9万人，增加2.6%。大专以上学历的职工数为20.6万人，占职工总人数的39.6%，其中，博士1 877人，增长6.8%；硕士8 787人，增长11.1%；大学本科74 372人，增长8.6%；大学专科120 475人，增长7.8%；其他学历313 547人，下降0.8%。技术工种51 202人，增长7.9%。

草原保护与建设

2015年，农业部认真贯彻落实中央关于生态文明建设和"转方式、调结构"的决策部署，按照"保护生态环境就是保护生产力，改善生态环境就是发展生产力"的要求，坚持"生产生态有机结合、生态优先"的基本方针，大力加强草原生态保护建设。全年共投入资金208.4亿元，完成种草改良2 308.4万公顷，建设草原围栏299.4万公顷，累计落实草原承包2.89亿公顷，草原禁牧面积1.05亿公顷，草畜平衡面积1.74亿公顷，草原生态加快恢复，草原畜牧业持续发展，牧民收入继续增加，牧区生态、生产、生活稳步协调推进。

（一）继续实施草原生态保护补助奖励政策 2015年，中央安排草原生态保护补助奖励资金169.49亿元，继续在内蒙古、新疆、甘肃、青海等13省区实施草原生态保护补助奖励机制。按照目标、任务、责任、资金"四到省"和任务落实、补助发放、服务指导、监督管理、建档立卡"五到户"的基本原则，对牧民实行草原禁牧补助、草畜平衡奖励、牧民生产资料补贴等政策措施。共安排草原禁牧面积0.82亿公顷，草畜平衡面积1.74亿公顷，牧民生产资料综合补贴284万户，牧草良种补贴804.58万公顷。目前，13省区的草原补奖政策落实情况总体良好，各项补奖任务和资金有效落实到草场和牧户，取得了显著的生态、经济和社会效益。

（二）强化草原执法监督工作　2015年，全国各类草原违法案件发案17 020起，立案16 427起，结案16 066起，结案率为97.8%。发案数量比上年减少1 978起，减少了10.4%。全年草原违法案件共破坏草原12 023.6公顷，比上年减少了42.5%。买卖或者非法流转草原1 833.3公顷，比上年增长了50.3%。涉嫌犯罪移送司法机关的案件569起，比上年减少了8.4%；被提起行政复议或行政诉讼的案件仅有3起，比上年减少22起。对新疆、青海、内蒙古、吉林、甘肃和黑龙江6省区查处的8起非法开垦草原犯罪案件进行了通报。积极推动草原管护员队伍建设，截至2015年，草原管护员人数达9.27万人。

（三）实施草原保护建设重大生态工程　2015年，国家继续实施退牧还草、京津风沙源草原治理、西南岩溶地区石漠化草地治理、退耕还林还草等工程，集中治理严重退化和生态脆弱草原394万公顷。通过实施草原围栏、补播改良、人工种草等工程措施，草原植被逐步恢复，草原生态环境明显改善。监测结果显示，2015年全国草原综合植被盖度达54%，比上年提高了0.4个百分点，全国天然草原鲜草总产量102 805.65万吨，比上年增加0.6%；折合干草约31 734.30万吨，载畜能力约为24 943.61万羊单位，均比上年增加0.7%。

（四）推动落实草原保护各项制度　2015年，农业部贯彻落实《关于加快推进生态文明建设的意见》和《生态文明体制改革总体方案》要求，积极推进和完善草原保护各项制度。开展草原休养生息、自然资源产权体系、国土空间用途管制、生态环境损害赔偿等多个制度的研究工作。在全国16个省区的20个县、乡、村开展草原确权承包登记整体试点，探索建立健全信息化规范化的草原确权承包管理模式和运行机制。积极推进《草原法》修订和《基本草原保护条例》的立法进程。截至2015年年底，全国累计落实草原承包2.89亿公顷，草原禁牧面积1.05亿公顷，草畜平衡面积1.73亿公顷。

（五）加强草原防灾减灾能力建设　截至2015年，全国草原防火中央投资达10.06亿元，共实施全国草原防火信息系统建设项目1个，建设草原防火指挥中心36个、草原防火物资储备库69个、草原防火物资站235个；每年建设边境草原防火隔离带约3 000千米。2015年，全国累计防治草原鼠害369.3万公顷，投入劳动力29万人（次），防治器械24万台（套），各种车辆1.8万辆（次），飞机作业20架（次）；累计防治草原虫害461.9万公顷，投入劳动力26.8万人（次），大型喷雾器6 570多台（套），中、小型喷雾器14.4万台（套），飞机作业351架（次）。

🐟 水生生物资源养护

（一）增殖放流工作扎实推进 2015年，农业部继续把水生生物增殖放流作为为渔民办的实事之一，抓紧、抓实、抓好。积极争取并落实好中央财政增殖放流转移支付项目资金4亿元（包括海洋牧场），带动全国共投入增殖放流资金10.9亿元；全国共开展水生生物增殖放流活动2 165次，放流重要水生生物苗种和珍稀濒危物种达361.2亿尾（只），同比增长5.2%，有效促进了渔业资源恢复，实现了渔业增效、渔民增收。4月20日，农业部和浙江省人民政府，在宁波市联合举办"东海渔业资源增殖放流活动"。活动期间，共放流大黄鱼、黑鲷、黄姑鱼、中国对虾等各种苗种共计1 700多万尾。6月6日，农业部与福建省人民政府、中国海洋石油总公司在福州联合举行2015年全国同步增殖放流"放鱼日"活动（主会场）暨台湾海峡增殖放流活动，共放流大黄鱼、花鲈、黄鳍鲷等重要经济和珍稀濒危生物苗种超过4亿单位。同日，全国共有23个省（自治区、直辖市）开展了增殖放流活动，共举办大型增殖放流活动90场，放流水生生物苗种超过10亿单位，社会各界广泛参与、反响良好，形成全国水生生物增殖放流活动新高潮。

（二）渔业资源养护制度深入推进 2015年是海洋伏季休渔制度实施20周年，为做好2015年伏季休渔工作，农业部办公厅下发了《关于做好2015年海洋伏季休渔工作的通知》，对2015年伏季休渔工作进行部署安排，同时组织对20年来伏季休渔工作进行全面总结和

效果评估，进一步加大宣传力度，扩大社会影响。长江、珠江禁渔工作向纵深持续发展。据统计，2015年禁渔期间长江流域各级渔政管理机构共组织统一检查行动17 096次，参加检查车辆13 394辆次、船（艇）12 329艘次，参加检查人员79 326人次，查获违禁捕捞船1 609艘次，取缔迷魂阵10.11万米，捣毁、没收深水张网7 173顶，查处电捕鱼器具1 969台（套）、毒鱼案件57起、炸鱼案件31起，行政处罚1 770人（次），刑事处罚324人，罚款157.49万元。农业部继续开展近海渔业资源和近岸产卵场调查，以及长江、珠江和黑龙江等重要内陆水域产卵场调查。计划通过5年时间，摸清产卵场分布和渔业资源现状，为水生生物资源养护和可持续利用提供有力支撑。

（三）水产种质资源保护得到加强 农业部公布了第九批国家级水产种质资源保护区28个，国家级水产种质资源保护区数量达492个，主要分布于长江、黄河、黑龙江、珠江等水系的211条（段）江河、107个湖库，以及渤海、黄海、东海和南海的51个海湾、岛礁、滩涂等水域生态系统，初步构建了覆盖各海区和内陆主要江河湖泊的水产种质资源保护区网络。

（四）人工鱼礁和海洋牧场建设取得突破 农业部下发了《农业部关于创建国家级海洋牧场示范区的通知》。按照"科学布局、突出特色、明确定位、理顺机制"的总体思路，在现有海洋牧场建设的基础上，高起点、高标准地创建一批国家级海洋牧场示范区，推进以海洋牧场建设为主要形式的区域性渔业资源与生态环境养护以及渔业综合开发，使之成为现

代渔业的强有力支撑和重要推动力量。经农业部公告，天津市大神堂海域等20个海洋牧场示范区成为首批国家级海洋牧场示范区。汪洋副总理在山东考察"海洋生态牧场"时，对海洋牧场建设取得的成绩给予充分肯定。

（五）渔业水域生态环境保护继续推进 农业部和环保部联合发布了《中国渔业生态环境状况公报（2014）》。农业部渔业渔政管理局组织制订2015年渔业生态环境监测方案，继续组织全国渔业生态环境监测网成员单位，对海洋和内陆重要天然渔业水域和养殖水域环境状况进行监测。同时，强化对重点渔业水域污染监测监视和监督检查，积极稳妥处置突发性死鱼事件，及时协助地方渔业主管部门对官厅水库、安徽五河县、天津海河死鱼事件进行调查处理。

（六）水生野生动植物保护与管理得到加强 2015年，水生生物重要栖息地和重点物种保护力度进一步加大，法律法规不断健全，履约工作积极有效开展，水生野生动植物保护与管理得到进一步规范和加强。环境保护部和农业部等10部委联合下发了《关于进一步加强涉及自然保护区开发建设活动监督管理的通知》，农业部组织对大连斑海豹国家级自然保护区等9个保护区进行督查。农业部下发《关于加强大鲵资源保护规范经营利用管理的通知》，下发了养殖大鲵标识管理技术规程，通过实行标识管理加强大鲵野生资源保护，规范经营利用。农业部渔业渔政管理局与国家濒管办联合下发《关于进一步做好鲨鱼和蝠鲼物种履约管理工作的通知》，以及《关于进一步加强海洋珍稀濒危水生野生动物管理工作的通知》等文件，部署进一步开展履约工作，加强鲨鱼、蝠鲼、红珊瑚、砗磲、海龟等珍稀濒危水生野生动物保护和管理。

（七）水生生物保护社会影响进一步扩大 水生野生动植物保护列入中美战略与经济对话有关议题，国际影响日益加大。农业部加强对《濒危野生动植物种国际贸易公约》（CITES）履约相关知识的培训，并作为"部门间CITES履约执法协调小组"成员单位，参与我国与有关国家和国际组织共同组织实施的"眼镜蛇三号行动"，重点对砗磲、红珊瑚、海龟等物种加强执法监管。国家乒乓球队总教练刘国梁签约成为全国水生野生动物保护公益宣传形象大使。农业部继续组织开展了第六届全国水生野生动物保护科普宣传月。宣传月期间，各地通过深入基层、走进"四区"（社区、学区、渔区和景区）等多种形式，广泛宣传水生野生动物保护知识及相关法律法规，进一步提高公众保护意识。

三 农业产业化经营

2015年，国际经济形势持续低迷，国内深层次矛盾凸显、经济下行压力加大，农业农村经济面临前所未有的挑战，农业产业化进入农村一、二、三产业融合发展的新阶段。新形势下，各级产业化主管部门多措并举，各类产业化组织迎难而上，农业产业化保持了稳健发展的态势，实现了"十二五"圆满收官，为"十三五"良好开局奠定了坚实基础。

（一）数量效益并重，产业化组织成为新型农业经营主体的重要组成部分 一是数量持续增长。截至2015年年底，全国农业产业化组织总数达38.6万个，其中，龙头企业12.9万个，年销售收入2 000万元以下和1亿元以上的龙头企业数量增长最快，呈现"两头并进"的态势。二是效益稳中有进。2015年，龙头企业销售收入9.2万亿元，同比增长6.4%，净利润5 500亿元。与此同时，龙头企业、农民合作社在培育家庭农场、广泛带动农户等方面发挥积极作用，从数量、规模和效益来看，已成为新型农业经营主体的重要组成部分。

（二）发展适度规模经营，农业产业化成为提高农业组织化水平的现实途径 农业产业化组织凭借自身优势，在发展适度规模经营中发挥了重要作用。一是生产规模化。龙头企业等产业化组织通过土地流转建设规模化、标准化生产基地，实现自身适度规模生产，或者反租倒包，带领农户从事适度规模生产。2015年，省级以上龙头企业基地建设投入总额较上年增长6.7%。二是服务规模化。农业产业化组织为农户提供农资技术、病害防治、土地托管等专业化服务，解决一家一户办不了、办不好、办了不划算的问题，实现生产服务规模化。2015年，省级以上龙头企业为农户垫付生产资料投入平均达582.4万元。

（三）调结构提品质，龙头企业成为农业供给侧改革的引领者 面对大宗农产品产量过剩和国内外农产品价格倒挂，龙头企业率先发力，以需求引导生产、以品质占领市场、以研发增强后劲，通过利益联结将调整信号传递到产业链上游，领跑农业供给侧结构性改革。一是市场研判，调整生产结构。各类产业化组织把市场需求变化及时转为生产结构调整的决策，优化要素配置，变被动为主动，调减了低

端、过剩产能，提高了有效供给。二是安全先行，引导中高端生产。龙头企业利用资金、技术等优势，推行质量体系认证和品牌建设，满足消费者不断提高的细分需求。2015年，获省以上名牌产品或著名（驰名）商标和"三品一标"认证的龙头企业数量占比均超过50%。三是创新驱动，提升发展水平。2015年，省级以上龙头企业科技研发投入增长3.4%，拥有农业科技人员60万人，增长4.1%，超过1/4的龙头企业科技研发投入占到了企业年销售收入的1%以上。

（四）延链条创理念，农业产业化成为农村三产融合发展的主要驱动力 一是促进产业融合，实现节本增效。各类产业化组织向上游延伸提高自身原材料供应水平，注重"原"字号农产品生产端投入；向下游延伸开展精深加工提高产出水平，拓展农业多功能性，农产品增值转化率明显提高。2015年，省级以上龙头企业主营业务收入与原料采购额之比达到2.76∶1。二是促进理念融合，实现开放发展。各类产业化组织整合传统二、三产业与新型业态，突破发展瓶颈，促进农业生产、经营、服务领域创新发展。各地也在不断探索产业融合的有效实现形式，引导产业化组织打破零和竞争思维，打造战略联盟和市场契约关系，实现创新发展。

（五）紧密联结促分享，农业产业化成为农民分享产业融合增值收益的重要机制 2015年，全国各类农业产业化组织辐射带动农户1.26亿，农户从事产业化经营户均增收达3 380元。一是订单带动。2015年，各类农业产业化组织中采取订单方式带动农户的占45.0%，订单总额较上年增长9.7%。二是利润返还。2015

年，采取利润返还、二次分红等方式向农户返还加工流通环节利润的产业化组织数量，较上年增长12.9%。省级以上龙头企业平均向每户农民返还或分配的利润达361元。三是股份合作。产业化组织以股份合作的方式与农户建立了紧密型的利益联结关系，同比增长11.4%，增速远高于"十二五"期间的平均速度。四是服务联结。龙头企业通过为农户提供生资垫付、信用担保、技术合作等服务，带领农户进入新领域、提升农户自我发展能力，实现了农户与龙头企业协同发展。

3 农产品加工

2015年，我国规模以上农产品加工业增加值增长6.5%，增速较上年回落1.4个百分点，高于规模以上工业增加值0.6个百分点，总体稳中有进、稳中向好，中小型农产品加工企业活力增强，企业效益明显好转，盈利能力提高，进出口总额降幅继续收窄，固定资产投资稳步增长。

（一）总体运行平稳向好 全年实现主营业务收入193 689.3亿元，增长5.0%，增速比上年下降3.2个百分点，比全国规模以上工业主营业务收入增速高4.2个百分点。农产品加工业2015年的总体走势是上半年变化较快，下半年基本平稳。从月度变化看，年初主营业务收入累计同比增速逐月下降，在4、5月达到低点，6月开始缓慢提高。

（二）中小型企业活力增强 2015年，规模以上农产品加工企业共7.8万家，比上年增长3.6%（图20）。其中，小型企业6.6万家，占84.5%，比上年上升0.6个百分比。三大食品行业中，小型企业数量为3.3万个，占85.6%，比上年增加0.7个百分点。从经营情况看，大、中、小型企业实现主营业务收入占比分别为27.3%、25.9%、46.8%，其中，大型企业占比下降0.5个百分点，中、小型企业占比分别上升0.3和0.1个百分点。中型企业虽然主营业务收入增速仅为3.7%，但利润总额比上年增长6.3%，经营质量提升。

（三）企业效益明显好转 国家降息、减税、清费等政策对农产品加工企业节本增效产生积极作用。2015年，规模以上农产品加工业实现利润总额12 908.0亿元，增长5.3%，比上年上升3.1个百分点，高于工业利润增速7.5个百分点（图21）。主营业务收入利润率[①]为6.7%，高于工业企业平均主营业务收入利润率0.9个百分点。上缴税金总额12 269.6亿元，增长5.0%，比上年下降2.0个百分点。从企业平均成本看，规模以上农产品加工企业每百元主营业务收入中的成本为83.2元，与上年基本持平，低于全国工业2.9元。

（四）进出口总额降幅继续收窄 受人民币汇率贬值影响，农产品加工业进出口总额降幅继续收窄。2015年，食品行业主要商品累计进出口总额901亿美元，下降2.0%，降幅较1~11月收窄1.3个百分点。贸易顺差进一步扩大，为42.4亿美元，其中，出口金额471.6亿美元，同比下降2.5%；进口金额429.2亿美元，下降1.4%。按主要产品看，出口下降较快的是谷物初加工品，出口量下降37.4%，肉

---

① 主营业务收入利润率=利润总额/主营业务收入。

个

80 000
78 000
76 000
74 000
72 000
70 000

75 693

78 427

2014年 2015年

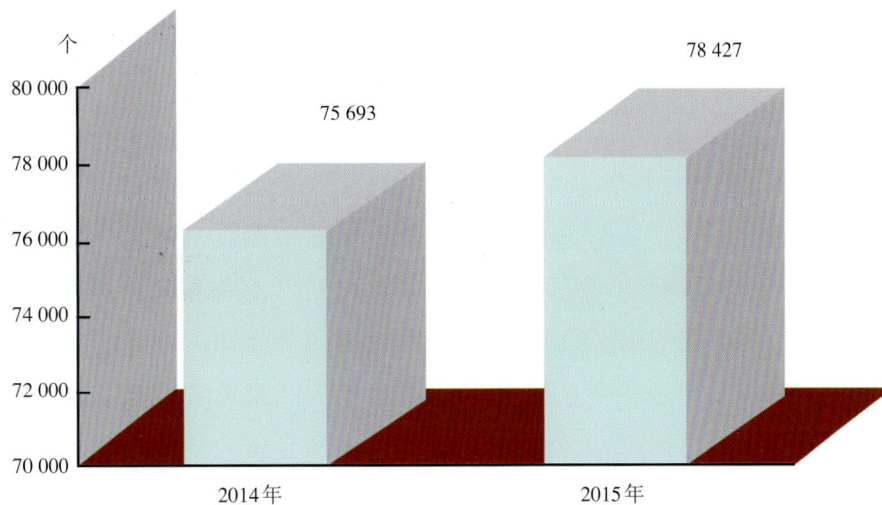

图20　2014年、2015年农产品加工企业个数变动情况

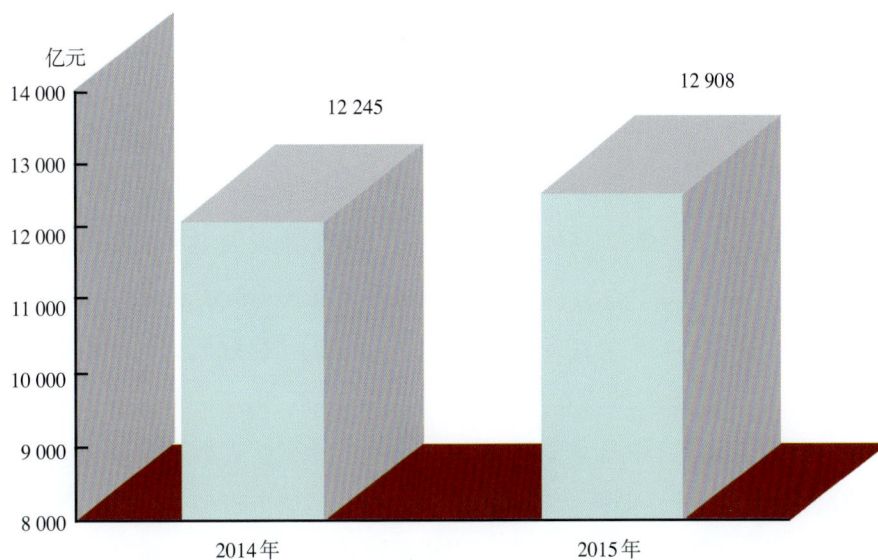

亿元

14 000
13 000
12 000
11 000
10 000
9 000
8 000

12 245

12 908

2014年 2015年

图21　2014年、2015年农产品加工企业利润总额变动情况

类也略有下降，干/坚果、茶叶、冷冻饮品、贝参蛤产品出口情况较好；进口方面，主要是植物油产品、冷冻水产品和乳品的进口金额下降较快，分别下降70.6万美元、40.6万美元和31.8万美元；进口金额增长较快的大宗产品有冷冻畜禽肉、酒精及酒，小宗产品中的糖果、烘焙、方便食品以及蜂产品、保鲜水果等进口增长也较为迅速。

（五）固定资产投资稳步增长　全年农产品加工业（不含中药）累计完成固定资产投资44 712.9亿元，增长10.2%，低于上年6.2个百分点，高于同期制造业2.1个百分点。分行业看，三大食品行业固定资产投资合计19 940.3亿元，增长8.6%，拉动全行业固定资产投资增长3.9个百分点。其中，食品制造业固定资产投资额同比增长14.4%，增速最高；农副食品加工业和酒、饮料和精制茶制造业固定资产投资额分别增长7.7%和4.4%。

（六）区域结构加速调整　2015年，各地区农产品加工业增长出现分化，其中，中部、西部地区总体发展较快，东部、东北多数省份增长放缓。东、中、西和东北地区的主营业务收入结构比为50.6：25.2：15.7：8.5，中、西部地区占比分别上升1.0和0.4个百分点。中部地区农产品加工业发展最好，农产品加工业主营业务收入增速高于全国3.0个百分点，除山西省外，其他5省增速在6.4%~10.8%之间。31个省区中，增速超过10%的有6个省，分别是东部地区1个（福建），中部地区1个（湖南），西部地区4个（贵州、宁夏、云南、重庆）。

（七）产业结构调整深化　随着消费观念和生活习惯的转变，国人对营养健康、方便快

捷食品的需求日渐增强，越来越多的农产品加工企业积极调整产品结构，满足消费升级。2015年，保健食品主营业务保持了14.4%的较高增速，糕点面包制造、米面制品制造、速冻食品制造这3种方便食品行业也发展优异，增速分别为11.5%、12.2%和13.4%。此外，2015年我国启动马铃薯主粮化战略，大力推动马铃薯由副食消费向主食消费转变，由原料产品向产业化系列制成品转变，此举起到良好的引导作用，众多企业联合成立马铃薯主食加工产业联盟，积极研发相关主食产品，开发出适合国人消费习惯的添加马铃薯全粉的馒头、面条、米粉等主食产品，提高了产品的营养成分。

（八）融合发展成为新趋势　农产品加工企业立足自身优势，因地制宜采取多种模式接一连三融合发展，目前已经成为一、二、三产业融合发展的重要组织力量和推动力量。有的企业通过与农户签订订单、向农户注资共建基地、向经销商注资连物流等方式进行产前产后延伸融合发展。调查显示，81.3%的食用类农产品加工企业与农户、农民合作社签订了原料生产订单；有的企业通过发展农家乐、观光农业、文化农业等休闲农业开展产业交叉融合；还有的企业发展电子商务、食品短链、加工体验等开展技术渗透融合。

（九）"互联网＋"开创销售新渠道　随着"互联网＋"概念的兴起，农产品加工企业积极运用云计算、大数据等新技术，将互联网与传统农产品加工行业、线上线下营销渠道进行深度有机结合，开辟新的销售渠道。调查显示，47.5%的食用类农产品加工企业通过自建电商销售部门或者借助阿里、京东、1号店等电商

平台积极开展电商销售；即使在尚未开展电商销售的企业中，也有超过半数的企业正在积极筹划开展相关业务。

当前，农产品加工业仍面临一些亟待解决的问题。一是行业去库存压力不容乐观；二是副产物综合利用有待提高；三是企业资金和用工缺口较大；四是进口农产品对国内农产品加工行业的冲击日渐显现。

3 休闲农业与乡村旅游

当前，我国经济发展进入新常态，农业和旅游发展进入新阶段，休闲农业和乡村旅游作为农村一、二、三产业发展的融合体发展迅猛，已成为一种新型产业形态和消费业态，在促进农业提质增效，带动农民就业增收，传承中华农耕文明，建设美丽乡村，推动城乡一体化发展等方面发挥了重要作用，呈现出"发展加快、布局优化、质量提升、领域拓展"的良好态势，成为农村经济和农民收入的新增长点和城乡居民望山看水忆乡愁的好去处，具有旺盛生命力。

（一）产业规模日益扩大　截至2015年年底，全国休闲农业专业村已达9万个，休闲农业园超过10万家，各类经营主体已超180万家，年接待人数达11亿人次，经营收入达3 500亿元，带动3 300万农民受益。

（二）发展内涵不断提升　各地按照资源产品化、产品乡土化、市场差异化的理念，通过规划设计和创意策划，赋予农业生产过程、农民劳动生活和农村风情风貌商品属性，使休闲农业不仅具备吃住行游购娱各要素，而且促进了农业文化的传承、农业知识的科普和农业技术的推广，农业多功能性得以全面体现。

（三）发展类型逐步丰富　基本形成了农家乐、休闲农庄、休闲观光园、民俗村等四种成熟的休闲农业类型。同时，着力培育休闲农业创意园区、农家乐专业村和农事景观美丽田园，各种特色突出的休闲农业类型使得农业产业"不待收获就有收益"。

（四）发展方式逐步转变　发展动力从农民自发向各级政府规划引导转变，经营规模从零星分布向集群分布转变，功能定位从单一体验向休闲教育等多功能转变，空间布局从城市郊区和景区周边向更多适宜发展区域拓展，经营主体从农户向农民合作组织、社会资本等多元主体拓宽。

（五）品牌建设不断推进　农业部和各地通过典型带动和示范拉动，广辟渠道，不断提升休闲农业的社会影响力，品牌建设呈现出"百花齐放"的良好态势。目前农业部牵头组织认定了254个全国休闲农业与乡村旅游示范县、636个示范点，推介了260个中国最美休闲乡村、247个中国美丽田园和1万余件创意精品，认定了62个中国重要农业文化遗产，形成了强大的示范带动作用。

休闲农业的发展，已充分彰显了其促进增收的经济功能、带动就业的社会功能、保护传承农耕文明的文化功能、美化乡村环境的生态功能，促使农区变景区、田园变公园、空气变人气、劳动变运动、农产品变商品，让农村闲置的土地利用起来，让农民闲暇的时间充实起来，让富余的劳动力流动起来，让传统的文化活跃起来，在农业农村经济社会发展中发挥了不可替代的重要作用。

专栏12

大力促进休闲农业和乡村旅游发展

休闲农业和乡村旅游是现代农业、现代旅游的新型业态，是促进美丽乡村美丽中国和健康中国建设的重要内容。随着城乡居民收入水平的提高、消费方式的转变和闲暇时间的增多，我国已经进入大众化休闲旅游时代。为推动全国休闲农业和乡村旅游持续健康发展，2015年，围绕美丽乡村和美丽中国建设，以农耕文化为魂，以美丽田园为韵，以生态农业为基，以创新创造为径，以古朴村落为形，因势利导，改革创新，通过开展调查研究、示范创建、品牌培育、培训交流、宣传推广等工作，大力推动休闲农业与现代农业、美丽乡村、生态文明、文化创意产业的融合，推动休闲农业产业优化布局、提升质量、拓展领域，形成"政府引导、多方参与、市场运作、农民受益"的发展新格局。采取的主要措施有：

1. 强化调查研究创设新政策。为贯彻落实2015年中央1号文件精神，组织专家开展调查研究，在研究制约产业发展的共性问题的基础上，会同国家发展改革委、住房城乡建设部、税务总局等11部门联合印发《关于积极开发农业多种功能 大力促进休闲农业发展的通知》，进一步明确发展休闲农业的总体要求、主要任务和政策措施，并在创新用地政策、加大财税支持、拓宽融资渠道、加大公共服务方面提出政策措施，积极开发农业多种功能，大力促进休闲农业发展，着力推进农村一、二、三产业融合。

2. 开展品牌培育打造新亮点。组织开展了中国最美休闲乡村推介、休闲农业星级示范创建、全国休闲农业与乡村旅游示范创建工作，不断培育休闲农业与乡村旅游国家品牌。2015年，先后向社会发布了120个中国最美休闲乡村、68个示范县和153个示范点。在湖北武汉举办了中国最美休闲乡村发布仪式，扩大了休闲农业与乡村旅游品牌的知名度，提高了全社会对休闲农业的认知和接受程度，为推动休闲农业与乡村旅游工作营造了良好的氛围，进一步发挥了休闲农业与乡村旅游拓展农业功能。完善全国休闲农业与乡村旅游示范县、示范点创建机制，强化动态管理，引导各地在发展休闲农业过程中注重一、二、三产业融合、生态环境保护、农民收入增加、农业效益提升和产业持续发展，促使参与的县、点通过创建提升理念、明确思路、改善设施、提高质量。

3. 发掘文化遗产开拓新领域。指导各地加强传统稻作系统、特色农业系统、复合农业系统和传统特色果园等历史渊源悠久、农业产品独特、生物资源丰富、知识技术体系完善、美学文化价值较高的重要农业文化遗产的发掘保护和利用。制定《农业部重要农业文化遗产管理办法》，组织开展了第三批中国重要农业文化遗产发掘工作，认定了23个项目为第三批中国重要农业文化遗产。通过在江苏泰兴举办发布会，制作中国重要农业文化遗产画册和宣传视频，编写重要文化遗产系列丛书，在人民日报、农民日报等主要报刊进行专题宣传等措施，交流各地动态传承的经验措施，不断推动重要农业文化遗产的挖掘、保护、传承和利用，为丰富休闲农业的历史文化资源和景观资源，进一步弘扬中华传统农业文化，带动遗产地农民就业增收做出贡献。

4. 培训人才队伍构建新智库。指导各地以产品、包装、活动、景观等为创意重点，挖掘传统文化，突出时代特征，彰显人文风尚，着力打造一批集农耕体验、田园观光、教育展示、文化传承于一体的休闲农园，开发一批具有地方特色的休闲商品，推进农业与文化、科技、生态、旅游的融合。依托全国休闲农业专家委员会和中国重要农业文化遗产专家委员会的权威专家，编写《休闲农业实战营销》等培训教材，举办了两期全国休闲农业与乡村旅游示范县农业局长轮训班，共培训省级管理部门负责同志37人、示范县农业局长183人，指导农村社会事业发展中心对休闲农业星级企业的500多名管理人员进行培训，培育创意理念，培养创意人才队伍，提高了管理人员的政策理论水平和业务能力。

5. 开展宣传推介营造新氛围。利用报刊、广播、电视、网络等媒体广泛开展宣传、推介、展示活动。在农民日报开设休闲农业专栏，从休闲体验、创意设计、农耕文明传承等多视角宣传、提升产业影响力；指导中国休闲农业网改版升级，强化在线推介；结合"春花经济"和"美丽田园"主题，联合CCTV-7制作公益宣传片；在国庆长假前，通过制作《国庆休闲农业与乡村旅游线路及景点》网上专栏，向社会推介450个景点，以及从全国遴选了100条休闲农业与乡村旅游线路，在主流媒体进行宣传，并制作微信专题，吸引更多消费者前往乡村休闲。

6. 做好基础工作蓄势新发展。组织开展休闲农业统计监测工作，科学设置指标和监测统计方式，构建长期稳定的统计监测工作机制。组织开展统计监测人员培训，提高监测统计能力；组织编写出版了《2014年中国休闲农业年鉴》和《中国最美休闲乡村》丛书。积极为行业的基础设施、公共服务设施、环境保护设施、休闲接待配套设施建设，以及农耕民俗文化科普展示场所的建设与改造争取扶持资金。

农作物病虫害防控

2015年，受厄尔尼诺气候事件影响，全国主要农作物重大病虫害总体偏重发生。春季气温回升早、4月降水偏多，利于小麦重大病虫发生。其中，长江中下游、江淮和黄淮南部麦区抽穗扬花期遇连阴雨天气，赤霉病流行程度明显重于前两年；黄淮海大部麦区小麦蚜虫发生基数高、繁殖快、代次多，穗期蚜虫呈大发生态势。夏季呈南涝北旱，东部降水多、西部降水少的气候特点，致使华南、江南、西南东部、长江中游水稻"两迁"害虫种群密度上升较快，玉米黏虫在东北、华北和黄淮局部地区偏重发生，华北、东北、西北地区棉铃虫、玉米双斑萤叶甲和蚜虫等喜旱性害虫严重发生。秋季南方稻区继续维持多雨天气，稻瘟病、稻曲病呈面积扩大、程度加重发生态势。此外，玉米螟、水稻螟虫、小麦白粉病和水稻纹枯病等常发性病虫维持发生范围广、面积大、局部重发态势。针对农作物病虫发生严峻形势，农业部高度重视，组织开展防病治虫夺丰收行动，要求各地立足抗灾夺丰收，及早安排部署，广泛动员发动，强化督查指导，大力推进统防统治、绿色防控和科学用药，全力以赴"虫口夺粮"，最大限度降低危害损失，有力保障了粮食生产安全和农业生产稳定发展。

（一）切实加强病虫监测预警 2015年，农业部在组织1 030个全国农作物重大病虫测报区域站加强迁飞性、流行性、暴发性重大病虫定点系统监测和大面积普查，全面掌握发生消长动态基础上，先后5次组织生产、科研、教学方面专家会商发生趋势，及时发布《植物病虫情报》37期，分别在中央电视台发布赤霉病、穗期蚜虫、稻瘟病等病虫警报6期，中央人民广播电台《三农早报》栏目发布病虫预报信息22期。通过中国农技推广网等网站发布各类病虫预报信息300多条，通过手机平台发布重大病虫彩信报22期。同时，继续推进病虫害监测预警数字化，强化考核，严格监测调查和信息填报制度，县级、省级植保机构按时填报率达88.3%和99.8%，分别比上年提高2个、1个百分点以上。继续组织性诱、灯诱等自动化监测计数设施设备推广应用试点，探索物联网技术在病虫害监测预警领域应用新途径。目前，基于"互联网+"的马铃薯晚疫病实时监控平台，已实现200个监测点数据实时传输和病情图形化实时展示。此外，积极加强测报技术培训工作，先后在南京农业大学、西南大学、温州医科大学举办3期专题培训班，累计培训基层测报专业人员150人次。

（二）大力推进统防统治与绿色防控融合 2015年农业部印发《农作物病虫专业化统防统治与绿色防控融合推进试点方案》，组织各地植物保护机构与农药生产企业、新型农业经营主体、病虫防治服务组织合作共建示范基地，集聚资源，集中力量，集成示范农作物病虫害统防统治与绿色防控融合技术模式，辐射带动病虫综合治理、农药减量控害技术的大面积推广应用。据统计，全国农企合作共建示范基地1 218个，核心示范面积779.33千公顷，辐射带动面积5 640.67千公顷。同时，结合实施小麦"一喷三防"、重大病虫专业化统防统治补助等项目，扶持发展一批有规模、有装备、有人才的规范化专业化防治服务组织，大力推进病虫害统防统治。截至2015年年底，全国已有专业化防治服务组织11.3万个，"五有"规范化组织达3.76万个，从业人员近162万人，拥有大中型植保机械26万台（套），日作业能力6 154.67千公顷，累计实施面积9 386.67万公顷次，全国水稻、小麦、玉米三大作物病虫害专业化统防统治覆盖率达到32.7%、比上年提高2.7个百分点。通过建立不同形式的农作物病虫害统防统治与绿色防控融合示范基地，集成适合不同地区、不同作物全程病虫害绿色防控技术模式60余套，举办绿色防控技术高级师资培训班2期、实用技术培训班5期、农民田间学校40多期，累计培训高级培训师362名，技术骨干500多名，农民技术带头人10 000名，有力促进了绿色防控新技术、新成果和新产品推广与应用。据统计，主要农作物病虫害绿色防控覆盖率达到23.1%、比上年提高2.4个百分点。此外，以草莓、番茄、苹果、油菜、向日葵等12种作物为重点，开展蜜蜂授粉与绿色防控增产技术集成示范，明确增产、提质、增收和农药减量效果，为大面积推广奠定了基础。

（三）大力推进科学安全用药 2015年农业部继续将安全用药知识培训纳入为农民办实事重要内容，组织实施"百县万名农民骨干科学用药培训行动"，在江苏、浙江、安徽等10省、100个县举办农药科学安全使用培训1 086场，培训农民3.47万人，发放《安全科学使用农药挂图》4.9万份，《安全科学使用农药培训手册》1.1万份，安全施药防护服及面罩4万余套，《农药安全科学使用技术》DVD光盘3 000张。同时，建立高效低毒农药和现代植保机械应用示范区近300个，组织开展新型农药、药械对比试验示范，辐射带动应用高效低毒农药和现代植保机械，示范推广安全、高效、环保的新农药品种60多个，应用面积近2 000万公顷次；建立了水稻、小麦、苹果病虫害农药减量控害万亩示范区7个，组装和推广成熟的病虫害防控技术，优化药剂使用方法，形成作物全生育期减量控害技术规程。结果表明，水稻可减少施药1 ~ 2次，降低农药使用量10%以上，增产5%以上；小麦可降低农药使用量20%以上，增产6%以上；苹果可减少施药7次，降低农药使用量24.4%。此外，组织农药利用率测算研究、农药使用情况监测调查和重大病虫抗药性监测，及时发布监测、调查结果，分析掌握农药使用结构、施药水平和抗药性形势，指导农民科学用药。据田间检测和统计分析，2015年全国水稻、小麦、玉米三大作物病虫防治的农药利用率为36.6%，比2013年提高1.6个百分点。

（四）强化重大植物疫情防控阻截　2015年农业部在强化检疫工作基础、持续推进植物检疫宣传与执法检查的同时，突出新发和重发植物疫情治理，有力强化了农业安全屏障。积极推进农业植物检疫信息化建设进程，启动了全国植物检疫信息化管理系统开发工作，努力构建集日常管理、疫情调度、行政审批为一体

的综合性检疫工作系统。围绕"普及检疫法律法规、规范行政许可程序、提升防控科学水平、严防疫情扩散蔓延"的宣传主题，组织开展全国植物检疫宣传月活动，累计发放资料521.6万份，张贴标语69.2万条，开展巡回宣传1.4万次，制作板报1.9万块，接受咨询26.3万人次，举办培训班1 600余次，培训基层技术干部及其他相关人员20余万名，有效普及了植物检疫知识，营造了更加有利的社会氛围。组织开展柑橘苗木和南繁基地联合执法专项检查，集中整治柑橘苗木非法繁育和无证调运，以及南繁制种不申报检疫等突出问题，有力震慑了检疫违法行为。同时，印发《全国农业植物检疫性有害生物联合监测与防控协作组工作规范》，召开重大植物疫情阻截防控现场会，扎实推进重大植物疫情联防联控。针对江西等地柑橘黄龙病重发态势，积极推动以健康苗木、木虱防控和病株清除为主的综合治理；针对新疆新发现的甜菜孢囊线虫疫情，迅速组织当地植物检疫机构开展封锁控制，并组织各甜菜生产省份开展面上普查；针对黑龙江马铃薯甲虫疫情和辽宁苹果蠹蛾疫情扩散蔓延的严峻形势，切实加强应急防控和检疫监管。

（五）植保防灾减灾成效显著　由于预防控制措施到位，"虫口夺粮"保丰收成效显著。据统计，2015年全国农作物病虫草鼠害实际发生4.7亿公顷次，同比减少1.4%，累计防治5.63亿公顷次，同比减少1.7%。通过防治减少粮食损失9 883.84万吨，减少棉花损失118.31万吨，减少油料损失326.96万吨；减少蔬菜、果树等其他经济作物损失6 312万吨。

专栏13

国家级农产品专业市场与田头市场

一、国家级农产品专业市场

国家级农产品专业市场是在优势农产品区域，由农业部和省政府共同支持建设，能够辐射带动本区域乃至全国优势农产品产业发展的大型农产品专业批发市场。国家级农产品专业市场是农产品产业体系的"航空母舰"和引领国内产业发展的龙头，是全国价格形成中心、产业信息中心、物流集散中心、科技交流中心和会展贸易中心。

国家级农产品专业市场布局方面，要求市场所在地在优势产区中地位突出或位居全国前列，有一批带动能力强的专业合作社、骨干龙头企业，在国内外具有较高的品牌知名度和文化底蕴，科技、会展等相关产业较为发达，产业发展空间和潜力大。全国性水果产地市场辐射带动集中连片种植面积33.33千公顷以上，市场交易量占市场所在优势区同种水果产量的30%以上，市场年交易额达100亿元以上。全国性蔬菜产地市场辐射带动集中连片种植面积66.67千公顷以上，市场交易量占市场所在优势区蔬菜产量的30%以上，市场年交易额达80亿元以上。全国性畜禽产品产地市场禽蛋年交易量在50万吨以上、肉类年交易量15万吨以上，市场交易量占市场所在优势区畜禽产品产量的10%以上，市场年交易额达50亿元以上。全国性水产品产地市场水产品年交易量在20万吨以上，市场交易量占市场所在优势区水产品产量的20%以上，市场年交易额达50亿元以上。特色农产品产地市场辐射范围内特色农产品集中连片生产规模大，市场交易量占市场所在优势区同种特色农产品产量的30%以上，市场年交易额达80亿元以上。

二、田头市场

田头市场是建在农产品生产基地，辐射带动市场所在村镇及周边村镇农产品流通的小型农产品产地市场，主要开展预冷、分级、包装、干制等商品化处理及交易活动。田头市场是农民家门口的市场，属于典型的公益性流通基础设施，是提高农户营销能力，实现农产品产后"存得住、运得出、卖得掉"，发展农产品直销和电子商务等新兴流通业态的重要支撑。

田头市场主要经营水果、蔬菜和特色农产品等对产地商品化处理、储存或加工需求明显的农产品。市场所在村或镇内生产集中度高、已形成良好的市场基础、生产主体组织化程度相对较高。水果田头市场辐射半径20千米以上，辐射带动水果种植面积333.33公顷以上。蔬菜田头市场辐射半径10千米以上，辐射带动蔬菜种植面积200公顷以上。特色农产品田头市场辐射半径20千米以上，辐射带动特色农产品种植面积200公顷以上。水产品田头市场辐射半径20千米以上，辐射带动水产品养殖面积200公顷以上或渔船600～1 000艘以上。

农产品市场体系建设

目前，我国农产品批发市场4 469家，产地市场约占70%。据国家统计局统计，至2014年年底，亿元以上农产品专业批发市场发展到999家，比2013年减少20家；摊位数56.54万个，比2013年减少1.1万个；营业面积达到4 275.4万平方米，比2013年减少40.9万平方米；年成交额15 507.8亿元，比2013年增加923.7亿元。从市场结构看，在2014年亿元以上的专业农产品批发市场中，粮食市场占10.5%，肉粮禽蛋市场占12.6%，水产品市场占14.5%，蔬菜市场占30.4%，干鲜果品市场占13.6%，棉麻土畜烟叶产品市场及其他农产品市场占18.3%，已形成以蔬菜、水产等鲜活农产品为主的大型专业市场流通网络，在引导农民调整农业结构、实现增产增收和保障供给等方面，发挥了不可替代的作用。从地区分布看，随着城镇化进程的不断推进，消费人口逐渐向经济发达地区集聚，农产品生产基地也逐步向优势区域集中，蔬菜已经形成华南冬春蔬菜、长江上中游冬春蔬菜、黄土高原夏秋蔬菜、云贵高原夏秋蔬菜、黄淮海与环渤海设施蔬菜等优势区域。与这种格局相适应，各类农产品流通设施得到快速发展。2015年，农业部重点围绕推进国家级农产品专业市场建设、开展田头市场示范建设两个重要方面开展工作。

专栏14

推进农业电子商务发展

农业电子商务是"互联网+"现代农业的重要内容，是转变农业发展方式的重要手段，是精准扶贫的重要载体，加快发展以农产品、农业生产资料、休闲农业等为主要内容的农业电子商务，对于创新农产品流通方式、构建现代农业生产经营管理体系、促进农民收入特别是贫困地区农民收入较快增长、实现全面建成小康社会具有重要意义。

一、农业电子商务发展态势良好

随着互联网经济向农业农村领域的加速渗透，2015年我国农业电子商务呈现蓬勃发展的态势，总体呈现出五个特点。一是继续保持高速增长态势。2015年全国农产品网络交易额约1 505亿元，增幅达到500亿元，已占农产品交易总额5%左右。二是交易品种相对集中。目前农产品网上交易以干货和加工品为主，但生鲜产品呈快速增长态势。大枣、茶叶、山核桃、木耳、中药材等耐储易运的干货和加工品占到我国农业电子商务交易总额的80%以上；同时，水产、肉类和水果等生鲜产品增势迅猛。三是电商平台竞相发展。目前大型电商企业加大了农产品领域的开拓力度，已经成为农业电子商务的主力军，一些各具特色的农产品专业电商平台迅速崛起。我国农产品电商形成了"超大—多强—小众"的格局，即以大型农产品电商为龙头的"超大"电商平台和具有较强竞争力的农产品电商"多强"以及具有成长性的特色农产品电商"小众"。四是农业电子商务正在向农业生产加工流通各环节渗透。产业链、价值链、供应链等现代产业发展理念和组织方式开始引入农业，预订农业、私人定制农产品应运而生，农业生产资料、休闲农业电子商务开始起步。化肥、种子、农药等农资生产企业纷纷入驻电商平台，各地乡村旅游资源开始对接消费者。五是初步形成了政府、企业共同推动发展的格局。国务院及有关部门先后出台了扶持发展电子商务的政策文件，许多省份陆续出台了扶持政策。一些大型电子商务企业将农业农村市场作为"蓝海"来开拓，实施渠道下沉战略，大举布局乡村网点。在国家"互联网+"行动计划和大力发展电子商务政策措施的推动下，农业电子商务将继续保持快速健康发展的良好势头。

二、农业部开展的相关工作

一是推动政策措施出台。2015年5月，参与《国务院关于大力发展电子商务加快培育经济新动力的意见》（国发〔2015〕24号）的起草工作，文件明确提出要"积极发展农村电子商务"。8月，商务部联合农业部等19部门共同印发了《关于加快发展农村电子商务的意见》，明确促进农村电子商务发展的指导思想、基本原则、总体目标和重点任务。9月，农业部会同发展改革委、商务部共同印发了《推进农业电子商务发展行动计划》，明确了农业电子商务的总体目标和具体任务，提出了20项具体落实行动。10月，农业部参与起草国务院办公厅印发的《关于促进农村电子商务加快发展的指导意见》（国办发〔2015〕78号），文件明确提出"扩大电子商务在农业农村的应用""改善农村电子商务发展环境"等重要任务。10月，农业部印发了《农业部办公厅关于组织开展农业电子商务"平台对接"专项行动的通知》，充分发挥农业部门牵线搭桥的作用，促进农产品、农业生产资料生产、经营单位与涉农电子商务企业对接，积极引导农产品、农业生产资料上线销售。

二是组织举办电子商务论坛。2015年5月，承办了由发展改革委等6部门主办的中国电子商务创新发展峰会农产品电子商务分论坛。11月，在福建农交会农业信息化高峰论坛上举办农业电子商务分会。

三是评选一批电商示范企业和合作社。在全国农业农村信息化示范基地评选中，首次加入农业电子商务示范企业和示范合作社类别。通过专家评审认定，共评选出12家农业电子商务示范企业、9家农业电子商务示范合作社，对全国农业电子商务的发展形成良好的示范带动作用。

四是积极与相关企业开展合作。2015年10月，邀请京东等13家企业、北京等10省市共同研究探讨开展农业电子商务试点工作。与会省市农业部门和企业共同签署了《开展农业电子商务试点合作意向书》，就农产品社区配送、农资下乡、支付、培训等方面达成了合作意向。

三、下一步工作方向

一是积极培育农产品电子商务市场主体；二是着力构建农产品电子商务公共服务平台；三是大力疏通农产品电子商务渠道；四是切实加大农产品电子商务技术创新应用力度；五是加快完善农产品电子商务政策体系。

（一）推进国家级农产品专业市场建设，发挥产业带动作用　目前已累计启动建设了牡丹江木耳、舟山水产、赣南脐橙、重庆生猪、斗南花卉、眉县猕猴桃、荆州水产、定西马铃薯、长白山人参、彭州蔬菜、大连水产、信阳茶叶、洛川苹果13个国家级农产品专业市场。

总的看，国家级市场建设得到了有关省市人民政府的高度重视，也得到国家发展改革委、商务部等有关部门的大力支持，当地党委和政府推动有力，每个市场建设都取得了可喜进展，大多数市场已经发挥出国家级市场的"五大功能"，在带动相关产业健康发展、提升产品和产业影响力等方面的积极作用已逐步显现。

1. 市场建设有序进行，"五大中心"功能初步实现。目前已启动建设的国家级市场都围绕农业部和省政府签订的合作备忘录开展了工作，围绕"建设一流市场、打造产业航母"的目标，五大中心功能的作用明显。一是价格形成机制初步建立。通过创新交易方式，部分国家级市场创建了拍卖交易、挂牌交易、中远期交易、要约交易等交易方式，发布价格指数，起到了发现市场价格，锁定、降低、规避市场风险的作用。如重庆生猪市场推行了仔猪拍卖交易和活体生猪挂牌交易，市场的交易价格成为区域内仔猪和生猪定价的重要参考依据。二是产业信息中心不断完善。国家级市场积极建立各种渠道，对农产品生产、供求、市场交易等信息进行采集和发布，构筑了产业信息汇集、交换、传播的平台，解决信息不对称问题。定西马铃薯市场通过在全国各大终端市场及时收集供求信息，整理汇总后通过网络平台发布。三是物流集散中心基本形成。多数国家级市场都能积极发挥市场的物流集散功能，对农产品进行集货、交易、商品化处理、储藏和运输，从而辐射带动主营农产品的生产、加工和流通，促进产业链集群发展。牡丹江木耳市场2014年实现木耳交易量2.1亿千克，辐射带动全省总产量的82%，全国的51%。四是科技交流水平逐步提高。部分国家级市场积极整合市场所在地科技资源，开展农产品生产和流通相关的研究、推广、展示和交流活动。眉县猕猴桃市场协调整合猕猴桃研发推广机构，建立猕猴桃高新技术研发团队和专家库，开展技术交流，为产业服务；赣州市农业部门建立国家赣南脐橙研究中心，加强市场科技平台建设。五是会展贸易成效显著。多数国家级市场都积极举办或参与各类农产品展会，展示农产品品牌，促进农产品销售。洛川苹果市场建立苹果博物馆，每年举办洛川苹果节，展示新品种，推广新技术，促进产销衔接。

2. 区域公用品牌培育方兴未艾，产品知名度和市场占有率不断上升。品牌建设作为参与全球农业竞争的国家战略，已成为我国发展现代农业的一项紧迫任务，是农业"调结构、转方式"的重要抓手。国家级市场重点从品牌培育、塑造、营销推介、监管保护入手，提高农产品质量和溢价率，提升产业影响力和话语权。2015年在农业部支持下，相关产业的品牌大会在国家级农产品专业市场召开。9月，中国水产品品牌大会在国家级舟山水产品市场召开，国家级舟山水产品市场、国家级大连水产品市场、国家级荆州淡水产品市场等市场代表，浙江、山东、福建、湖北等省份渔业行政主管部门代表，水产企业代表和农业品牌专家从不同角度分享了水产品牌建设经验。10月，中国苹果品牌大会在国家级洛川苹果市场召开。烟台苹果、阿克苏苹果、昭通苹果、临猗苹果、灵宝苹果、洛川苹果等产地的代表介绍了当地打造苹果品牌的做法，与苹果产业协会和经销商代表一起围绕苹果品牌建设深入探讨。通过召开品牌大会聚焦产业发展，为全国范围内的从业人士提供交流机会，推广了业内好经验、好做法，充分发挥了国家级农产品专业市场的品牌建设平台功能，进一步提升了农业管理部门与市场经营主体的品牌建设能力，提高相关产业的品牌建设水平。国家级农产品专业市场带动区域品牌建设初见成效。牡丹江木耳市场通过质量追溯，实现"执法者能监督、生产者能追溯、消费者能查询"。建设东宁"佰盛黑木耳"综合生产加工项目，带动木耳实现品牌化加工包装全产业链生产，全面推升木耳优品质、无污染的品牌效应。

3. 市场影响力和带动力增强，国家级农产品专业市场作用彰显。随着市场建设的不断深入，市场在带动相关产业健康发展，提升产品和产业在国内外市场的影响力等方面的积极作用已逐步显现。舟山水产品市场研发《中国·舟山国际水产城指数》，大大提升了市场在行业内的价格影响力，已经成为业内关注的"晴

雨表"。由于国家级市场的龙头集聚效应，舟山水产品市场与5 000余艘渔业捕捞船建立稳定的供货关系，连接华东4省1市沿海地区年2 500万吨海水产品流通，水产交易额年增长率达10%以上，产业集群效应显著。斗南花卉市场年交易额近40亿元，建成后的花卉市场年交易额将达到100亿元。目前在市场集散流通的花卉占据我国冬季花卉70%以上的份额，已经形成了斗南花卉价格指数，对促进花卉产业发展，带动全国、影响世界意义重大。眉县猕猴桃市场建成气调保鲜冷库群，贮藏能力大幅提升，猕猴桃年销售量突破50万吨，占到陕西1/2、全国1/3，辐射带动能力不断提高。由此可见，随着国家级市场建设的不断推进，在整个农产品市场体系中发挥出巨大的影响力和带动力，国家级市场的作用已经彰显。

专栏15

发展农业农村大数据

大数据是建设数据强国、提升政府治理能力、推动经济转型升级的国家战略。为落实国务院《促进大数据发展行动纲要》等重大决策部署，农业部于2015年12月印发了《关于推进农业农村大数据发展的实施意见》，全面部署农业农村大数据发展工作。

一、农业农村大数据的功能和作用

大数据等现代信息技术为推进现代农业建设提供了难得的历史机遇，正在全面、深入地与农业产业渗透融合，成为引领和驱动农业发展方式转变、建设现代农业的新引擎，对农业农村经济发展产生全方位的深刻影响。

从农业生产经营看，大数据的价值主要在于实现农业生产的精准化、智能化。大数据、物联网等新一代信息技术与现代农业的全面深度融合，使对农业生产环境及动植物本体监测感知形成的大数据进行关联分析，促进农业生产在线化、数据化改造成为可能，将推动农业提质增效，推进农业产业

链、价值链、供应链逐步联通，实现农业生产智能化、经营网络化、管理高效化、服务便捷化能力水平大幅提升。

从农产品市场运行看，大数据的价值主要在于建立以消费为导向的农产品市场运行机制。充分发挥市场配置资源的决定性作用，离不开大数据预测的核心功能。通过消费端大数据技术的运用，有助于解决市场信息分散杂乱等问题，推动消费端数据向生产经营端回流，促进需求与供给的精准对接，倒逼"供给侧改革"，形成供给与需求两端发力的结构调整格局，减缓农业生产和农产品市场价格的周期性波动幅度。

从农业行政管理看，大数据的价值主要在于有效提升宏观调控和管理决策的能力。农业农村经济涵盖行业门类多、涉及领域广、面临的情况复杂，特别是随着城乡发展一体化进程加快，农业外部性越来越强，运用大数据技术，可以增强农业农村经济运行信息的及时性、准确性，完善"用数据说话、用数据决策、用数据管理、用数据创新"的机制。随着农业国际竞争加剧，数据的作用凸显，数据的背后是话语权。通过探索全球农业大数据建设，提升我国对世界主要国家农业数据的获取和分析能力，进而增强我国农业在国际市场的话语权、定价权和影响力。从农村信息服务看，大数据的价值主要在于有效缩小城乡数字鸿沟。信息化不能成为城乡差距的新表现。发挥大数据对"互联网＋"的支撑作用，有利于有效整合农村信息资源，全面提升农业综合信息服务能力，构建面向农业农村的综合信息服务体系，解决农民"春天种什么对、秋天卖什么贵、买什么生产资料最实惠"难题，将信息资源变成社会财富，提高城乡信息服务均等化水平，让农民分享信息化发展成果。

二、农业农村大数据发展的基础

我国5 000年的农业文明为大数据发展形成了深厚的历史积淀。农业农村是大数据产生、应用的重要领域，农业数据资源历史长、数量大、类型多，发展大数据已有一定基础。

现实有条件。目前，网络宽带已覆盖中国93.5％的行政村，农村网民人数已有1.86亿，宽带中国建设在稳步推进，发展大数据的条件必将得到显著改善。同时，农业农村有明显的数据资源载体和应用市场优势，目前在农业气象、农业资源环境、农作物育种、农业生产、动植物疫病防控、农产品流通加工、农机作业等方面已经或正在形成重要的农业大数据。

工作有基础。农业部现有21套调查制度、300张报表、5万余个指标，内容涵盖生产、市场价格、农村经营管理、农产品成本收益、农垦、农产品加工、农业资源和农村能源环境等方面，经过数十年积累了大量数据资源。目前仅通过"金农"工程建成运行的系统就有36个，平均每天更新量约30万条，现有数据仓库存量信息近9亿条。数据共享具备一定条件，建立了国家农业数据中心，基本实现了各行业调查数据的统一存储，同时实现了与海关、税务等部门实现了数据的互联互通。此外通过与联合国粮农组织、经合组织等国际机构合作，探索发布农产品市场监测预警权威信息，信息监测预警工作取得初步成效，为大数据工作开展奠定了良好的基础。

拓展有空间。随着新一代信息技术发展，大数据的数据来源和采集渠道正在不断扩展。农业电子商务迅猛发展，在互联网上每天产生海量数据，在市场预测、产销对接等方面具有巨大的潜在价值，对这些数据的抓取和挖掘，成为发展农业农村大数据的重要渠道。随着农业物联网加快推广和应用，通过对农业生产和生态环境的实时监测，将产生源源不断的数据信息。农业信息进村入户加快推进，"十三五"末将覆盖全国所有行政村，农民生产、生活的所有信息，都将成为在线化的数据。未来农业农村大数据将形成三大源头和渠道：一是政府部门的监测统计；二是农业农村电子商务等互联网数据；三是传感器、手机等终端形成的物联网数据。

同时也应看到，目前农业农村大数据建设面临底数不清、核心数据缺失、数据质量不高、共享开放不足、开发利用不够、整体数据不强等问题，导致国家农业数据建设滞后、内容不全、数据打架、标准不一、数据不准确、不及时，发布不规范、不集中，没有形成全面、准确、及时、关联紧密的农业全产业链数据信息，影响了农业农村经济运行信息的及时性和准确性，对宏观决策形成制约。

三、农业农村大数据发展与应用的重要任务

今后一段时期，农业农村大数据发展和应用将围绕五大基础性工作和11个重点领域开展，即夯实国家农业数据中心建设、推进数据共享开放、发挥各类数据的功能渠道、完善农业数据标准体系、加强数据安全管理等五大基础；突出支撑农业生产智能化、实施农业资源环境精准监测、开展农业自然灾害预测预报、强化动物疫病和植物病虫害监测预警、实现农产品质量安全全程追溯、实现农作物种业全产业链信息查询可追溯、强化农产品产销信息监测预警数据支持、服务农业经营体制机制创新、推进农业科技创新数据资源共享、满足农户生产经营的个性化需求、促进农业管理高效透明等11个重点领域，力争用5～10年时间，实现农业数据的有序开放，初步实现农业数据化改造，大幅提升农业生产智能化、经营网络化、管理高效化、服务便捷化的能力和水平。

（二）开展田头市场示范，强化公益性流通基础设施建设 2015年，农业部选定在河北张家口和承德蔬菜、山东邹城土豆和金乡大蒜、海南三亚蔬菜和万宁水果、辽宁窟窿台蔬菜和海城水果、重庆生猪和仔猪、云南花卉和花椒12个田头市场开展示范建设，重点支持信息采集发布、电子化交易等公益性设施建设。逐步总结经验，探索不同地区、不同品种、不同市场主体的建设模式，推动田头市场在更大范围发展建设。在农业部示范建设带动作用下，各地把田头市场建设作为促进农产品销售、引导农业结构调整和增加农民收入的重要措施来抓，培育发展了一批专业性强、辐射范围广、带动一方产业发展的田头市场，对提高农户营销能力，强化农产品流通起到了重要推动作用。

1. 促进农产品流通，带动农民增收。根据山东省田头市场发展情况调研显示，全省田头市场发展到1 674个，总占地4 660公顷，总资产44.5亿元，年交易量2 430万吨、年交易额836亿元，田头市场合计带动农户262万户，年增加农民收入119亿元，带动农户年均增收4 500元。如泰安市岱岳区下港镇保家庄生姜专业批发市场，以经营培植温室姜芽和姜母为主，是江北最大的姜芽和姜母批发市场，年销售生姜、姜芽和姜母1万余吨，营业收入8 000

万元, 净利润1 000万元, 带动当地农民增收1 000余万元。

2. 辐射相关产业发展, 解决农村劳动力就业。2015年, 河北省张家口市尚义县大青沟蔬菜交易市场、大营盘蔬菜批发交易市场开展了田头市场示范建设, 蔬菜产业逐步扩大, 带动了农业及相关产业的发展。每年在蔬菜市场做劳务的人员有2 000多人, 解决了农村剩余劳动力的就业问题。带动了全镇二、三产业的发展, 包装、餐饮、运输、劳务、经纪人等行业迅速发展起来, 每年有200余辆汽车在蔬菜市场从事运输行业。

3. 促进区域品牌培育, 扩大地方品牌影响力。田头市场大多都集中在规模化发展聚集的一村一品地区, 对品牌的培育和发展壮大作用独特, 多数市场比较专业, 规模化明显。如山东省昌乐县的昌乐西瓜, "清风"菠菜、"乐稼园"蔬菜, 昌邑市西郭牌土豆, 安丘市的石埠子草莓等在市场上均有一定的影响力。据统计, 山东省1 674家田头市场注册商标2 300个, 60%以上市场交易的农产品通过了无公害或绿色食品认证。烟台牟平"养马岛"牌苹果等被评为山东省著名商标, "莒县大姜""莒县绿芦笋""莒县丹参""五莲小国光"等产品获得了国家地理标志证明商标。

专栏16

"互联网+"现代农业

"互联网+"是把互联网的创新成果与经济社会各领域深度融合, 推动技术进步、效率提升和组织变革, 提升实体经济创新力和生产力, 形成更广泛的以互联网为基础设施和创新要素的经济社会发展新形态。在全球新一轮科技革命和产业变革中, 互联网与各领域的融合发展具有广阔前景和无限潜力, 已成为不可阻挡的时代潮流, 正对各国经济社会发展产生着战略性和全局性的影响。党中央、国务院高度重视互联网的发展, 党的十八届五中全会明确提出, "十三五"时期要大力实施网络强国战略, 实施"互联网+"行动, 发展分享经济, 实施国家大数据战略。2015年7月, 国务院制定印发了《关于积极推进"互联网+"行动的指导意见》(国发〔2015〕40号), 提出了11项具体行动, 其中把"互联网+"现代农业摆在了重要的位置。大力实施"互联网+"现代农业行动, 是实施"四化同步"发展战略的重要内容, 是推进农业现代化和农业供给侧结构性改革的重要途径, 也是全面建成小康社会的新动力。

一、"互联网+"现代农业的概念和内涵

"互联网+"现代农业, 就是要运用互联网思维和现代信息技术成果, 实现农业生产智能化、经营网络化、管理高效化和服务便捷化, 推动产业结构升级、产业组织优化和生产方式变革, 加快传统农业向现代农业转型跨越, 促进农业现代化水平明显提升。总的思路是, 牢固树立和贯彻落实创新、协调、绿色、开放、共享的发展理念, 统筹农业农村农民, 以农业现代化取得明显进展为目标, 以优势农产品区域和现代农业示范区为主战场, 以"互联网+"现代农业示范工程为抓手, 扎实推进信息化与农业现代

化融合发展。"十三五"期间，要坚持政府推动、市场主体的原则，充分发挥市场配置资源的决定性作用，加大政策支持力度，加强科研攻关和人才队伍建设，强化措施落实和示范应用，力争在农业电子商务、农业物联网、农业农村大数据、信息综合服务等方面取得显著成效。

二、"互联网+"现代农业已取得积极进展

互联网全功能接入我国21年来，特别是党的十八大作出"四化同步"发展的战略部署以及2015年政府工作报告首次提出实施"互联网+"行动计划之后，互联网与农业农村经济开始全面深度融合，互联网思维和互联网技术在农业中的应用日益广泛，给农业生产、经营、管理、服务带来了深刻变革，"互联网+"现代农业取得了令人振奋的可喜成果。

1.信息对农业生产的引导作用明显增强。农民越来越根据政策、技术、市场价格等信息安排生产，不仅实现了生产供给与市场需求的有效对接，而且实现了生产全过程的监管。农业物联网从无到有，国家物联网应用示范工程和农业物联网区域试验工程深入实施，先后推出426项农业物联网产品、技术和应用模式，覆盖农业各行业、各领域和产销的全过程，节本增效作用日益凸显，尤其在设施农业、畜禽水产养殖、农产品质量安全追溯等方面显现出较高的经济效益和良好的应用前景。

2.农业电子商务迅猛发展。国家政策文件体系基本构建，全国性、区域性农业电子商务快速发展，农业电子商务正在形成跨区域电商平台与本地电商平台共同发展、东中西部竞相迸发、农产品进城与工业品下乡双向互动的发展格局。全国农产品电商平台数量、农产品网络零售交易额增长迅速，农业生产资料和休闲农业电子商务也取得长效发展。农业电子商务的发展，创新了农产品流通方式，倒逼了农业标准化、规模化、产业化、品牌化，重塑了农业产业形态。

3.农业电子政务建设成效明显。通过"金农工程"一期项目的实施，先后建成国家农业数据中心、国家农业科技数据分中心，开通运行农业行政审批、绩效管理、农情调度、农机作业指挥调度、农产品市场价格调查、粮食储备监管等196个应用系统，农业监测预警、农产品和生产资料市场监管、农村市场与科技信息服务的能力和水平明显提升，"用数据说话、用数据决策、用数据管理、用数据创新"的管理机制初步建立。同时，农村土地确权登记、土地流转、农村"三资"管理、村务财务党务公开、农产品质量安全追溯等方面的信息监管平台，在一些地方得到创新应用。

4.农业信息服务网络不断健全。农业部门户网站已经成为世界最有影响力的农业网站之一，日均点击率约700万人次。形成了部、省、地市、县的农业网站群。所建英日俄韩四个语种网站为世界158个国家和地区提供了服务。12316服务已覆盖全国所有的省份，年均受理咨询电话逾2 000万人次，为农民挽回直接经济损失及帮助农民增收节支超过100亿元，已经成为农民与专家的"直通线"、农民与市场的"中继线"、农民与政府的"连心线"。信息进村入户试点工作扎实推进，截至2015年年底，已建成村级信息服务站7 940个，初步探索出"羊毛出在牛身上"的市场化运营机制，公益服务、便民服务、电子商务和培训体验服务已进到村、落到户。

三、"互联网+"现代农业的三个维度

"互联网+"现代农业行动实施可以从三个维度谋划和着力。

一是推动互联网与农业全产业链价值链供应链叠加。从产业的价值链角度来看，互联网正在从农产品的经营端向生产端延伸。在经营环节，网上买卖农产品的规模不断扩大，特别是鲜活农产品网络销售快速增长；在生产环节，农业物联网技术不断发展，应用的主体不断增多，节本增效成效开始显现。农业生产经营诸多产业正在被互联网化，从农产品零售业到农产品批发市场再到农产品生产等节点都被互联网逐渐渗透，农业信息服务企业不断涌现。总体上，农产品经营端的互联网化起步早、规模相对较大，但生产端的互联网技术应用还不多，程度还很低，"互联网＋"是一个逆向倒逼农业价值链、产业链转型升级的过程。

二是推进资源要素数据化集成。转变农业发展方式、加快发展现代农业必须提高农业科技贡献率，当务之急是要推动农业要素投入向技术密集型、数据密集型转变，全面提高农业综合生产能力，使农业生产方式从以往拼资源、拼消耗转向注重技术和数据引领，降低农业资源消耗和污染排放。重点实施互联网同农户与企业、土地与资源、资本与金融、市场与信息、技术与人才、法律与体制的融合，实现资源与要素数据开放共享、生产便捷高效、资源合理利用、生态得到保护。

三是加强传统行业在线化改造。通过"互联网＋"行动来改造升级种植、畜牧、水产、饲料、农机、农垦、农产品加工业等传统行业，实现资源配置合理、生产效率提升、智能化水平提高。种植业的重点是高效农业物联网，大田种植重点推广节水、节药、节肥、节劳动力的物联网技术，在"一控两减三基本"行动中取得突破；畜牧业将在规模化标准化养殖场推广应用精准饲喂、在线监控动物疫病、二维码识别等物联网技术；水产业将物联网设备、技术应用于养殖水质实时监控、工厂化养殖监测、专家在线指导等；饲料工业是鼓励支持饲料企业运用大数据、电子商务等技术；农机化行业着力提高农机装备信息化水平，加大物联网和地理信息技术在农机作业上的应用；农垦是发挥规模化、标准化、企业化的优势，提高农业信息化综合水平，力争在物联网、电子商务、智能机器人应用率先突破；农产品加工业支持龙头企业带头发展电子商务，带动一、二、三产业联动发展，同时大力发展乡村旅游和休闲农业的电子商务。

专栏17

信息进村入户试点

按照中央1号文件对推进信息进村入户的部署要求，2014年农业部开始在全国10个省（市）22个县开展信息进村入户试点，2015年进一步扩大试点范围，已取得阶段性成效。

一、开展信息进村入户工作的意义

信息进村入户是发展农业农村信息化的重要手段，为缩小城乡数字鸿沟、推动城乡协调发展搭建了信息化的桥梁，在加快转变农业发展方式、推进现代农业建设方面发挥着重要作用。信息进村入户的目标是在所有行政村建设益农信息社，以满足农民生产生活信息需求为出发点和落脚点，以打通信息服务"最后一公里"为着力点，统筹"农业公益服务和农村社会化服务"两类资源，着力构建"政府、服务商、运营商"三位一体的可持续发展机制,实现普通农户不出村、新型经营主体不出户就可享受便捷、经济、高效的信息服务。

二、信息进村入户取得阶段性成效

截至2015年年底,试点范围依据地方申请扩大到26个省116个县,已建立村级信息服务站7 940个,公益服务、便民服务、电子商务和培训体验已经进到村、落到户,累计提供公益服务119.6万人次,开展便民服务748.8万人次、涉及金额2.9亿元,实现电子商务交易额7.9亿元。

1.满足农民信息需求。信息进村入户将公益服务、便民服务、电子商务集聚到村级信息服务站,农民可以更加精准地得到政策、技术、市场行情、动植物疫病防治等方面的咨询服务,不再像过去凭经验、盲目跟风种养;农民可以就近缴纳电费、水费、电话费,可以就近购买火车船票、预约就诊挂号,不再像过去要跑很多路到镇上网点去办理;农民可以在家里就能购买到物美价廉的生活消费品,享受到与城里人一样的消费服务。村级信息员和农民群众普遍反映,信息进村入户就是好,能够把世界带到村里,把村子推向世界,还可以让农民"买世界、卖世界"。

2.帮助企业拓展市场。信息进村入户为电信服务商、电商、服务提供商等企业提供了开拓农村市场的大平台。正因为这些企业一致认为农村是一片"蓝海",在试点工作启动之时,就有18家相关企业联合发起倡议,愿与农业部门合作,共同开创"政府得民心、企业能盈利、农民享实惠"的发展格局。电信运营商承诺为所有的村级信息服务站提供免费12316拨打和免费WiFi服务,让"三留守"人员可以不花钱就与在外地打工的家人视频通话,在为政府提供公益服务的过程中实现了自身业务的同步发展。许多运营企业广泛吸收银行、保险、电商、物流等企业参与,不仅帮助相关企业将业务延伸到乡村,拓展了农村市场,而且为农民提供了小额信贷、现金存取、灾害保险、代购代卖等服务。

3.提升政府部门管理和服务能力。信息进村入户不仅可以使党的农村政策迅速送到千家万户,而且可以快速了解掌握农情、灾情、市场行情和社情民意,还可以改进政府部门的服务方式、拓宽服务范围、畅通服务渠道。通过信息进村入户,能够有效缩小城乡数字鸿沟,帮助农民实现弯道超车;能够将层层上报的传统统计调查方法改变为网上直报的方式,政府部门可以及时了解到最真实的基层情况;能够帮助农民有效对接市场,切实把"以产定销"转变为"以消定产",减缓农产品价格波动;能够有效解决公益服务长期严重不足的问题,促进公益性服务与经营性服务相得益彰;能够将党的群众路线在广袤的农村甚至边远山区得到具体体现和落实。

实践表明,信息进村入户可以改变农业农村生产生活方式,是推动现代农业发展、繁荣农村经济、促进城乡发展一体化的新力量,是引领经济发展新常态、推动农业农村经济转方式调结构的新动力,是转变农业行政管理方式、建设服务型政府、密切联系农民群众的新途径,深受农民欢迎,呈现出合力推进、多方共赢的良好发展态势。

三、下一步工作部署

"十三五"期间,农业部将继续深入推进信息进村入户工作,加强基础保障、加快推进步伐、加大试点规模,力争2016年覆盖所有省份,2017年试点范围扩大到1/10以上的县,2020年基本覆盖到所有县和行政村。并突出抓好以下几方面重点工作。一是构建组织体系。成立信息进村入户工作推进组，完善业务支撑体系。二是建立制度体系。总结各地试点中行之有效的经验做法，围绕高效规范运行和"三大风险"防控的现实需要，构建信息进村入户管理制度体系和标准体系，切实防范可能出现的各类风险。三是探索运营机制。探索信息进村入户商业化模式，建立政府引导、市场主体的市场化运营机制，指导建立信息进村入户运营企业联盟。四是推动全国平台上线。推动信息进村入户全国统一平台上线运行，进一步完善平台功能，开发家庭版、村社版等移动终端应用系统，加强网络、数据安全保障措施。五是创新信息获取服务方式。充分利用信息进村入户平台，创新农业信息监测预警体系建设，切实发挥信息指导生产、引导市场、服务决策的作用。

农产品质量安全管理

2015年，农产品质量安全保持平稳向好的发展态势。蔬菜、畜禽产品和水产品例行监测合格率分别达到96.1%、99.4%、95.5%，全年没有发生重大农产品质量安全事件，为农业农村经济实现提质增效做出了应有的贡献。

（一）国家农产品质量安全县创建全面启动　按照国务院食安委统一部署，启动了国家农产品质量安全县创建工作。制定了农产品质量安全县管理办法和考核评价规范，确定首批107个国家农产品质量安全县（市）作为创建试点单位，带动全国25个省市同步开展省级创建活动。在山东威海召开了食品安全城市和农产品质量安全县"两个创建"现场会，加大了农产品质量安全县创建工作的宣传力度，推动各地探索行之有效的监管模式，整体提升农产品质量安全监管能力和水平。试点县蔬菜、畜禽产品和水产品例行监测合格率均在98%以上，高出全国平均水平2个百分点。

（二）专项整治深入开展　坚持问题导向和重点治理，在全国范围内部署开展农药及农药使用、"瘦肉精"、生鲜乳违禁物质、兽用抗菌药、生猪屠宰、水产品禁用药物、农资打假等7个专项治理行动，组织6个督查组对部分省份进行了专项督查，全国共检查生产经营主体256.5万家，查处问题4.9万个。启动全国兽药（抗菌药）综合治理五年行动计划，严厉打击违法违规行为，提高兽用抗菌药科学规范使用水平。针对"三鱼两药"问题，加大水产品监督抽查力度，重点打击养殖及育苗过程使用孔雀石绿、硝基呋喃、氯霉素等禁用药物等违法行为。分别在春耕、三夏、秋冬种等重点农时集中开展农资打假专项行动，查处案件3 800起，为农民挽回经济损失3.4亿元，公布了13起典型案例。

（三）突发事件妥善处置　强化舆情监测，全年监测摘编舆情信息1 200条，编发舆情快报、周报共300期，对舆情反映的问题，督促各地及时核查处理。与各省建立上下联动、快速反应机制，妥善处置"问题西瓜""甲醛白菜""北京草莓乙草胺""广州菜农使用违禁农药"等突发问题，将负面影响降到最低。围绕食用菌富含重金属、农药残留超标、苹果打蜡、猪肉钩虫病等不实信息及热点话题，组织专家主动发声，普及科学知识，消除公众疑虑。加大正面宣传力度，组织开展食品安全宣传周农业部主题日活动，营造了良好舆论氛围。

（四）农业标准化大力推进 新制定46种农药490项农药残留限量食品安全国家标准。新制定农业领域国家标准23项，行业标准285项。启动了413项农药残留检测方法标准清理工作。研究谋划我国农药残留标准体系完善工作，制定5年行动计划，加快工作进度，打算用5年左右的时间使我国农残标准达到1万项，与国际食品法典标准基本同步。全年新认证"三品一标"产品1.1万个，累计认证产品总数达10.7万个。

（五）风险监测评估稳步开展 深入开展农产品质量安全例行监测，例行监测范围扩大到152个大中城市、117个品种、94项指标，基本涵盖主要城市、产区和品种、参数。抽检样品4.4万个，强化分析会商和综合研判，结合发现的问题督促各地整改并跟进开展监督抽查。针对农兽药残留、重金属、生物毒素、非法添加物等风险隐患，对蔬菜、粮油、畜禽、奶产品等重点食用农产品进行风险评估，获取有效数据20万条，初步摸清风险隐患及分布范围、产生原因，为下一步锁定监管重点、加快标准制定、科学指导生产、正确引导消费发挥了基础性的作用。

（六）监管体系建设不断完善 积极争取将基层监管能力建设纳入国务院督查范围，推动全国所有的省、88%的地市、75%的县、97%的乡镇建立了监管机构，落实专兼职监管人员11.7万人。新投资10.9亿元支持建设264个农产品质检机构，启动了37个农产品质量安全风险监测能力建设项目。围绕农产品质量安全执法、基层监管、质量安全县创建、检测技术等组织开展了14期培训班，将农产品质量安全内容列入农村实用人才带头人和大学生"村官"示范培训，培训人数1.2万余人。科学谋划和起草"十三五"农产品质量安全提升规划和监管执法能力建设规划，开展农产品质量安全奖补政策研究，统筹考虑基层监管机构建设、资源配备、人才队伍、能力提升等课题，努力解决基层监管力量薄弱问题。

3 国家现代农业示范区建设

2015年，各国家现代农业示范区以建设规划为指引，以改革创新为动力，以政策支持为保障，以优化服务为手段，加快推进现代农业建设，各项工作均取得明显进展。初步统计，283个国家现代农业示范区粮食总产24 840万吨，占全国总产量40%；集中连片、配套完善的高标准农田1 666.67万公顷，占比超过50%，大幅超过全国平均水平；农作物耕种收综合机械化水平达到76.5%，比全国平均水平高14.5个百分点；农民人均可支配收入达到13 900元，增幅达到9.7%。

（一）加强工作指导，推进规范建设 立足率先实现农业现代化，稳定扩大示范区规模，制定印发指导文件，实化政策措施，切实强化工作指导。一是做好第三批示范区认定工作。按照全国现代农业发展规划要求，进一步明确创建标准，严格规范程序，组织合规性审核，农业部认定了第三批157个示范区，加上前两批示范区的重合县市，全国示范区总量达到了283个。二是出台示范区指导意见。联合发改委、财政部、银监会印发《关于扎实推进国家现代农业示范区改革与建设率先实现农业现代化的指导意见》，具体指导各地率先实现基础设施完备化、技术应用集成化、生产经营集约化、支持保护系统化和农业可持续发展，示范引领全国农业现代化建设。

（二）抓好改革试验，当好"探路先锋" 坚持将农业改革与建设试点作为"金字招牌"来打造，加强过程管理，创新考核方法，确保试点工作取得实效。一是举办示范区培训班暨试点绩效评价活动。会同财政部农业司，在浙江省湖州市举办了示范区培训班，31个省级农业、财政部门和100个实施奖补政策的示范区有关负责同志共300人左右参加培训，银监会、国家开发银行等7部门负责同志参加。培训活动取得很好效果，进一步引起地方党委政府的高度重视。二是开展财政资金撬动金融资金试点。选择27个示范区开展财政资金撬动金融资金试点，明确奖补资金可用于贷款贴息、融资担保、保费补贴、风险补偿等，重点将专业大户、家庭农场、农民合作社、农业社会化服务组织等新型经营主体作为重点支持对象，将其加快培育成为现代农业建设的骨干力量。三是推动开展财政涉农资金整合试点。积极探索以示范区为平台，开展财政支农资金整合试点，充分发挥财政资金的引导作用，推动各类资源、各方要素向示范区集聚。

（三）推进多方支持，形成政策合力 协调财政、发展改革等部门加大政策支持力度，强化与国家开发银行、中国农业发展银行、中国邮政储蓄银行合作，努力构建示范区建设多元化投入机制。在财政政策上，将以奖代补资金由2014年的2.5亿元扩大到2015年的10亿元，奖补范围由25个增加到100个。在基建投资上，安排7亿元中央预算内投资，支持36个示范区开展旱涝保收高标准农田建设，中央投资总量比上年增长75%。在金融支持上，加强邮政储蓄银行、国家开发银行等金融机构合作，引导金融资金支持示范区建设。

（四）优化管理服务，提升建设水平 一是组织参加第13届农交会。组织257个示范区参加第13届农交会，现代农业示范区展区荣获农交会最佳组织奖。示范区展区面积11 000平方米，是本届农交会最大的展区，期间实现现场零售额371.9万元，26个产品获农交会参展产品金奖。二是成功举办示范区建设研讨会。农交会期间，同步召开示范区建设研讨会，5位省部级领导作主题交流，400人左右参会，形成了示范区的"眼球效应"。三是加强业务培训。举办了第三批示范区农业局长培训班、2期台湾现代农业研习班、亚行技援项目培训班、监测评价培训班，提升示范区管理干部业务能力。四是创新项目监管方式。对湖南、广东等4省区15个示范区高标准农田项目进行了检查，并对存在的问题的项目进行约谈，提高项目管理水平。

（五）做好宣传交流，推进成果共享 坚持强化宣传引导，发挥媒体对示范区工作的推动作用，形成共同推进示范区建设的良好舆论氛围。一是举行国家现代农业示范区建设新闻发布会，全面宣传283个示范区建设成效。二是发布了2014年国家现代农业示范区建设水平监测评价报告，宣布20个示范区率先进入基本实现农业现代化阶段，组织开展2015监测评价报告编写工作。三是全方位、多角度宣传示范区建设研讨会，先后在新华社、央视一套、经济日报等权威媒体发布80多篇报道。四是综合运用农业部信息、简报、会议以及现代农业示范区专栏等方式，广泛宣传示范区的好经验、好模式，推动各地相互取长补短，激发创新活力，凝聚示范区比学赶超的内在动力。

农业科研、推广与教育

2015年，农业科技创新驱动发展战略全面实施，在完善体制机制、提高创新能力、增强服务效率等方面进行了新的探索和实践，农业科技事业保持了良好发展态势，我国农业科技进步贡献率达到56%，为保障国家粮食安全、支撑农业可持续发展提供了有力支撑。

（一）聚焦农业科技重大问题，切实增强自主创新能力 一是稳步推进农业科技管理改革。参与中央科技计划项目管理改革联席会议，配合做好改革各项工作，为农业科技争取更大的发展空间。加强专业机构建设，推动农业部科技发展中心成为首批7家"中央财政科技计划管理专业机构"试点单位之一。实施国家重点研发计划"化肥农药减施增效综合技术研发"试点专项，遴选提出"十三五"农业领域重点专项建议27项。参与基地与人才项目改革，推动建立国家海洋实验室。二是扎实做好农业科研项目管理。抓好转基因生物新品种培育重大专项管理，在自主基因、自主技术、自主品种方面，形成金字塔形的成果储备，编制完成专项"十三五"实施计划、2016年度立项实施计划和拟拓展物种实施方案，完善上中下游研发链条，加快生物研发及产业化进程。启动2015年公益性农业行业专项26个项目，针对影响我国主产区粮食安全与农业可持续发展

的重点问题，开展技术研发，中央财政资金投入6.5亿元。继续支持50个主要农产品的产业技术体系建设，中央财政资金投入13.8亿元。研究优化调整"十三五"体系结构，适当扩大覆盖范围，重点增加特色农产品数量，为精准扶贫及"一带一路"战略提供技术支持。三是着力加强农业科研条件能力建设。投入资金4.7亿元，全面展开30个重点实验室学科群建设。组织开展6个学科群104个农业部重点实验室（站）评估。推动中国农科院成为国家首批10个科技基础设施和大型仪器设备向社会开放试点。组织第四期修购专项项目421项，累计资金23.8亿元。国际马铃薯亚太中心已进入实质性建设阶段。

（二）加快技术推广与成果转化，不断提升服务效能 一是积极推进超级稻"双增一百"科技行动。2015年，超级稻品种示范推广面积达到880万公顷，约占全国水稻种植面积的30%，平均亩产583.5千克，亩增产62.1千克，增产11.9%。按每千克稻谷2.6元计算，亩增收益161.5元，全年共增产稻谷82.0亿千克，增加经济效益213.2亿元，超额完成亩增100斤、增收100元"双增一百"的目标，为提升水稻综合生产能力提供了有力支撑。二是启动建设全国农业科技成果转移服务中心。开发了农业专利价值分析系统和农业技术价值评估系统。对植物新品种权数据库、农业专利文献数据库、农业技术转移服务平台、全球知识产权数据库进行整合对接。通过网络平台展示交易成果64项，实现交易金额6 091万元。组建了专职运营团队，初步构建了科技成果评估评价专家库，初步形成了成果转移交易章程、交易规则和交易流程等配套规章制度。三是推

动国家农业科技创新与集成示范基地建设。完成100个国家农业科技创新与集成示范基地规划编制。每个基地根据国家或区域产业技术发展需求和自身功能定位，明确了到"十三五"末的建设目标和重点任务，确定了资源整合方向、示范推广规模，人员培训模式、技术服务重点等具体建设内容。

（三）着眼未来农业人才支撑，加快新型职业农民培育 一是新型职业农民培育成效显著。新型职业农民培育规模扩展到4个整省、其他省份的21个整市和487个示范县，全年培育100万人。二是启动"现代青年农场主培养计划"。联合教育部、团中央启动"现代青年农场主培养计划"，通过为期3年的培养计划，吸引农村青年务农创业，申报人数1.7万人，

其中1.3万人列入2015年培育对象。三是强化农民教育培训体系。健全完善县域农民教育培训体系，构建以农业广播电视学校为主体，多种教育培训资源积极参与的"一主多元"农民教育培训格局。加强师资、教材、规范建设，推介发布《新型职业农民培训规范（第二批）》，编辑出版《新型职业农民培育典型模式》。利用现代化手段开展新型职业农民培育工作。四是积极推动农业职业教育。联合教育部成立中国现代农业校企联盟，已成立现代农业、现代畜牧业、都市现代农业、现代农业装备和现代渔业五大职教集团，吸纳涉农企业、职业院校、科研院所500余家。举办农学结合弹性学制中等职业教育，招收务农农民学员6万人。

专栏18

现代青年农场主培养计划

青年是最富活力的创业力量，组织实施"现代青年农场主培养计划"是贯彻落实中央决策部署、拓宽新型职业农民培育渠道的重要举措，是激发农村青年创造创新活力、吸引农村青年在农村创业兴业的重要手段，将为现代农业发展提供强有力的人才支撑。

2015年，农业部会同教育部、团中央组织实施现代青年农场主培养计划，采取培育一批、吸引一批、储备一批的方法，经过培训指导、创业孵化、认定管理、政策扶持和跟踪服务等系统的培育，在全国形成一支创业能力强、技能水平高、带动作用大的青年农场主队伍，为现代农业发展注入新鲜血液。现代青年农场主培养计划已在全国36个省（区、市）、计划单列市、新疆兵团、黑龙江农垦和广东农垦全面推广实施，2015年在全国遴选培育了1.3万名现代青年农场主，期限3年（其中培育2年，跟踪服务1年）。培育对象均为具有一定的产业基础、高中及以上学历（或相当于高中）、年龄在18～45周岁之间的农业生产骨干（包括种养大户、家庭农场经营者、农民合作社骨干、返乡创业大学生、中高职毕业生、返乡农民工和退伍军人等，重点向新型农业经营主体倾斜）。

现代青年农场主培育邀请优秀创业导师、成功创业人士、资深专业教师和熟悉产业发展人士授课，强化创业理念和创业技能培训、现代农业生产经营知识和技术培训，激发培育对象创业兴业动力，提升

生产经营水平和产业发展能力。组织专家团队，配备创业导师，提供创业兴业支持。对具备较好产业基础的培育对象，重点给予扩大产业规模、强化市场开拓、提升产业持续发展能力等方面的指导。对其他培育对象，按自愿原则组成3～5人的创业团队，组织进入农民合作社、家庭农场或农业企业的实体基地进行创业孵化。将现代青年农场主培育对象纳入新型职业农民信息库，采集相关信息，进行专门管理考核。

经过一年组织实施，现代青年农场主培养计划已经形成中央主导、各级联动的运行机制，拥有较高的影响力，成为有别于一般农民培训的精准培育+精准跟踪服务培训模式，是新型职业农民提升创业兴业能力的有效途径。

3 农业农村人才队伍建设

2015年，农业部门深入学习贯彻习近平总书记关于人才工作的系列重要指示精神，以强化现代农业的人才基础为主线，大力实施人才强农战略，继续落实《农村实用人才和农业科技人才队伍建设中长期规划（2010—2020年）》，统筹推进农业农村各支人才队伍建设，取得了积极进展。

（一）加强宏观指导，人才工作科学化水平实现新提升 印发农业部人才工作要点，召开全国农业农村人才工作会议，指导各地加强农业农村人才队伍建设。会同中组部、人社部开展农业农村人才工作有关文件贯彻落实情况检查调研活动，形成中长期检查调研报告报中央人才工作协调小组。从严管理农业系统表彰工作，按要求组织完成3个常设表彰项目。深入总结和宣传"十二五"农业农村人才工作成效及经验，在《党建研究》《中国人才》《农民日报》《农村工作通讯》等主流媒体上刊文发稿50余篇，在全国农业行业大兴识才、爱才、敬才、用才之风。

（二）健全培养机制，农村实用人才队伍建设迈上新台阶 新增5个部级农村实用人才培训基地，基地总数达到25个，基地建设朝着各省区市全覆盖迈出坚实步伐。与中组部联合举办183期农村实用人才带头人和大学生"村官"示范培训班、培训1.8万多人，规模比上年增加56%，并带动河北、江苏、宁夏等地大规模开展农村实用人才培训。实施农村实用人才培养"百万中专生计划"，完成5万多人的招生任务。推进新型职业农民培育工程，培育人数突破100万。启动现代青年农场主培养计划，对1.3万多名务农青年予以系统培养。开展农村实用人才评价制度研究，下发《农业部关于统筹开展新型职业农民和农村实用人才认定工作的通知》，全面推进以新型职业农民为主体的农村实用人才认定管理，为精准落实扶持政策奠定基础。承办党员干部现代远程教育《农业生产经营》栏目，全年制播专题教材节目365小时。精心组织实施"全国十佳农民"2016年度资助项目，举办"全国十佳农民"揭晓仪式，打造社会认可、群众满意的人才精品项目。

（三）坚持高端引领，农业科技人才队伍建设取得新进展 实施农业科研杰出人才培养计划，完成第二批150名农业科研杰出人才及创新团队遴选工作。开展第五届中华农业英才奖评选，共有10名科学家入选。组织"千人计划""万人计划""百千万人才工程"等各类高级专家推荐。组织开展2014年度部系统专业技术职务任职资格评审，共有361人获得或晋升任职资格。会同中组部举办农业领域高层次专家国情研修班，会同人社部举办3期农业专业技术人员高级研修班。调整出国（境）培训项目管理模式，举办农业部引智成果示范推广经验交流会。做好"西部之光"访问学者及特培学员接收、培养和博士服务团成员选派、考核等工作，开展"西部之光"访问学者导师赴甘肃回访活动。完成万名农技推广骨干培养三年轮训计划，推进基层农技推广特岗计划。举办20期农业科技人员网络大讲堂，培训近25万人次。启动首届"全国十佳农技推广标兵"遴选，广泛宣传10名"最美农技员"先进事迹，激励广大农技人员更好地扎根基层、服务"三农"。

（四）紧贴行业需求，农业技能人才队伍建设进入新阶段 围绕现代农业发展需要，完成新版《国家职业分类大典》涉农职业修订工作，优化形成了覆盖66个职业、143个工种的农业职业分类新体系。召开农业职业技能开发工作研讨会，进一步推动树立管行业就要管行业人才的理念。配合人社部做好减少职业资格许可和认定工作，共取消农用运输车驾驶员等5个水平评价类涉农职业资格。开发5项国家职业技能标准、5个国家鉴定试题库和3本培训教材。加大急需紧缺农业技能人才培训鉴定力度，全年培训鉴定农业技能人才40万人次，其中高技能人才占27%。会同有关单位开展首届全国新型职业农民技能竞赛和首届全国农业技术指导员（渔业）职业技能大赛活动，2位选手获全国五一劳动奖章、3位选手获全国技术能手称号，营造了比学赶超的良好氛围。

专栏19

国务院办公厅关于支持农民工等人员返乡创业的意见

2015年6月17日，国务院办公厅印发《关于支持农民工等人员返乡创业的意见》（国办发〔2015〕47号）（以下简称《意见》），推动农民工等人员返乡创业。《意见》指出，支持农民工、大学生和退役士兵等人员返乡创业，通过大众创业、万众创新使广袤乡镇百业兴旺，可以促就业、增收入，打开新型工业化和农业现代化、城镇化和新农村建设协调发展新局面。要加强统筹谋划，健全体制机制，整合创业资源，完善扶持政策，优化创业环境，全面激发农民工等人员返乡创业热情，全面汇入大众创业、万众创新热潮，加快培育经济社会发展新动力，催生民生改善、经济结构调整和社会和谐稳定新动能。

《意见》提出，要坚持普惠性与扶持性政策相结合，坚持盘活存量与创造增量并举，坚持政府引导与市场主导协同，坚持输入地与输出地发展联动，通过促进产业转移、推动输出地产业升级、鼓励输出地资源嫁接输入地市场、引导一、二、三产业融合发展、支持新型农业经营主体发展等渠道带动返乡创业。

《意见》强调要健全基础设施和创业服务体系，加强基层服务平台和互联网创业线上线下基础设施建设，依托存量资源整合发展农民工返乡创业园，强化返乡农民工等人员创业培训工作，完善农民工等人员返乡创业公共服务，改善返乡创业市场中介服务，引导返乡创业与万众创新对接。

《意见》提出了支持返乡创业的五方面政策措施：一是降低返乡创业门槛。二是落实定向减税和普遍性降费政策。符合政策规定条件的，可享受减征企业所得税、免征增值税、营业税等税费减免政策。三是加大财政支持力度。对符合条件的企业和人员，按规定给予社保补贴；具备享受支农惠农、小微企业扶持政策规定条件的纳入扶持范围；经工商登记注册的网络商户从业人员，同等享受各项就业创业扶持政策；未经工商登记注册的，可同等享受灵活就业人员扶持政策。四是强化返乡创业金融服务。运用创业投资类基金支持农民工等人员返乡创业；加快发展村镇银行、农村信用社和小额贷款公司，鼓励银行业金融机构开发有针对性的金融产品和金融服务；加大对返乡创业人员的信贷支持和服务力度，对符合条件的给予创业担保贷款。五是完善返乡创业园支持政策。

《意见》还要求，抓好《鼓励农民工等人员返乡创业三年行动计划纲要（2015—2017年）》的落实，打造一批民族传统产业创业示范基地、一批县级互联网创业示范基地。

3 农业行政能力建设

2015年，农业部坚持全面深化改革，强化创新驱动，扎实做好简政放权、放管结合、优化服务各项工作，统筹推进行政管理体制改革、事业单位改革和行业协会脱钩工作，以创新促改革，以改革谋发展，有效提升农业农村经济调控能力和农业公共服务水平。

（一）以转变政府职能和简政放权为重点，强化改革创新力度，进一步强化履职能力

1. 深入推动政府职能转变。适应改革新形势、新任务，按照中央部署要求，加强对推进职能转变工作的研究谋划，成立农业部推进职能转变工作领导小组，制定简政放权放管结合优化服务工作方案，明确工作目标和任务分工，切实抓好各项工作落实，不断推动"放、管、服"向纵深发展。组织开展推广随机抽查

规范事中事后监管相关工作，为农业生产经营主体营造公平竞争发展环境。推动简化优化农业公共服务流程，进一步提高农业公共服务质量和效率，方便基层群众办事创业。深入推进行政审批制度改革，编制行政审批事项目录，全面清理规范行政审批收费、中介服务事项及非行政许可审批事项。组织开展权力清单、责任清单编制调研，做好权责清单编制准备工作。

2. 着力优化行政机构编制资源配置。深入开展创新机关行政编制调配和使用机制专题研究，拓宽机关行政编制资源科学系统配置的有效途径，破解事业发展需要与严控机构编制的矛盾。根据职责任务履行和形势发展要求，建立完善农业"走出去"工作机制，协调增加农业驻外编制，强化农业驻外体系建设，有效提升农业外交和农业对外合作工作能力。研究批复相关司局内设机构调整，进一步优化机关司局机构设置和编制配备。开展加强部内巡视工

作体系、党建工作力量研究工作，为落实全面从严治党、从严监督管理干部要求提供组织保障。

3. 全面增强农业公共服务能力。加强基层农业公共服务机构和队伍建设，完善运行机制，强化条件保障，不断健全运行高效、覆盖面广、支撑有力的农业公共服务体系。截至2015年年底，全国共建成县乡基层农技推广机构7.64万个，其中，县级1.93万个，乡级5.71万个，基层农技推广机构普遍健全。全国共确认官方兽医11万余人，7.7万余人通过执业兽医资格考试取得执业兽医资格，全国兽医工作体系基本建成；建立专门的兽医队伍信息管理平台，对兽医人员实现了规范化、信息化管理。全国共备案乡村兽医27.7万人，组建村级防疫员队伍65万人，基层动物防疫队伍稳步发展。全国省级屠宰监管职责调整除西藏外已全部完成，市、县两级分别在农业（畜牧兽医）部门增设屠宰监管机构227个、1 202个，屠宰监管职责调整到位率分别达到95.1%、91.2%，为全面加强畜禽屠宰质量安全监管提供有力支撑。农产品质量监管机构建设持续推进，全国所有的省（自治区、直辖市）、88%的市（地、州）、75%的县（市、区）、97%的乡镇建立了监管机构，落实专兼职监管人员11.7万人。新投资建设264个农产品质检机构，启动37个农产品质量安全风险监测能力建设项目。启动国家农产品质量安全县创建工作，首批确定创建试点单位107个，带动各地创建省级质量安全县335个。

4. 扎实推进农业综合执法体系建设。落实中央关于深化行政执法体制改革有关要求，出台《农业部关于贯彻党的十八届四中全会精神深入推进农业法治建设的意见》，推动整合农业执法职能，健全综合执法体系。截至2015年年底，全国有30个省（自治区、直辖市）、276个市（地、州）、2 332个县（市、区）开展了农业综合执法工作，县级覆盖率达到99%，市级覆盖率超过80%，农业部门的事中事后监管能力和水平有了明显提升。2015年，各级农业综合执法机构共查办各类农业违法案件42 786件，有力维护了农业生产经营秩序和农民合法权益。

（二）以调研出台发挥事业单位作用意见为重点，统筹推进各项改革，进一步激发事业单位支撑保障活力

1. 调研出台发挥事业单位作用意见。适应新常态下加快建设现代农业对事业单位作用发挥的客观要求，广泛深入开展调研，系统盘点部属事业单位运行现状，科学研判部属事业单位发展面临的困难，研究提出发挥事业单位作用的意见，并以农业部党组文件形式印发《进一步深化改革规范管理切实发挥部属事业单位作用的意见》，为有力解决事业单位改革发展问题、强化事业单位支撑保障作用提供了制度保障。同时，扎实做好《意见》宣传贯彻工作，制定贯彻落实具体分工方案，明确职责任务，细化工作措施，着力构建发挥事业单位作用的长效机制，为部属事业单位健康发展、发挥作用营造良好氛围。

2. 统筹推进部属事业单位各项改革工作。按照中央全面深化改革部署，紧密结合工作实际，科学谋划部属事业单位改革的具体路径和方式方法，协调推进各项改革工作。持续加强对部属事业单位分类改革及科研体制改革中拟转企所分类问题研究，推进部属事业单位分类改革工作。配合中央编办对承担行政职能事业单位和生产经营类事业单位改革意见进行认真研究，并立足农业行业实际和农业部门诉求，协调争取政策支持。结合国管局、发改委等部门有关征求意见情况，配合开展机关后勤管理体制和培训疗养服务机构改革研究工作。

3. 切实加强部属事业单位机构编制管理工作。组织开展新形势下创新农民体育工作调研，研究谋划整合相关机构资源，促进农民体育工作创新发展。推动组建中国农业科学院基因组研究所、都市农业研究所，为促进新兴学科建设、强化农业科技创新驱动提供支撑。适应农业发展形势要求，研究推进耕地质量调查监测、农业遥感应用工作机构建设，为相关职能有效履行提供保障。做好事业单位日常管理服务工作，研究批复11家单位内设机构调整、审核通过10家单位岗位聘用实施方案，审核办理16家单位法人变更事宜，有效促进部属事业单位健康规范运行。

（三）以稳妥推进行业协会与行政机关脱钩改革为重点，提高管理服务水平，进一步增强行业协会发展动力

1. 稳妥推进业务主管行业协会与行政机关脱钩工作。成立农业部推进行业协会与行政机关脱钩工作领导小组，健全部领导牵头主抓、各司局密切配合的工作体制，切实加强脱钩工作的顶层设计，强化协调组织和统一领导。根据中央总体要求并结合农业行业特点，研究制定《农业部业务主管行业协会与行政机关脱钩工作方案》，明确脱钩工作的基本原则、目标任务、职责分工等制度安排。科学确定参加脱钩试点行业协会名单，指导做好摸底自查、清产核资、脱钩实施方案编制等基础性工作。加

强对脱钩试点行业协会机构、职能、资产财务、人员管理和党建外事"五分离、五规范"工作的指导和协调，系统推进脱钩各项工作任务，确保落到实处。研究印发《关于做好向行业协会转移职能有关工作的通知》，推动厘清机关与行业协会的职能边界，积极推进部机关向行业协会转移职能工作，为行业协会持续健康发展创造条件。

2. 认真做好社会组织日常管理与服务。严格按照社会组织管理规范，认真做好业务主管的65家社团、基金会和民办非企业的业务指导和日常监管工作。截至2015年年底，共计推动27家社会组织换届、负责人届中调整、章程核准及变更登记等工作，完成65家社会组织的年度检查材料审核上报，社会组织管理的规范化水平进一步提高；组织2家社团参加民政部社会组织评估活动，积极做好"全国先进社会组织"推荐申报工作，4家社团被民政部列为候选单位，进一步激发业务主管社会组织内在活力和发展动力。

三 农业灾害

（一）农业气象灾害 2015年，受极强厄尔尼诺影响，农业气象灾害频发多发，阶段性、区域性农业气象灾害偏重。但总的看，2015年作物生长的关键时段灾害影响偏轻；特别是对农业生产影响最大的旱灾明显轻于上年。2015年全国农作物受灾21 769千公顷，比上年减少3 118千公顷，其中成灾9 254.66千公顷，绝收2 232.67千公顷，比上年减少3 423.33千公顷和857.33千公顷（图22、图23）。

1. 干旱。2015年干旱主要集中在北方，但

千公顷

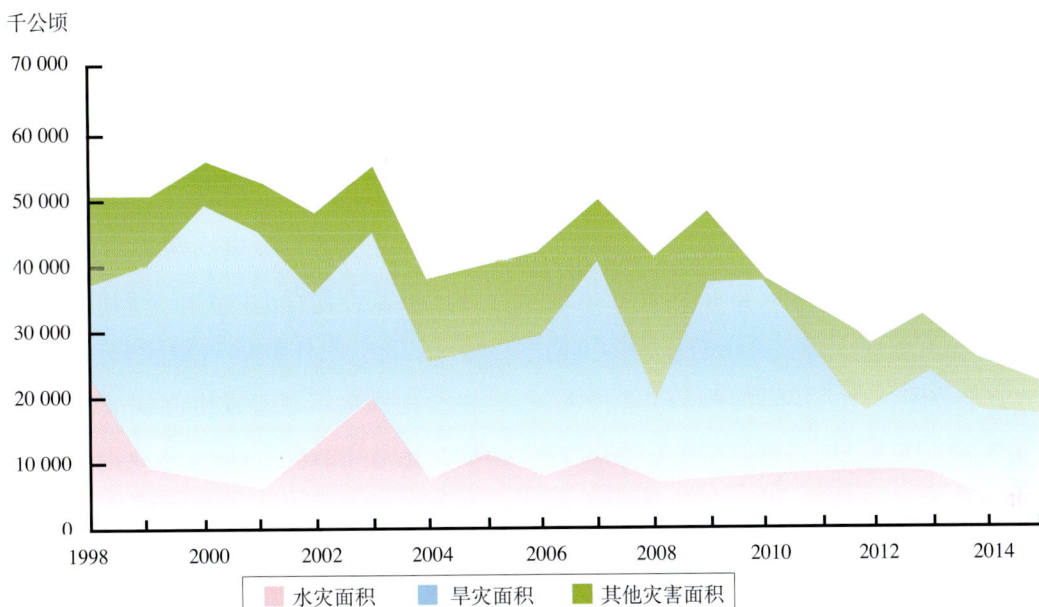

图22　1998—2015年农业受灾面积变动情况

千公顷

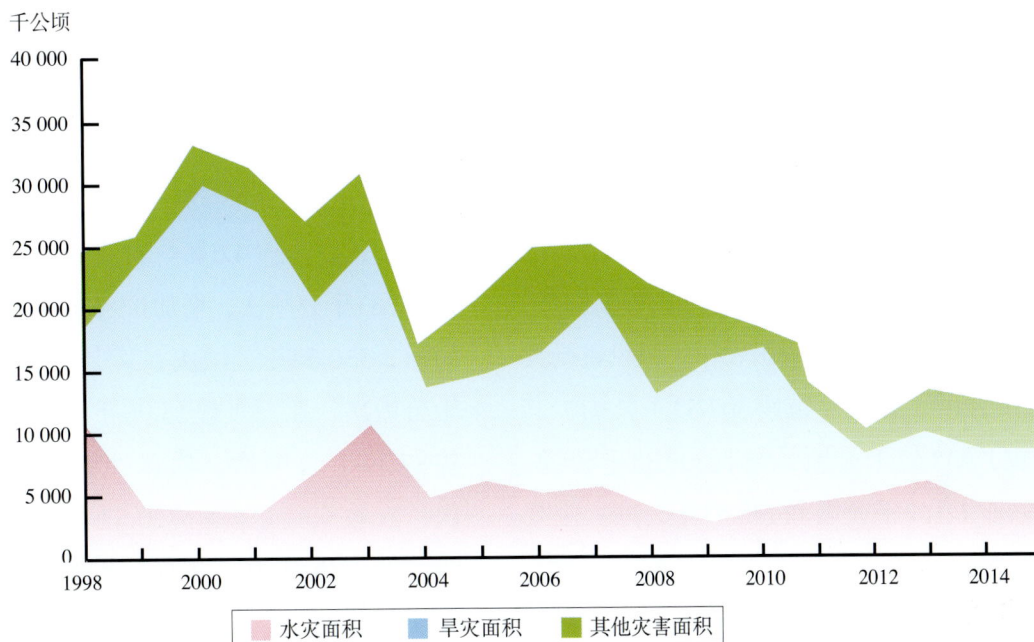

图23　1998—2015年农业成灾面积变动情况

降水及时，整体偏轻。全国农作物因干旱受灾 10 600 千公顷，比上年减少 1 662 千公顷，其中成灾 4 921.33 千公顷，绝收 1 046 千公顷，分别比上年减少 756 千公顷和 438.67 千公顷。干旱主要分布在河北、山西、内蒙古、辽宁、吉林、黑龙江、山东、广东、广西、云南、陕西、甘肃和宁夏等地的局部地区。

2. 洪涝。2015年洪涝灾害在部分地区叠发重发，未现流域性灾害。全国农作物因洪涝受灾 5 620 千公顷，比上年增加 844.67 千公顷。其中成灾 2 121.33 千公顷，绝收 659.33 千公顷，分别减少 605.33 千公顷和 28.67 千公顷。洪涝灾害主要集中在山西、内蒙古、黑龙江、江苏、安徽、江西、山东、湖北、湖南、广东、广西、四川、贵州和云南部分地区。

3. 台风。2015年，台风登陆个数少，单个台风致灾程度较重。全年共有6个台风登陆，登陆个数较常年偏少，但致灾程度较重。全国农作物因台风受灾 1 721.33 千公顷，比上年减少 762 千公顷，其中，成灾 758.67 千公顷，绝收 181.33 千公顷，分别减少 390 千公顷和 167.33 千公顷。台风灾害主要集中在江苏、浙江、安徽、福建、江西、湖北和海南、广东和广西等省（区），其中浙江和广东受灾最重。

4. 风雹。2015年，风雹灾害分布范围广、多发频发，总体偏轻。全国农作物因风雹受灾 2 918 千公顷，比上年减少 307.33 千公顷。其中成灾 1 032.67 千公顷，绝收 309.33 千公顷，分别减少 1 162 千公顷和 148.67 千公顷。主要分布在河北、内蒙古、黑龙江、安徽、河南、山东、湖北、四川、贵州、云南、甘肃和新疆等省（自治区）的局部地区。

5. 低温冻害。2015年，阶段性强降温造成低温冻害，但总体轻于上年。全年全国大部地区气温较常年同期偏高，但阶段性强降温造成部分地区农作物受冻。全国农作物因低温冻害受灾 900 千公顷，比上年减少 1 232.67 千公顷。其中成灾 420 千公顷，绝收 36.67 千公顷，分别减少 512.67 千公顷和 131.33 千公顷。灾情主要分布在安徽、云南、湖北、甘肃、湖南、河北、内蒙古等省（自治区）的部分地区。

（二）农作物病虫草鼠害 2015年，全国农作物病虫草鼠害发生面积 470 281.28 千公顷次，比上年减少 1.4%。造成粮食损失 1 971.75 万吨，增加 2.9%。损失棉花 34.46 万吨，减少 11.0%。损失油料 76.77 万吨，减少 12.9%。全年累计防治面积 562 980.47 千公顷次，减少 2.5%。通过防治挽回粮食损失 9 883.84 万吨，减少 1.7%。挽回棉花损失 118.31 万吨，减少 20.6%。挽回油料损失 326.96 万吨，减少 10.2%。

1. 蝗虫。2015年，全国蝗虫发生危害面积 4 559.51 千公顷次，比上年减少 2.0%。其中东亚飞蝗 1 180.96 千公顷次，亚洲飞蝗 21.76 千公顷次，西藏飞蝗 89.49 千公顷次，分别比上年减少 3.0%、43.7%、3.0%；农区土蝗 1 304.67 千公顷次，减少 4.0%。农牧交错区土蝗发生 1 962.63 千公顷次，增加 0.9%。全年防治蝗虫面积 2 530.52 千公顷次，其中东亚飞蝗 784.05 千公顷次，亚洲飞蝗 15.06 千公顷次，西藏飞蝗 87.39 千公顷次，农区土蝗 923.45 千公顷次，农牧交错区防治 720.57 千公顷次。飞蝗防治效果达到 90% 以上，土蝗防治效果达到 85% 以上。

2. 黏虫。2015年，全国黏虫发生面积 5 409.69 千公顷次，比上年减少 2.0%。造成粮食损失23.12万吨，与上年持平。各种作物的黏虫防治面积5 541.76千公顷次，减少6.2%。挽回粮食损失109.58万吨，增加5.6%。其中，小麦黏虫发生799.96千公顷次，减少14.0%，造成损失2.32万吨，减少8.5%。玉米黏虫发生3 949.81千公顷次，减少4.2%，造成损失17.94万吨，减少3.4%。

3. 小麦病虫害。2015年，小麦病虫害发生面积64 866.07千公顷次，比上年增加4.3%，造成小麦损失300万吨，增加4.4%。全年防治面积85 572.06千公顷次，增加0.6%，挽回小麦损失1 668.56万吨，增加0.6%。其中，小麦条锈病发生2 474.01千公顷次，增加26.9%；防治小麦条锈病3 918.86千公顷次，挽回小麦损失68.23万吨。小麦赤霉病发生5 806.39千公顷次，增加28.1%，造成损失47.22万吨，增加62.2%。防治面积13 346.55千公顷次，减少5.6%，挽回损失282.09万吨，增加12.2%。小麦白粉病发生8 176.88千公顷次，增加49.5%。小麦纹枯病发生8 717.24千公顷次，减少7.2%。小麦蚜虫发生16 891.40千公顷次，造成损失72.91万吨，防治面积22 139.12千公顷次，挽回损失546.33万吨。小麦吸浆虫发生1 553.39千公顷次，减少16.3%，造成损失5.05万吨，防治面积3 470.57万亩次，挽回损失33.63万吨。麦蜘蛛发生面积6 357.75千公顷次，减少8.4%。

4. 水稻病虫害。2015年，全国水稻病虫害发生91 451.88千公顷次，比上年减少2.5%，造成稻谷损失403.22万吨。全年水稻重大病虫害防治面积共计146 197.87千公顷次，减少830.07千公顷次，挽回粮食损失3 317.62万吨。稻飞虱、水稻螟虫、稻纵卷叶螟、稻瘟病、纹枯病、水稻病毒病等"三虫三病"发生面积达到78 891.76千公顷次，减少1 501.86千公顷次，造成稻谷产量损失356.65万吨。其中，稻飞虱发生面积23 155.79千公顷次，二化螟发生面积13 658.41千公顷次，三化螟发生面积1 296.65千公顷次，大螟发生面积1 921.17千公顷次，分别比上年减少5.3%、2.5%、11.6%、9.2%，稻纵卷叶螟发生面积15 545.12千公顷次，增加3.8%；稻瘟病发生面积5 112.66千公顷次，略减0.5%；纹枯病发生面积17 934.11千公顷次，增加0.3%。水稻病毒病发生267.85千公顷次，减少23.6%，防治面积1 003.07千公顷次，减少354.37千公顷次。

5. 玉米病虫害。2015年，全国玉米病虫害发生面积77 530.60千公顷次，比上年增加4.0%，造成玉米损失618.82万吨，增加74.04万吨。其中玉米大小斑病发生7 852.18千公顷次，玉米螟23 088.56千公顷次，玉米丝黑穗病987.55千公顷次，分别比上年减少16.3%、2.1%、2.2%。全年防治玉米病虫害69 909.62千公顷次，挽回玉米损失1 560.64万吨。

6. 马铃薯病虫害。2015年，全国发生面积6 268.02千公顷次，比上年减少7.5%，造成损失66.07万吨。全年防治面积6 270.21千公顷次，减少434.80千公顷次，挽回损失171.72万吨，减少14.1%。其中，马铃薯晚疫病发生1 865.15千公顷次，减少12.7%，造成损失30.78万吨，减少13.77万吨。防治2 336.96千公顷次，减少308.05千公顷次，挽回损失85.81万吨，减少16.44万吨。

7. 棉花病虫害。2015年，全国发生面积11 534.75千公顷次，比上年减少27.4%，造成棉花损失24.52万吨，减少8.39万吨。其中棉铃虫发生面积 2 348.35 千公顷次，减少 32.7%。全年防治棉花病虫 14 116.79 千公顷次，挽回棉花损失 90.72 万吨。

8. 油菜病虫害。2015 年，全国发生面积 8 290.40 千公顷次，比上年减少 6.0%，造成油菜籽损失 28.99 万吨。其中油菜菌核病发生 3 193.76 千公顷次，增加 0.6%，油菜霜霉病发生 1 438.98 千公顷次，减少 5.7%，油菜蚜虫发生 2 236.84 千公顷次，减少 13.9%。全年防治油菜病虫 9 045.70 千公顷次，减少 7.9%，挽回油菜籽损失 110.21 万吨，减少 6.7%。

9. 农田鼠害。2015 年，全国农田鼠害发生 24 746.73 千公顷，比上年增加 0.4%。造成粮食损失 154.41 万吨，农田鼠害防治面积达到 17 636.16 千公顷，占发生面积的 71.3%，挽回田间粮食损失 424.47 万吨。

10. 农田草害。2015 年，农田草害发生 96 637.63 千公顷，比上年减少 3.3%。防治面积 103 266.69 千公顷，化学除草面积比上年减少了 3 585.88 千公顷。

（三）畜牧业灾害 2015 年，畜牧业遭受的自然灾害主要有低温、雪灾、地震灾害、草原火灾、草原鼠虫害。全年畜牧业灾害损失达 11.5 亿元。

1. 低温和雪灾。2015 年，雨雪和强降温天气给南方地区畜牧业带来不利影响。灾害造成湖南、湖北、江西、浙江等地区死亡幼畜 13.5 万头、禽苗 16.2 万只，倒塌损坏畜禽栏舍 15.4 万平方米。内蒙古雪灾造成 298 万头（只）牲畜无法正常放牧，全区打储草产量下降 23.4%。

2. 地震灾害。2015 年，我国西北和西南等地区多次发生地震。其中，新疆和田与西藏日喀则地区震级在 6 级以上，因灾受损场户 1.2 万个，损毁倒塌牲畜棚圈 0.86 万座，畜牧兽医系统办公设施损毁 0.41 万平方米，死亡牲畜 0.96 万头（只）。

3. 草原火灾。2015 年，全国共发生草原火灾 88 起，一种一般草原火灾 80 起，较大草原火灾 3 起，特大草原火灾 5 起。累计受害草原面积 118 116.8 公顷，经济损失 10 761 万元，死亡 2 人、受伤 22 人，牲畜损失 4 754 头（只）。与 2014 年相比，草原火灾发生次数减少 70 起，受害草原面积增加 78 778.2 公顷，经济损失增加 8 536.1 万元。

4. 草原鼠虫害。2015 年，全国草原鼠害、虫害危害面积均较上年减少，危害程度明显降低。全年草原鼠害危害面积 2 908.4 万公顷，约占全国草原总面积的 7.4%，危害面积比上年减少 16.5%。草原鼠害主要发生在河北等 13 个省（自治区）。其中，西藏、内蒙古、新疆、甘肃、青海、四川等 6 省区危害面积合计 2 678.3 万公顷，占全国草原鼠害面积的 92.1%。2015 年全国草原虫害危害面积 1 254.7 万公顷，约占全国草原总面积的 3.2%，危害面积比上年减少 9.6%。草原虫害主要发生在河北等 13 个省（自治区）。其中西藏、内蒙古、新疆、甘肃、青海、四川等 6 省区危害面积合计为 1 037.5 万公顷，占全国草原虫害面积的 82.7%。

（四）动物疫情 2015 年，安徽、湖北发生 3 起 A 型口蹄疫疫情，江西、湖南、江苏、贵州、广东发生 11 起家禽 H5 亚型高致病性禽流感疫情。猪瘟等其他动物疫情继续保持总体平稳。2015 年，全国未接到 O 型及亚洲 I 型口蹄疫疫情报告。

全年动物疫情形势总体平稳，未发生区域性重大动物疫情。

（五）渔业灾害　2015年，渔业受灾养殖面积69.08万公顷，比上年减少17.1%，直接经济损失合计200.16亿元，减少5.5%。其中，水产品损失99.91万吨，直接经济损失168.46亿元，（台风、洪涝）损毁渔业设施造成直接经济损失31.70亿元。2015年，全国共发生渔业船舶水上事故254起，比上年减少36.5起，死亡（失踪）307人，比上年增加21人。

专栏20

化肥农药使用量零增长行动

化肥、农药是重要的农业投入品，近年来，化肥、农药过量使用问题日益突出。2015年，农业部按照"一控两减三基本"的目标，制定印发了《到2020年化肥使用量零增长行动方案》和《到2020年农药使用量零增长行动方案》明确化肥、农药减量的思路目标、技术路径、重点任务和保障措施。各地按照我部的要求，因地制宜制定具体实施方案，加快推进落实，有力有序开展，大力推进化肥、农药减量增效，取得了初步成效。

各级农业部门围绕化肥、农药减量增效，重点做好"一引领、四推进"：一是绿色理念引领。综合运用物理技术、生物技术、信息技术等措施，大力推广使用安全投入品、转变过去依赖大水大肥促增产、化学农药防病治虫的传统方式，遏制环境透支的态势。二是上下联动推进。各级农业部门成立化肥、农药使用量零增长行动协调指导组和专家指导组。在重点区域建立协作机制，相互交流，共同促进。构建"上下联动、多层推动"的工作格局。三是聚合力量推进。整合项目资金40多亿元，支持各地开展化肥、农药使用量零增长行动。组织教学科研推广单位开展联合攻关。组织135家农药企业共建农药减量控害示范基地558个，示范面积383.33千公顷。四是务实创新推进。化肥重点抓好调优结构减量、精准施肥减量、有机肥替代减量、新型经营主体示范带动减量。农药重点抓好统防统治提高防治效果减量、绿色防控控制病虫危害减量、高效施药机械提高利用率减量、高效低风险农药优化结构减量。五是宣传引导推进。狠抓技术培训，2016年各级共举办技术培训班8万期次，组织现场培训观摩会1万多场（次）。组织中央主流媒体进行专题报道，开展"科学施肥用药进万家"主题宣传，营造良好氛围。

积极开展化肥、农药零增长行动，取得了显著成效。主要表现在"三个促进"。一是促进化肥农药利用率的提高。2015年我国水稻、玉米、小麦三大粮食作物化肥利用率为35.2%，比2013年提高2.2个百分点；农药利用率为36.6%，比2013年提高1.6个百分点。二是促进施肥用药方式的转变。集成组装了一批适合不同区域、不同作物的全生育期化肥、农药减量增效控害技术，有效减少了盲目施肥和过量用药现象。2015年各地机械施肥面积近5 333.33万公顷，水肥一体化推广面积466.67多万公顷。示范区大田作物每季减少用药1～2次，化学农药用量减少20%～30%。三是促进了施肥用药结构优化。通过推进测土配方施肥、畜禽粪便和秸秆养分还田，氮、磷、钾和中微量元素等养分结构趋于合理，有机肥资源得到合理利用。通过农机购置补贴、政府购买服务等政策，加速施药机械的更新换代和农药产品结构优化。

化肥、农药减量增效是一项艰巨的任务，需要坚持不懈、久久为功。农业部将贯彻发展新理念，紧紧围绕"提质增效转方式，稳粮增收可持续"的工作主线，加力推进、加快落实，确保取得实效，助力农业发展方式转变。

3 农业资源环境保护

（一）农业野生植物资源保护与可持续利用取得新进展　一是继续加强农业野生植物资源调查。印发《国家重点保护农业野生植物资源调查方案》，组织各省300余个县级行政单位及大别山、太行山、三峡库区等重点区域的97个物种重点分布区开展资源调查。通过对相关物种进行本底调查，组织构建国家重点保护农业野生植物资源分布GPS/GIS数据库，组织编印《农业野生植物资源调查与保护系列丛书（湖北卷）》。二是推进原生境保护点建设与监管。加强对已建成的农业野生植物原生境保护点日常监测管理与管护，开展保护点的资源和生态环境动态监测，及时掌握物种消长情况和生态环境变化。在湖北省大冶市和宜都市开展基于物联网的资源实时监测试点工作，积极探索农业野生植物监测预警的有效途径。三是推动农业野生植物资源鉴定评价工作。支持科研院校开展农业野生植物资源鉴定评价，筛选出三年均具有抗白叶枯病和稻瘟病的7份野生稻资源；利用江西东乡与云南元江野生稻资源，筛选出7个耐旱和10份耐低氮的新材料，定位了6个来自野生稻的抗旱基因和10个氮素高效利用基因，克隆了3个耐旱基因、1个氮高效利用基因和1个穗型基因，申请国家发明专利4

项、国际专利1项。利用主推大豆品种和抗胞囊线虫、高异黄酮、抗灰斑病、耐旱等优异资源配制了16个杂交组合，获得了耐盐碱分离群体和耐旱分离群体。其中，含野生大豆血缘的"吉科豆10号"通过吉林省品种审定。另外，通过野外性状观察和室内人工鉴定评价，筛选出野生苹果、李优异资源4份，包括扎矮山定子、平邑甜茶、平顶海棠、红花垂丝海棠等。

（二）外来入侵物种综合防治进一步加强　一是推进外来入侵物种本底调查和监测预警工作。组织开展国家重点管理和区域性危害严重外来入侵物种调查摸底工作，进一步充实完善中国外来入侵物种数据库。利用卫星遥感技术，对全国11个省20个重点湖（库）外来入侵水生植物的扩散蔓延进行监测，发布10期水生入侵物种监测预警简报；安排部署辽宁和云南等5省份开展薇甘菊、豚草等定位监测，在农田、果园、花卉市场、农产品集散中心以及人为干扰严重、生物多样性差、生态环境脆弱区域设置监测点80个。二是组织开展外来入侵物种灭除和应急防控。组织全国30个省、区、市开展外来入侵物种灭毒除害行动，集中在四川省金堂县、内蒙古科右前旗、江苏省泰州市三地开展水花生和少花蒺藜草灭除活动。全年动员群众130余万人次，组织铲除行动70多次，累计防治（铲除）外来入侵生物333.33千公顷，发放宣传材料62万份。针对江苏省和四川省水花生、水葫芦和福寿螺、内蒙古刺萼龙葵和少花蒺藜草、河北省新发现入侵种刺果瓜等外来入侵生物爆发突发情况，组织专家赴现场进行指导，制定突发事件应急处理技术方案。三是推进外来入侵物种综合防控。指导湖北、湖南等省建设18个水花生天敌繁育试点示范基地，编制水花生生物防治天敌越冬保种繁育及野外释放技术清单，探索豚草、水花生和烟粉虱的天敌昆虫的规模化生产和释放技术；在辽宁白城等地建设少花蒺藜草防控示范区，在贵州省设置紫茎泽兰扩散蔓延阻截带，为外来入侵综合防控工作的全面推进奠定了良好的基础。

（三）农业面源污染防治继续推进　一是不断加强顶层设计和组织推动。2015年年初，农业部印发了《农业部关于打好农业面源污染防治攻坚战的实施意见》，提出"一控两减三基本"的农业面源污染治理总体思路，成立了农业部农业面源污染防治推进工作组。相继召开了全国农业生态环境保护与治理工作会、全国生态循环农业现场交流会以及"一控两减三基本"系列现场会，全面部署、积极动员、推动落实面源污染防治工作。二是大力推进化肥农药科学施用。实施化肥农药使用量零增长行动，印发《到2020年化肥农药使用量零增长行动方案》，在全国50个县开展化肥减量增效试点；全面普及测土配方施肥技术，推广面积达到1亿公顷次；深入实施绿色防控，设立国家级绿色防控示范区150个；陆续淘汰高毒农药33种，大力推广使用高效低毒低残留及生物农药；开展农作物病虫专业化统防统治与绿色防控融合推进试点建设，已建立融合推进示范基地218处。三是强化畜禽水产养殖污染防治。印发《农业部办公厅关于配合做好畜禽养殖禁养区划定工作的通知》和《农业部关于促进南方水网地区生猪养殖布局调整优化的指导意见》，推动禁养区划定和生猪养殖合理布局。贯彻落实《畜禽规模养殖污染防治条例》，大力推进标准化畜禽养殖，在9省（区、市）实施畜禽粪污等农业农村废弃物综合利用试点项目。积极推进养殖池塘标准化改造和渔业标准化健康养殖，开展水产养殖节能减排技术研究与技术示范。四是推动秸秆、废弃地膜资源化利用。启动秸秆综合利用项目；2015年，国家发展改革委、财政部、农业部、环境保护部等四部委联合出台《关于进一步加快推进农作物秸秆综合利用和禁烧工作的通知》。继续实施以地膜回收利用为主的农业清洁生产示范项目。五是开展综合示范与监测网络建设。在太湖、洱海、巢湖和三峡库区等四个重点流域和两个县域内实施农业面源污染综合防治示范区建设；推动实施2省10市13地的现代生态循环农业示范建设；2015年，在全国12个省启动实施以畜禽粪污循环利用为主要内容的生态循环农业示范项目。建立完善由273处农业面源污染定位监测点和210个地膜污染监测点组成的全国性监测网络，开展典型调查与定位监测。

（四）农业清洁生产示范深入开展　积极落实中央投资1.6亿元，在新疆、甘肃等6个省区及新疆生产建设兵团的49个示范县实施地膜回收利用示范，新增残膜加工能力约4.6万吨、回收地膜面积约808千公顷次；在北京、河北等11个重点省份启动实施可降解地膜对比试验，筛选应用效果好的可降解地膜用于示范推广。

（五）农村沼气建设与秸秆综合利用取得新成效 2015年，农业部会同国家发展改革委下达中央预算内农村沼气投资20亿元，建设规模化大型沼气工程项目386个，规模化生物天然气工程试点项目25个。2015年，农业部在京津冀地区开展秸秆全量化利用模式研究，遴选3个典型乡镇进行秸秆全量化利用试点示范，项目区秸秆处理利用率达到100%，未出现废弃和焚烧现象。农业部会同国家发展改革委、环境保护部、财政部联合印发了《关于进一步加快推进农作物秸秆综合利用和禁烧工作的通知》。制定了《农业废弃物（秸秆、粪便）综合利用技术成果汇编》，编制出版了《秸秆综合利用技术手册》。2015年年底，全国农作物秸秆综合利用率达到80%。

专栏21

农业面源污染防治攻坚战

农业部深入落实党中央、国务院关于加强生态文明建设、加快转变农业发展方式的部署要求，围绕"一控两减三基本"目标（即严格控制农业用水总量，把化肥、农药施用总量逐步减下来，实现畜禽粪便、农作物秸秆、农膜基本资源化利用），不断加大农业生态环境保护与治理工作力度。推动印发《国务院办公厅关于加快转变农业发展方式的意见》，会同有关部门先后出台了《全国农业可持续发展规划（2015—2030年）》《农业环境突出问题治理总体规划（2014—2018年）》；印发了《农业部关于打好农业面源污染防治攻坚战的实施意见》，制定了《到2020年化肥、农药使用量零增长行动方案》；相继召开了全国加快转变农业发展方式现场会、全国农业生态环境保护与治理工作会议、全国生态循环农业现场交流会及"一控两减三基本"系列现场会，同时专门成立了农业面源污染防治推进工作组，全面推动农业面源污染防治工作。

1. 实施化肥零增长行动。在东北和黄淮海玉米产区、北方设施蔬菜集中产区和南菜北运基地、黄土高原和渤海湾优势产区等三大区域，以化肥施用量大的作物为重点，创建了50个减量增效示范区，示范带动化肥减量增效新技术、新产品、新模式的推广应用。全国机械深施化肥面积3 800万公顷，水肥一体化推广面积466.67万公顷，测土配方施肥技术推广应用面积超1亿公顷，秸秆还田面积5 266.67万公顷，有机肥施用面积2 400万公顷次，绿肥种植面积217.13万公顷。2015年，我国水稻、玉米、小麦三大粮食作物化肥利用率为35.2%，比2013年提高2.2个百分点。

2. 实施农药零增长行动。在东北玉米主产区、南方水稻主产区、设施蔬菜优势区等地区集成推广农药减量控害技术模式，减少了化学农药的使用量；建立农作物病虫专业化统防统治与绿色防控融合示范基地218个；扶持建设农作物病虫害防治专业化服务组织达到3.76万个，比上年增加1 474个。2015年，我国主要农作物病虫害绿色防控覆盖率达到23.1%，比上年提高2.4个百分点；病虫害专业化统防统治覆盖率达到32.7%，比上年提高2.7个百分点；水稻、小麦、玉米三大作物农药利用率为36.6%，比2013年提高1.6个百分点，相当于减少农药使用量1.52万吨（商品量）。

3. 推进农用地膜综合利用。推动地膜标准修订，解决残膜易破碎、回收难的问题；落实中央投资1.6亿元在新疆、甘肃等6个省区及新疆生产建设兵团的49个示范县实施地膜回收利用示范，新增残膜加工能力约4.6万吨、回收地膜面积约80.8万公顷；在北京、河北等11个重点省份启动实施可降解地膜对比试验，筛选应用效果好的可降解地膜用于示范推广。

4. 开展农作物秸秆综合利用。召开秸秆综合利用座谈会和现场会，明确"抓好试点示范、完善政策措施、突破技术瓶颈、健全工作机制"的工作思路和重点。实施秸秆综合利用项目，重点支持京津冀等地区开展秸秆还田、养畜、秸秆沼气、秸秆代木、秸秆炭化等方面工作；启动京津冀地区镇域级秸秆全量化利用示范区建设，加快推进秸秆利用的规模化、产业化发展。预计2015年底，全国秸秆综合利用率由2010年的70.6%提高到80%。

5. 加强渔业养殖污染综合治理。积极推进水产养殖面源污染防治工作，中央安排2亿元财政资金，完成养殖池塘标准化改造约18万公顷；新建农业部水产健康养殖示范场614个，示范场总数达到5 856个；组织开展养殖节能（水）减排试点示范，示范推广节能减排、环境友好、生态循环、高效安全的渔业主推技术；农业部、环保部联合发布《中国渔业生态环境状况公报（2014）》，对渔业水域生态环境进行监测。"十二五"期间，我国渔业生态环境状况总体保持稳定，局部渔业水域污染仍比较严重，主要污染物为氮、磷和石油类。

6. 开展农产品产地重金属污染治理。督促地方加快推进全国农产品产地土壤重金属污染普查，目前130多万个普查点土壤样品采集和分析工作已基本完成；2015年会同财政部安排财政专项资金15亿元在湖南长株潭地区实施重金属污染耕地修复及农作物种植结构调整试点工作，在机理研究、技术攻关、修复技术推广、低镉品种筛选以及种植结构调整等方面都取得一定突破；以南方6省区水稻产区为重点，开展水稻产区稻米重金属污染状况的协同监测。

7. 推进农业环境综合治理示范建设。继续开展太湖、洱海、巢湖和三峡库区等4个重点流域农业面源污染综合防控示范区建设；推进太湖、汉江流域两整县农业面源污染防治示范建设。组织实施浙江、安徽生态循环农业试点省、10个循环农业示范市建设；强化13个现代生态农业示范基地建设，开展生态农业技术试验示范，总结提炼建设模式。2015年，会同国家农发办联合启动区域生态循环农业示范项目，安排中央资金6 000万元在河北、江苏、安徽、宁夏等12个省区实施生态循环农业示范试点，开展农药化肥减量施用、养殖废弃物处理和秸秆综合利用等相关建设，促进区域农业生产废弃物生态消纳和循环利用、种植业与养殖业相互融合。

🐵 3 农业国际合作与交流

2016年，我国农业国际交流与合作进一步发展，农业对外开放水平不断提升，全年实现农业对外投资合作深入推进、农产品进出口稳定发展、农业国际影响力逐步提高，与重点国别、地区以及国际组织的农业多双边合作和科技交流也取得较为显著的成效。

（一）农业对外合作深入拓展　我国农业

对外投资合作呈现出全方位、宽领域、多层次的格局，截至2015年年底，农业对外投资存量超过117.4亿美元，在全球85个国家和地区设立农林牧渔类境外企业1 300多家，覆盖了种植、林业、畜牧、渔业和相关服务业等各个行业以及生产、加工、仓储和物流等主要环节。农业走出去政策创设多点开花，农业走出去企业保费补贴试点和农机购置补贴境外延伸试点逐步启动。有关金融机构对于农业对外合作的支持不断增强，到2015年年底中国进出口银行已向农业部推荐的约90个农业对外合作贷款项目批贷人民币230多亿元。农业走出去项目试点迈开步伐，中哈人民苹果友谊园、中塔农业科技示范园等12个项目列入2015年农业走出去探索试点项目，为积累可复制可推广的经验打下了基础。农业走出去公共信息服务水平显著提升，农业走出去重点项目库、公共信息服务平台初步建立，政策信息库已收录30多个国家的政策信息和投资法律法规。

（二）农产品贸易健康发展 我国农产品进出口总体保持稳定，2015年农产品出口额706.8亿美元，同比减少1.8％，进口额1 168.8亿美元，同比减少4.6％，出口额下降幅度低于进口额，贸易逆差缩减8.7％。在我国三大主要出口优势产品中，2015年蔬菜出口1 018.0万吨，同比增加4.3％；水果出口450.3万吨，同比增加3.3％；水产品出口406万吨，同比减少2.5％，出口量和占世界贸易份额稳定，产品结构和市场结构有所优化。第20届国际渔业博览会、第6届薯博会、第13届农交会等精品展会成功举办，推动了我国优势农产品出口和国际形象树立；我国企业以国家展团形式参加了米兰世博会、韩国国际食品展、俄罗斯金秋展、布鲁塞尔全球国际水产展等世界知名展会，提升了国外消费者对我国农产品的认知度。"研究建立贸易调整援助机制"写入《国务院关于加快实施自由贸易区战略的若干意见》，贸易损害补偿机制建设取得历史性突破。

（三）农业国际影响力进一步提升 我国农业发展成就再获国际社会肯定和赞赏，被联合国粮农组织（FAO）授予完成世界粮食首脑会议目标的证书，汪洋副总理专门赴罗马代表中国政府领取证书，并出席了"反饥饿杰出进展"特别活动。农业多边南南合作和对外援助进一步发展，我国与FAO完成了李克强总理承诺的5 000万美元信托基金合作总协定磋商，中国—FAO南南合作二期项目顺利开启；与世界粮食计划署（WFP）起草了双方关于加强消除全球饥饿及促进发展伙伴关系的谅解备忘录，中国—WFP南南合作培训班首次在华举办；"中国—FAO南南合作可持续发展与创新高层研讨会"成功举办，我国与乌干达、纳米比亚等南南合作国别项目有序实施，共派出31名技术人员执行技术合作任务；全年为亚非国家培训农业技术与管理人员1 547人次，推广了一大批我国实用的农业技术与管理经验，强化了我国与发展中国家农业合作。《重要农业文化遗产管理办法》以农业部公告形式颁布，FAO全球重要农业文化遗产秘书处在我国推动下正式建立，我国丰富悠久的农耕文化在米兰世博会中国馆内得到积极宣传，获得汪洋副总理点赞。

（四）农业多双边交流成果突出 农业多双边和区域交流机制逐步完善和深化，农业领域对外合作不断取得务实成果。习近平主席访美期间，中美农业创新战略对话活动顺利举办，双方围绕"加强农业创新，促进粮食安全，推动可持续发展"主题全面对话；中美农业领域合作谅解备忘录顺利签署，双方合作领域全面拓展。借助中俄总理定期会晤委员会及农业合作分委会等合作机制，积极推动中俄投资合作落地，山东省潍坊综合保税区内对俄农产品出口冷链基地及相关配套设施等项目正式动工，在俄5 000吨兔肉生产基地投资项目取得实质性进展。中塔农业科技示范园、中哈人民苹果友谊园、中国—印尼聚龙产业合作区、柬埔寨农业促进中心等项目列入"一带一路"优先实施项目清单并陆续启动实施，与"一带一路"沿线国家的农业合作逐步深入。中德农业中心正式揭牌运行，成为我国与欧洲国家务实合作的典范。"中国与中东欧国家农业合作促进联合会"在保加利亚正式成立，第10届"中国与中东欧国家农业经贸合作论坛"成功召开，我国与中东欧国家农业合作水平再上台阶。在中拉农业合作专项支持下，与巴西、阿根廷、智利、古巴、秘鲁等国家的农业示范园区和科技合作研发中心建设顺利进行，落实习近平主席出访承诺的中国—特立尼达和多巴哥农业创新园建设取得积极成效，推动中拉农业产业顺利对接。

（五）农业科技合作不断增强　继续推进国际马铃薯中心亚太中心在华落户，该中心科研大楼在北京市延庆区正式揭牌　积极推动在全球代表性国家和地区实施技术合作项目，通过与美国、加拿大、巴西、澳大利亚、新西兰等国家的联合实验室建设加强双边种质资源、生物技术等合作，促进我国自主创新能力的提高；依托中德农业中心推动双边畜牧业发展合作项目、作物生产和技术示范园、青年农业经理人培训项目、沼气示范工程等在国内落地；与欧洲国家积极开展农业科技发展与创新合作平台建设；支持我国农业科研机构和企业与拉美国家建立并完善农业科技研发中心及示范园区；继续在东南亚、中亚和非洲国家实施水稻、木薯、谷子、棉花等农作物优质高产试验示范推广活动。与越南、老挝、缅甸、柬埔寨等边境国家共同建设的动植物监测站、试验室陆续发挥作用，重大疫病跨境联防联控工作深入推进。在中美、中加、中澳、中泰等科技工作组机制下，双方围绕生态农业、虫害管理、旱作农业、生猪育种、饲料、低碳循环农业、动物疫病防控、农产品加工、现代物流、气候变化应对技术等现代农业技术开展了深入交流。

2015年
农业和农村政策

2015年农业和农村政策

总体评价

2015年，面对复杂严峻的国内外经济形势，党中央、国务院按照稳增长、调结构、促改革、惠民生的总体思路，准确把握农业生产成本快速攀升、国内外价差持续加大、农业资源日益短缺、农村社会结构加速转型、城乡资源要素流动加速的态势，把改革作为根本动力，立足国情农情，顺应时代要求，加大农村改革力度、政策扶持力度、科技驱动力度，加快构建集约化、专业化、组织化、社会化相结合的新型农业经营体系，进一步健全农业支持保护制度，持之以恒强化农业、惠及农村、富裕农民。

强农惠农富农政策力度不断加大。2015年，中央财政预算安排"农林水支出"6 512.68亿元，其中：中央本级"农林水支出"660.62亿元，中央对地方转移支付"农林水支出"5 852.06亿元。

强农惠农富农政策成效显著，我国农业科技进步和装备提升加速，为粮食生产实现"十二连增"提供了强有力的支撑。

农村基本经营制度进一步巩固完善。农村土地承包经营权确权登记颁证试点稳步有序推进。2015年扩大了整省试点范围，在2014年选择山东、四川、安徽3省整省试点基础上，再选择江苏、江西、湖北、湖南、甘肃、宁夏、吉林、贵州、河南等9省（自治区）开展整省试点，其他省份根据本地实际继续扩大整县试点。截至2015年年底，试点范围已扩大至全国2 323个县（市、区）、2.4万个乡镇、38.5万个行政村，完成实测面积46 000千公顷，确权面积31 333.3千公顷。全面开展全国农村集体"三资"管理示范县调研与宣传，加快农村集体资产监督管理平台建设，规范农村财务管理工作，为维护农村集体经济组织和农民群众的合法权益，促进农村社会和谐稳定奠定了坚实的基础。

（二）财政促进金融支农取得突破性进展 2015年，农业部会同有关部门加强调查研究，推动工作落实，在财政促进金融支农领域取得了多项突破性进展。一是部署建设全国农业信贷担保体系，实现财政金融协同支农重大创新。会同财政部、银监会印发《关于财政支持建立农业信贷担保体系的指导意见》，利用集中的粮食适度规模经营资金重点支持建立农业信贷担保体系，力争到2017年年底建成具有政策性、专注性、独立性，由中央、省级、市县组成的覆盖全国的农业信贷担保体系。二是进一步扩大财政促进金融支农试点范围。继续支持各地开展财政促进金融支农试点试验，重点是推进对口扶贫地区金融支农，支持"走出去"农机补贴与信用保险保费补贴试点，支持开展"互联网+"农村金融试点。积极协调推动财政促进金融支农试点由点到面推广应用，包括畜禽规模化养殖资金进一步扩大金融支持试点范围，国家现代农业示范区奖补安排在三分之一的县开展金融创新试点。

（三）财政支持农业保险力度加大 2015年，农业部联合保监会、财政部下发了《关于进一步完善中央财政保费补贴型农业保险产品条款拟定工作的通知》，实现了农业保险从制度层面上的创新和提升。首先是扩大了保险范围，要求种植业保险主险责任要涵盖暴雨、洪水、冰雹、冻灾、旱灾等自然灾害，以及病虫草鼠害等，养殖业保险将疾病、疫病纳入保险范围，并规定发生高传染性疾病政府实施强制扑杀时，保险公司应对投保户进行赔偿（赔偿金额可扣除政府扑杀补贴）；其次是提高了保障水平，要求保险金额覆盖直接物化成本或饲养成本，鼓励开发满足新型经营主体的多层

次、高保障产品，要求种植业保险及能繁母猪、生猪、奶牛等按头（只）保险的大牲畜保险不得设置绝对免赔，投保农作物损失率在80%以上的视作全部损失，降低了赔偿标准；再次是降低了保费费率，以农业大省为重点下调保费费率，部分地区种植业保险费率降幅接近50%。此外，农业部配合财政部研究出台了减少产粮大县农业保险保费补贴的具体办法，中央保费补贴比例将逐步提高到中西部47.5%、东部42.5%。

③ 农村土地承包经营权确权登记颁证

（一）政策背景及主要内容 农村土地承包经营权确权登记颁证工作是中央部署的一项重大改革。2009年以来，中央连续七个1号文件都要求积极稳妥、有序开展确权登记颁证工作，2013年中央1号文件明确提出"用5年时间基本完成农村土地承包经营权确权登记颁证工作"，明确了总体进度要求。2014年中央1号文件再次强调"抓紧抓实农村土地承包经营权确权登记颁证工作"；同年底，中办国办出台的《关于引导农村土地经营权有序流转发展农业适度规模经营的意见》（中办发〔2014〕61号）对土地承包经营权确权登记颁证工作作了系统部署。2015年中央1号文件提出"扩大整省推进试点范围，总体上要确地到户"；同年2月，农业部等六部门联合印发了《关于认真做好农村土地承包经营权确权登记颁证工作的意见》（农经发〔2015〕2号），进一步明确了开展确权登记颁证的指导思想、总体要求、政策原则和重点任务。

（二）政策执行情况及效果评价 为贯彻

落实中央"用5年左右时间基本完成农村土地承包经营权确权登记颁证工作"的要求,各地结合实际,明确了承包地确权登记颁证工作的进度安排:山东、江西、上海、宁夏等4个省份计划2015年年底前基本完成,湖南、湖北、安徽、四川、江苏等23个省份计划2016年或2017年年底前基本完成,新疆、青海计划于2018年基本完成,西藏计划于2020年年底基本完成。

按照中央的统一部署,2015年农村土地承包经营权确权登记颁证工作扩大了整省试点范围,在2014年选择山东、四川、安徽3省整省试点基础上,再选择江苏、江西、湖北、湖南、甘肃、宁夏、吉林、贵州、河南等9省(自治区)开展整省试点,其他省份根据本地实际继续扩大整县试点。截至2015年年底,试点范围已扩大至全国2 323个县(市、区)、2.4万个乡镇、38.5万个行政村,完成实测面积4 600万公顷,确权面积3 133.33万公顷。总体看,试点工作进展顺利,成效明显,解决了长期以来承包地块面积不准、四至不清等问题,推动了土地资源的优化配置,不仅没有影响农村社会稳定,还推动解决了一些历史遗留问题,得到广大农民群众的拥护和支持。

(三)推进政策实施的主要措施 为做好试点工作,各地各部门高度重视,积极部署,确保各项工作积极稳妥有序推进。

1. 各地认真贯彻落实中央要求,多措并举,稳步推进试点工作。一是坚持高位推动。地方党委、政府分管领导牵头成立领导小组,如河北、安徽、山东、湖北等10个省份为分管副书记任组长,北京、天津、山西、辽宁等14个省份为常委或分管副省(市)长、副主席任组长,吉林、内蒙古则分别由省长、主席亲自牵头。上海、新疆、陕西、青海等4个省份建立了部门联席会议制度。二是坚持统筹安排。河南、湖南、湖北、浙江、山西、贵州等17个省份以省级人民政府名义召开了农村土地承包经营权确权登记颁证试点工作会议,加强统筹部署,明确总体要求,总结交流经验,推动工作开展。2015年新增的9个整省试点都以省级政府办公厅或确权领导小组名义下发了《实施意见》或《工作方案》。三是加强督导考核。甘肃省建立了承包地确权登记项目技术作业单位登记备案制度;宁夏自治区制定了测绘技术服务单位准入标准和技术细则;安徽省对中标后转包或工作不负责任的公司进行公开曝光;吉林、河北、陕西、甘肃等省份将确权工作纳入政府年度目标考核范围,层层签订目标责任书;湖北省制定了《绩效考核方案》,对考核不达标的实行通报、约谈和问责。四是创新工作方法。为指导基层规范确权,吉林、宁夏、甘肃等省(自治区)分别建立了周报、旬报和定期报告制度;湖北、湖南、安徽等省分别创新出"九统三分法""三步工作法""17步工作流程";山西省充分利用互联网络,建立了确权登记QQ、微信群,不定期举办确权论坛,对相关技术问题进行网络交流研讨。五是强化经费支撑。为保障试点工作顺利进行,25个省份明确了省级财政补助标准,其中20个省份在5～10元/亩。北京市按山区50元/亩、平原25元/亩补助,山西、广西、青海省按15元/亩补助,江西省按2元/亩补助。据不完全统计,2015年以来,各省级财政安排补助经费共计41.6亿元;其中,12个整省试点省份已落实省级财政补助经费18.6亿元。

2. 各部门密切协作，相互配合，强化对试点工作的指导。一是严抓政策落实。农业部联合中央农办、国土资源部、财政部、国务院法制办、国家档案局召开全国农村土地承包经营权确权登记颁证工作视频会议；国家档案局专门召开了全国农村土地承包经营权确权登记颁证档案工作会议；农业部会同国家测绘局就试点工作中有关测绘招标影响确权质量问题进行调查并提出针对性解决对策。二是完善政策标准。2015年，农业部印发了《农村土地承包经营权确权登记颁证成果检查验收办法（试行）》《数据库建设技术指南（试行）》《数据库成果汇交办法（试行）》《农村土地（耕地）家庭承包合同示范文本》和《成果图制图规范（试行）》等5个标准规范文件，并以农业部公告2330号印发了新修订的《农村土地承包经营权登记簿证样式》，配合国土资源部制定印发《不动产登记簿册证》。三是强化调研督导。2015年以来，农业部专门组织力量对各地贯彻落实全国视频会议和六部门《意见》精神情况督导，先后赴江苏等29个省份进行实地调研督导；联合各成员单位组织开展贯彻落实中办发61号文件情况的专项督导检查，将承包地确权登记颁证作为重点内容。同时，针对个别省份进展缓慢、质量不高等情况，多次进行跟踪督导。四是加强经费管理。财政部、农业部共同推动设立了中央农村土地承包经营权确权登记颁证专项转移支付经费。1月底，财政部印发《中央财政农村土地承包经营权确权登记颁证补助资金管理办法》，明确了中央补助资金的安排、使用范围和要求，为中央补助资金的安全、高效使用奠定了制度保障。2015年，财政部安排中央补助资金45.8亿元。五是加强宣传培训。

农业部召开新闻发布会，向30多家新闻媒体介绍承包地确权登记颁证试点工作情况；组织中国农村杂志社等期刊设立专栏宣传，通过《农民日报》进行专版宣传；编印《宣传画册》5万册、宣传挂图6.5万份免费发放各省使用；编发工作简报23期，舆情49期。此外，先后举办6期培训班，培训1 000余人次。

3 农村集体资产和财务管理

（一）政策背景及主要措施 党中央、国务院高度重视农村集体资产与财务管理工作，在历年中央1号文件中都提出了明确要求。2015年中央1号文件明确提出，健全农村集体"三资"管理监督和收益分配制度。为贯彻落实中央1号文件精神，2015年农业部主要采取了以下措施，为维护农村集体经济组织和农民群众的合法权益，促进农村社会和谐稳定奠定了坚实的基础。

1.开展全国农村集体"三资"管理示范县调研与宣传。在《农村工作通讯》等媒体上公开发布第二批农村集体"三资"管理示范县名单。组织开展示范县检查调研，总结宣传各地加强农村集体资产管理的典型经验。举办两期农村集体资产管理培训班，重点对第二批示范县进行培训，共培训16省（区、市）240余人次，宣传交流示范县的经验做法，推动示范县发挥典型引路作用。

2.加快农村集体资产监督管理平台建设。在"十三五"规划发展目标与重大工程政策建议中，提出了建设全国农村集体资产监管平台的立项计划，明确了未来五年农村集体资产监管平台建设的基本框架。指导地方积极推进本区域内农村集体资产监管平台建设，加快农村集体资产管理制度化、规范化、信息化进程。

3.规范农村财务管理工作。贯彻落实农业部等四部门《关于进一步加强和规范村级财务管理工作的意见》，指导地方抓好村级会计基础工作，规范委托代理，完善财务公开，强化民主管理。针对专项检查发现的问题，对北京、山西、河南、湖南近30个农民合作社的财务管理情况进行调研，形成专题报告，提出政策建议。举办四期农村财会审计人员业务培训班，共培训26省（市）400余人次，有力推动了各地农村财务管理规范化建设。

（二）取得的主要成效

1.创建示范县，发挥了典型示范带动作用。各地以创建全国农村集体"三资"管理示范县为契机，健全机构队伍，完善管理制度，夯实工作基础，规范档案管理，强化监督检查，推动全国农村集体资产与财务管理工作迈上新台阶。目前，农业部已认定两批310个全国农村集体"三资"管理示范县，起到了很好的典型引路和示范带动作用，取得了很好的效果，得到各级人民政府和农业部门的充分肯定。

2.搭建管理平台，强化了集体资产管理手段。为巩固清产核资成果，各地在清产核资的基础上，建立起具备"分级管理、实时监控、预警纠错、数据共享、信息服务"等功能的农村集体资产管理信息化系统，全面提升了农村集体资产监督管理水平。目前，全国已建立39个市级、426个县级、2 296个乡级农村集体资产监管平台，北京、上海、黑龙江等省份在全省（市）范围内实现了由省（市）到村的集体资产网络化管理。

3.完善规章制度，促进了农村社会和谐稳定。通过强化农村集体资产与财务管理，建立健全相关规章制度，进一步规范农村集体资产财务管理行为，一方面消除了农民群众疑虑，化解了农村干群矛盾；另一方面增强了农民群众参与集体资产管理、促进集体经济发展、维护成员财产权益的积极性。特别是在资源发包、工程建设、招标投标中充分发挥群众民主监督作用，将过去的事后监督变为现在的事前、事中、事后全程监督，规范了村干部行为，从源头上和制度上遏制了农民群众身边腐败行为的发生。

3 减轻农民负担

（一）政策背景和主要内容　近年来，各地区、各有关部门认真贯彻落实中央减轻农民负担和强农惠农富农政策，农民负担继续保持较低水平，为推进农村改革发展、保持农村社会和谐稳定作出了新的贡献。但是，一些地方减负意识淡化、监管力度减弱，涉农收费、一事一议筹资筹劳问题仍然较多，向村级组织、农民合作社等新型农业经营主体乱收费的新问题凸现，在落实强农惠农富农政策、发展农村社会事业中加重农民负担的问题时有发生。按照2015年中央1号文件"依法加强农民负担监督管理"的要求，农业部等6部门联合下发了《关于做好2015年减轻农民负担工作的意见》（农经发〔2015〕8号），对全国减负工作作出总体部署，主要内容包括：

1.切实加强村级组织负担监管。组织开展加重村级组织负担问题清理整顿活动，切实纠正将政府承担的建设和服务费用、部门工作任务和经费转由村级组织承担等行为，坚决取消各类要求村级组织出钱出工的达标升级活动，推动健全村级组织支出村民民主管理制度和部门监督管理制度。深入治理村级组织公费订阅报刊问题，坚决纠正有关部门以任务分解、代订代缴等方式向村级组织摊派报刊等出版物行为。

2. 严格管理涉农收费和价格。继续对农村义务教育、农民建房、计划生育、农民用电等领域开展专项治理，落实部门监管责任，推动解决行业性农民负担问题。严格执行涉农收费文件"审核制"，严禁越权设立行政事业性收费项目。深入推进涉农收费和价格"公示制"，有关部门要将收费项目、标准、批准机关、监督电话等向农民公示，严禁扩大收费范围、提高收费标准和搭车收费。

3. 规范实施一事一议筹资筹劳。进一步完善一事一议筹资筹劳政策，合理界定筹资筹劳范围，创新民主议事程序，逐步降低筹资筹劳限额标准。加强一事一议项目监管，严格筹资筹劳方案审核，加大专项检查力度和专项审计力度，重点纠正强制以资代劳、负债建设等问题。推动健全一事一议财政奖补机制，促进村级公益事业健康发展。

4. 加强新领域农民负担的监管。加强对农民合作社、家庭农场、专业大户等新型农业经营主体的负担监管，防止在登记、年检、认证等环节乱收费乱摊派。加强强农惠农富农政策落实的监管，严肃查处代扣代缴其他费用、配售商品、以领取补贴为条件要求缴纳其他费用等加重农民负担问题的行为。加强对农业技术推广、动植物疫病防控、农产品质量安全监管等领域的监管，防止将公益性服务转为经营性服务向农民收费。

5. 强化涉及农民负担事项监督检查。坚持农民负担年度检查制度，实行省级年度检查、部省联合检查和联席会议农民负担重点抽查相结合，创新联席会议检查方式，突出检查重点，提高检查效果。建立和完善农民负担检查情况通报和公开制度。继续对农民负担问题较多的地区开展综合治理，采取部省联合治理与省级自主治理相结合的方式，督促问题排查和整改落实，有效解决区域性农民负担问题。

6. 健全减轻农民负担工作机制。坚持地方各级人民政府主要领导亲自抓、负总责的工作制度，落实减轻农民负担"一票否决"制度。进一步完善农民负担监督卡制度，及时更新内容，标明举报电话，便于农民监督和反映问题。完善农民负担监测制度，建立包括新型农业经营主体在内的监测体系，提高监测质量。建立健全减轻农民负担工作逐级督导制度，推动各级落实农民负担监管责任和工作任务。

（二）政策执行情况及效果评价

1. 坚持问题导向，深入开展农民负担重点治理。针对行业性农民负担问题，按照中央教育实践办要求，农业部在全国部署开展了涉农乱收费乱摊派专项清理整治，各地高度重视，治理效果显著，共取消涉农乱收费项目536个，减轻农民负担3.79亿元。针对区域性农民负担问题，农业部联合有关省份对8个农民负担问题较多的县（市）开展综合治理，共清退款项1370万元，减轻农民负担1554万元。

2. 适应形势变化，着力整治村级组织负担问题。组织开展了对要求村级组织配套项目资金、开展达标升级活动、进行捐资赞助等加重村级组织负担问题的专项清理整治，共清退违规费用0.35亿元，减轻村级组织负担3.19亿元，继续推动了一些省份健全村级组织支出民主管理制度和部门监督管理制度。

3. 完善制度建设，不断强化一事一议规范管理。进一步加强了对一事一议财政奖补工作的规范指导，加强筹资筹劳方案审核和专项审计，严格限额标准和议事程序，严格控制以资代劳数量和比例。加大了一事一议专项检查力度，纠正了部分地区一事一议组织实施不规范、项目建设产生村级债务等问题。推动完善一事一议财政奖补机制，提高奖补覆盖率，2015年中央财政共投入一事一议奖补资金224.05亿元，促进了村级公益事业健康发展。

4. 聚焦政策落实，创新开展农民负担监督检查。农业部对2014年吉林、江西和甘肃3省农民负担重点检查结果进行了通报，并在中国农业信息网等媒体向社会公开，产生一定的社会影响。2015年组织国务院减负联席会议6部门对山西、浙江和贵州3省开展农民负担重点抽查，创新检查方法，加强问题反馈，推动地方自查自纠。各地坚持开展农民负担年度检查和重点地区抽查，一些省份不打招呼、不发通知全年开展明查暗访，有效维护了农民的合法权益。

发展适度规模经营

（一）政策背景和主要内容　继中共中央办公厅、国务院办公厅《关于引导农村土地经营权有序流转发展农业适度规模经营的意见》（中办发〔2014〕61号）下发后，2015年中央1号文件进一步指出："坚持农民家庭经营主体地位，引导土地经营权规范有序流转，创新土地流转和规模经营方式，积极发展多种形式适度规模经营，提高农民组织化程度。鼓励发展规模适度的农户家庭农场，完善对粮食生产规模经营主体的支持服务体系。"2015年4月，农业部、中央农办、国土资源部、国家工商总局印发《关于加强对工商资本租赁农地监管和风险防范的意见》（农经发〔2015〕3号），就引导工商资本到农村发展适合企业化经营的现代种养业、加强工商资本租赁农地规范管理、健全工商资本租赁农地风险防范机制、强化工商资本租赁农地事中事后监管等提出要求。

1. 严格规范土地流转行为。土地承包经营权属于农民家庭，土地是否流转、价格如何确定、形式如何选择，应由承包农户自主决定，流转收益应归承包农户所有。流转期限应由流转双方在法律规定的范围内协商确定。没有农户的书面委托，农村基层组织无权以任何方式决定流转农户的承包地，更不能以少数服从多数的名义，将整村整组农户承包地集中对外招商经营。防止少数基层干部私相授受，谋取私利。严禁通过定任务、下指标或将流转面积、流转比例纳入绩效考核等方式推动土地流转。

2. 加强土地流转管理和服务。依托农村经营管理机构健全土地流转服务平台，完善县乡村三级服务和管理网络，建立土地流转监测制度，为流转双方提供信息发布、政策咨询等服务。土地流转服务主体可以开展信息沟通、委托流转等服务，但禁止层层转包从中牟利。引导承包农户与流入方签订书面流转合同，并使用统一的省级合同示范文本。

3. 合理确定土地经营规模。各地要依据自然经济条件、农村劳动力转移情况、农业机械化水平等因素，研究确定本地区土地规模经营的适宜标准。防止脱离实际、违背农民意愿、片面追求超大规模经营的倾向。现阶段，对土地经营规模相当于当地户均承包地面积10～15倍、务农收入相当于当地二、三产业务工收入的，应当给予重点扶持。

4. 加强土地流转用途管制。严禁借土地流转之名违规搞非农建设。严禁在流转农地上建设或变相建设旅游度假村、高尔夫球场、别墅、私人会所等。严禁占用基本农田挖塘栽树及其他毁坏种植条件的行为。严禁破坏、污染、圈占闲置耕地和损毁农田基础设施。坚决查处通过"以租代征"违法违规进行非农建设的行为，坚决禁止擅自将耕地"非农化"。利用规划和标准引导设施农业发展，强化设施农用地的用途监管。

5. 加强工商资本租赁农地监管和风险防范。重点建立五项制度：一是建立上限控制制度。承包耕地租赁期限一律不得超过土地二轮承包剩余的时间。各地可根据实际情况，确定工商资本租赁农地面积占本地承包耕地总面积的比例上限，也可以确定单个企业（组织或个人）租赁农地的面积上限。二是建立分级备案制度。工商资本租地，以乡镇、县（市）为主进行备案，超过一定规模的，应在市（地）一级备案，超大规模的要在省一级备案。三是建立审查审核制度。各地要建立多方参与的农地流转审查监督机制，对租赁农地的工商资本主体资质、经营能力、经营项目等进行审查审核。四是建立风险保障金制度。按照流入方缴纳为主、政府适当补助的原则，抓紧建立健全租赁农地风险保障金制度。五是建立事中事后监管制度。对于擅自改变农业用途、严重破坏或污染耕地的，要依法追究责任。

（二）政策执行情况及效果评价

1. 大力开展中办发61号文件的宣传培训。2015年年初，农业部组织召开了覆盖省、市、县三级的宣传贯彻中办发61号文件视频会和地市级农业系统领导干部专题培训班，并配合中组部举办了地市级党政领导专题研究班。各地区党委政府也通过举办培训班等多种形式，认真学习贯彻中办发61号文件。据统计，各地已组织省地两级专题培训316期，培训2.9万余人。12月初，农业部会同相关部门组成5个检查组赴四川、福建、广西等8省（自治区）开展贯彻中办发61号文件落实情况检查。通过宣传培训和督导检查，地方干部特别是县级领导干部进一步统一了认识，明确了改革方向。

2. 土地流转行为逐步规范。各地抓紧研究制定贯彻落实中办发61号文件的实施意见，目前，江苏、福建、云南、四川、山西等23个省份制定了落实意见。各地认真贯彻中央精神，在农业部指导下开展自查自纠，清查违规推动土地流转的文件，调整57份，废止35份，同时还纠正土地流转违规案件611件。通过这些工作，有效遏制了一些地方盲目追求流转速度的行为，保障了土地流转的平稳有序发展。

3. 合理确定土地经营规模。按照中央要求，各地因地制宜，确定了本地区土地规模经营的适宜标准，如江苏省提出重点扶持土地经营规模6.67～20公顷的种粮农户；广西提出重点扶持3.33～6.67公顷的规模经营主体。截至2015年年底，全国经营规模50亩以上的农户数达到341.4万户，经营面积超过2 333.33万公顷，户均经营面积6.67余公顷。

4. 土地流转非农化问题得到有效遏制。2015年5月，国土资源部、农业部、中央农办三部门召开全国视频会议，深入贯彻落实中央重要批示精神和有关文件要求，围绕加强耕地保护、规范农村土地流转、强化土地用途管制提出明确要求。同时，农业部积极配合国土资源部强化对土地违法案件的督察执法，指导各地加大力度查处违规占用耕地问题。据统计，2015年，全国违法占用耕地面积同比下降14.25％，设施农业项目违法用地面积下降30％，对遏制流转土地"非农化"趋势发挥了积极作用。

5. 土地流转管理和服务水平逐步强化。据初步统计，截至2015年年底，全国家庭承包经营耕地流转面积达到2 953.33万公顷，流转面积占家庭承包耕地总面积的比重为33.3％。各地积极贯彻中央要求，深入开展土地流转规范化管理服务活动，提高土地流转合同签订率，积极化解土地流转纠纷，保护双方合法权益。目前，全国已有1 324个县（市）、17 268个乡镇建立了土地流转服务中心，流转合同签订率达到72.6％，比2014年上升了5.9个百分点。各地共设立农村土地承包仲裁委员会2 476个，使得绝大多数承包土地纠纷能够在村组得到妥善解决。

6. 加强工商资本租赁农地监管和风险防范。各地抓紧研究制定具体措施，加强对工商资本租赁农地监管和风险防范。四川省明确要求对土地流转面积6.67公顷以上、2～6.67公顷的分别实行县乡级审查。目前，全国已有12个省（自治区、直辖市）、65个地级市（州）和271个县（市、区、旗）出台了具体实施意见，442个县（市、区）开展了审核备案工作，共缴纳风险保障金1.98亿元，风险防范机制正在形成。

7. 促进家庭农场健康发展。家庭农场等新型经营主体在发展农业适度规模经营、建设现代农业中发挥着越来越重要的作用。2015年农业部组织开展50期家庭农场培训，培训4 000人次左右。截至2015年年底，全国已有24个省出台了扶持家庭农场发展的专门意见，18个省开展了省级示范家庭农场建设。全国家庭农场总量达到87.7万个，家庭农场的平均经营规模在9.33公顷左右，成为农业生产的有生力量。

8. 财政、金融扶持粮食规模经营主体的力度加大。农业部积极配合相关部门，就加强财政支农、金融支农工作采取了有力措施。积极配合财政部开展调整完善农业补贴政策和试点实施工作，安排228亿元用于引导包括家庭农场在内的规模经营主体发展粮食生产。农业部发布了《金融支持新型农业经营主体共同行动计划》，就开展金融支持农业规模化、集约化经营试点等工作做出部署和安排。配合人民银行起草了《国务院关于开展农村承包土地的经营权和农民住房财产权抵押贷款试点的指导意见》，确定了232个农村承包土地的经营权抵押贷款试点县（市、区）。会同财政部、银监会制定了《关于财政支持建立农业信贷担保体系的指导意见》，积极稳妥地推动财政支持建立农业信贷担保体系。同时，安排专项资金支持地方开展针对新型经营主体的"互联网金融+品牌质押贷款"和"P2P+担保贷款"试点。

③ 农村改革试验区建设

2015年，各试验区认真贯彻中央部署，落实农村改革试验区工作交流会精神，围绕深化农村改革的关键领域和重大举措，完善机制，着力探索，各项工作取得了积极进展和初步成效。

（一）改革试验工作进展顺利　一是工作推进机制日益健全。各省市普遍建立了农村改革试验区工作联席会议制度等组织协调机制。各试验区均成立由地方主要领导负责的试验区工作领导小组或相应的议事机构，组建或明确了具体承担试验区工作的机构和人员，一些试验区还建立了改革试验工作绩效考核制度。二是改革试验思路日益明确。承担首批试验任务的地区继续深化探索。新部署的试验区在细化分解试验任务的基础上，编制改革试验任务实施方案，理清拟解决的关键问题、制定拟采取的改革措施和实施步骤，改革试验的思路方向日渐清晰。三是有序推出改革举措。新增试验区立足各自探索领域，抓紧部署，一些改革政策和措施陆续推出，新一批改革试验迈出坚实步伐。

（二）改革试验成效初步显现　经过几年来的探索，农村改革试验在多个方面初步形成了一批有价值的改革成果。围绕培育新型经营主体、完善各类经营主体间的利益联结机制、创新农业社会化服务方式等方面开展探索，着力构建现代农业经营体系。围绕创新农村土地确权登记颁证办法、完善承包土地经营权权能、规范土地流转管理等方面开展探索，着力完善农村土地管理制度。围绕健全农村金融服务体系、拓宽有效抵押物范围、建立农村信用体系、开展农民合作社内部信用合作、完善农业保险制度等开展探索，着力建立现代农村金融制度。围绕农村集体资产产权量化、新型集体经济组织经营管理和农村产权流转交易等方

面开展探索，着力深化农村集体产权制度改革。围绕统筹城乡发展规划、推动户籍制度改革、促进城乡公共服务均等化、建立"以工促农"机制、健全农业支持保护制度等方面开展探索，着力健全城乡发展一体化体制机制。围绕健全富有活力的村民自治制度和民主决策机制开展探索，着力改善乡村治理机制。

在推进改革探索的过程中，试验区形成了一些很好的工作方法。一是改革创新与促进发展相结合。坚持问题导向，通过改革破解当地农业农村面临的主要矛盾。二是重点突破与全面推进相结合。既按照批复的试验方案推进改革，也注重对试验内容进行适当拓展。三是各级推动与群众参与相结合。既加强统一领导，也注重调动基层干部群众改革热情。四是实践探索与理论指导相结合。既坚持以我为主推进改革探索，也注重引入智力支持把握改革方向。随着改革的不断推进，农村改革试验的规范性稳步提高，系统性逐步增强，改革的扩散效应不断显现，为进一步深化改革探索打下了良好基础。

农村集体产权制度改革

（一）政策背景和主要内容　2015年，贯彻落实党的十八届三中、四中、五中全会决定精神，以及中央1号文件精神，农村集体产权制度改革工作围绕批复并组织实施积极发展农民股份合作赋予农民对集体资产股份权能改革试点，开展农村集体产权制度改革有关问题研究等内容开展，取得明显成效，为进一步探索农村集体所有制有效实现形式，创新农村集体经济运行机制，巩固完善基本经营制度，保护

农民集体资产权益奠定了坚实基础。

1. 批复各地农村集体资产股份权能改革试点实施方案。按照《积极发展农民股份合作赋予农民对集体资产股份权能改革试点方案》要求，认真研究审核各地上报的改革试点实施方案，征求中央农办、国家林业局等9部门及有关专家意见，及时与试点县（市、区）沟通协调，进一步修改完善方案。5月初，经国务院同意，以农业部、中央农办、国家林业局名义批复各地的改革试点实施方案，正式确定北京市大兴区等29个县（市、区）为改革试点单位。

2. 认真组织实施农村集体资产股份权能改革试点。一是加强宣传培训，举办专题培训班，对改革试点内容和有关政策进行系统解读；编写印制《积极发展农民股份合作赋予农民对集体资产股份权能改革试点辅导材料》，以通俗易懂的语言对改革涉及重大问题进行详细解答。二是加强情况交流，组织编印《农村集体产权制度改革情况》简报，刊发中央重大改革政策解读，各地推进改革试点的典型做法，改革试点的新情况、新问题和对策建议，促进各试点县（市、区）之间沟通交流。三是加强督导检查，部署开展改革试点进展情况督察调研，在各试点县（市、区）自查基础上，农业部联合国家林业局等相关部门，赴北京、山东、河南等10个试点地区开展督导检查，全面了解试点工作进展情况，客观评价试点效果，及时发现试点存在问题，提出有针对性的整改措施和政策建议，确保改革试点取得实质性进展。

3. 开展农村集体产权制度改革问题研究。2015年中央1号文件提出"出台稳步推进农村集体产权制度改革的意见"。按照中央要求，农业部联合相关部门积极开展农村集体产权制度改革重大问题研究。联合财政部、国土资源部、民政部、国务院法制办、国务院发展研究中心组成调研组，赴上海、浙江、四川、广东重点对成员身份确认、股权设置和管理、相关扶持政策等内容开展专题调研，听取基层的意见。召开专家座谈会，邀请理论、法律等方面的专家及地方党政主要领导，就改革涉及的重大理论和法律问题进行座谈研讨。举办全国农村集体产权制度改革座谈会，交流广大农区、山区推进改革的经验做法，听取各地改革工作进展情况。

（二）政策执行情况及效果评价

1. 农村集体资产股份权能改革试点取得初步成效。各试点县（市、区）从实际出发，按照试点方案要求，积极稳妥推进各项试点任务，取得了初步成效。各试点县（市、区）普遍开展了集体经济组织成员身份界定、清产核资等工作，摸清了农村集体各类资产的存量、分布和结构状况。资兴市、成都市温江区等9个试点地区还专门出台了成员身份确认的指导意见。各试点县（市、区）普遍开展了以资产量化、股权设置、股权管理、收益分配等为主要内容的集体经营性资产股份合作制改革，组建了农民股份经济合作社。在此基础上，普遍通过股权登记、制定收益分配制度等方式落实了成员的占有权和收益权；一些发达地区探索开展了有偿退出权和继承权试点，上海市闵行区在对8个镇31个改革村633位股民开展摸底调查的基础上，分别选择部分村开展岗位股、老股金受让股和知青份额股有偿退出试点；已批复开展抵押权、担保权试点的地区也已经着手相关准备工作，苏州市吴中区委托珠江村镇银行确定1～2个村开展抵押权、担保权试点，北京市大兴区联合北京华夏村镇银行，探索在黄村镇开展抵押权、担保权试点。

2. 农村集体产权制度改革思路逐步清晰。经过近几年对农村集体产权制度改革相关问题的研究，改革思路逐渐清晰，有的已上升为中央政策。2015年、2016年中央1号文件都有明确规定：对土地等资源性资产，重点是抓紧抓实土地承包经营权确权登记颁证工作，扩大整省推进试点范围；对非经营性资产，重点是探索有利于提高公共服务能力的集体统一运营管理有效机制；对经营性资产，重点是明晰产权归属，将资产折股量化到本集体经济组织成员，发展多种形式的股份合作，健全农村集体"三资"管理监督和收益分配制度。到2020年基本完成土地等农村集体资源性资产确权登记颁证、经营性资产折股量化到本集体经济组织成员，健全非经营性资产集体统一运营管理机制。

3. 农村集体经营性资产股份合作制改革在各地稳妥推进。随着农村集体资产股份权能改革试点工作逐步深入，各项改革政策思路逐步明确，各地推进改革的积极性、主动性逐步提高，改革稳步推进。截至2015年年底，全国已有5.9万个村和7.1万个村民小组完成了股份合作制改革，分别占总数的9.7%和1.4%；村组两级共量化资产7 429.1亿元；累计股金分红2 657.2亿元，其中，2015年当年股金分红411.1亿元。浙江99%的村、江苏近1/3的村在清产核资的基础上，完成了对经营性资产的折股量化。

3 推进农民合作社发展

（一）政策背景和主要内容 党的十八届五中全会通过的《中共中央关于制定国民经济和社会发展第十三个五年规划的建议》提出并阐述了创新、协调、绿色、开放、共享的发展理念，要求发挥各种形式适度规模经营在现代农业中的引领作用，构建培育新型农业经营主体的政策体系。2015年中央1号文件提出引导农民专业合作社拓宽服务领域，促进规范发展，实行年度报告公示制度，深入推进示范社创建行动。按照中央要求，各地各有关部门继续把发展农民合作社作为构建新型农业经营体系、推进农业现代化的重要举措，落实法律要求，加大扶持力度，强化指导服务，为引导和促进农民合作社规范发展提供了良好条件。

1. 启动督促检查，推动合作社不断加强规范化建设。为切实推动2014年全国农民合作社发展部际联席会议九部门《关于引导和促进农民合作社规范发展的意见》落实，按照中央改革办要求，农业部开展了《意见》贯彻情况检查，指导督促各地狠抓《意见》落实，形成了合作社改革举措落实情况总报告。国家工商总局组织专项督查组，在全国范围内开展合作社年报信息公示专项督查，并通报有关情况，促进监管制度落实。有19个省份出台了合作社地方性法规，15个省份制定了规范化建设指导意见，为农民合作社规范发展提供了制度遵循。

2. 深入开展示范社创建，树立农民合作社典型样板。2015年，全国农民合作社发展部际联席会议组织开展了国家示范社首次监测工作，农业部下发了《关于开展农民专业合作社示范社监测工作的通知》，重申了标准，明确了程序。在地方监测上报和联席会议办公室审查复核的基础上，经联席会议审定，2015年12月14日下发了《农业部关于公布第一次监测合格国家农民合作社示范社名单的通知》，对3 292家监测合格的合作社授予国家示范社称号，纳入国家示范社名录。同时，各地各部门开展了形式多样的示范社、示范县创建。

3. 稳妥开展信用合作试点，增强合作社服务能力。经国务院同意，2015年，山东省开展了合作社信用合作试点。银监会总结试点经验，开展专题研究，在充分调研论证合作社信用合作的必要性可行性和风险防范基础上，会同农业部等部门研究完善了农民合作社信用合作试点基本原则和条件。

4. 完善扶持政策，壮大合作社发展实力。加大财政资金、税收优惠、金融信贷等方面的支持力度，加强合作社发展政策保障。财政部印发了支持多种形式适度规模经营促进转变农业发展方式、农业综合开发推进适度规模经营等指导意见，促进合作社等新型农业经营主体提升适度规模经营水平。经国务院同意，中央财政从农资综合补贴中调整20%的资金，加上种粮大户试点资金和农业"三项补贴"增量资金，统筹用于粮食适度规模经营，重点支持建立完善农业信贷担保体系。2015年，中央财政从现代农业生产发展资金中安排部分资金，专门用于支持农民合作社发展；继续开展农民合作社创新试点，鼓励地方在更大范围内探索推广加强与金融社会资本合作、搭建公共平台、政府购买服务等经验模式，初步形成了财政支持农民合作社发展新机制。农业部在北京、湖北、湖南、重庆等省市开展合作社贷款担保保

费补助试点，充分发挥财政资金"四两拨千斤"的杠杆效应，有力撬动了金融资本对合作社的支持。国家税务总局印发《关于落实"三证合一"登记制度改革的通知》（税总函〔2015〕482号），明确自2015年10月1日起，新设立农民专业合作社领取由工商行政管理部门核发加载法人和其他组织统一社会信用代码的营业执照后，无需再次进行税务登记，不再领取税务登记证。银监会印发《关于做好2015年农村金融服务工作的通知》，要求银行业金融机构持续改善新型农业经营主体的金融服务，大力支持农业现代化建设。截至2015年9月底，银行业金融机构对包括农民合作社在内的农村各类组织贷款比去年同期增长14.3%。

5. 支持合作社承担涉农项目，改善合作社发展条件。发展改革委发挥产业建设和发展规划引领作用，推动合作社发展大宗农产品生产，支持合作社承担高标准农田建设、标准化规模养殖小区等项目，改善了合作社生产条件。引导社会资本参与"三农"建设，并安排专项建设基金支持合作社兴办农村产业融合发展项目。财政部印发了农业综合开发扶持优势特色产业、促进农业产业化发展的指导意见，并组织开展新型经营主体申报实施农业综合开发高标准农田项目试点和创新投融资模式加快推进高标准农田建设试点。水利部会同发展改革委、财政部、农业部等完成农业水价综合改革试点；推进农田水利设施产权制度改革和创新运行管护机制试点，鼓励合作社开展项目建设管理；在小型农田水利项目建设管理办法中，将农民用水合作组织健全作为遴选条件。

6. 引导合作社创新发展，激发合作社发展活力。2015年9月，农业部在黑龙江召开全国

农民合作社创新发展座谈会，交流推广农民合作社在开展股份合作、发展适度规模经营、扩大农民利益等方面创新发展的做法，推进农民合作社规范创新、多元开放、融合共享。工商总局组织落实注册资本认缴登记制，放宽经营场所登记条件，推进实施"先照后证""一照一码"改革措施，为合作社登记注册提供便利，利用信用信息公示平台提供合作社登记经营基本信息。

7. 加大培训力度，为合作社发展营造良好氛围。农业部组织开展县乡两级合作社辅导员培训和合作社带头人轮训，编制专门培训计划，积极引导支持各地农业部门及社会力量开展合作社人才培训。据初步统计，各级农业部门累计培训28.7万人次。

（二）政策执行情况及效果评价　2015年，农民合作社持续健康发展。截至2015年年底，全国登记注册的农民合作社达153.1万家，比上年底增长18.8%，出资总额3.4万亿元，增长25.4%；实有入社农户10 090万户，约占农户总数的42%，提高了6.5个百分点。农民合作社立足不同产业不同领域，在创新发展方面进行了生动丰富的探索实践。

1. 组织形式创新。承包土地经营权入股的土地股份合作社和集体资产折股量化的社区股份合作社方兴未艾，一些地方出现了土地流转后富余劳动力组建的劳务合作社，农民以房屋、厂房入股组建的富民（物业）合作社，在人的合作、生产合作的基础上实现了土地、资产、技术等资源要素的合作。同时，为应对激烈的市场竞争，合作社在更大范围、更高层次、更多领域上开展了联合与合作，目前合作社联合社达到7 200多家。

2. 产业业态创新。合作社积极运用新理念新技术，在生产销售同类农产品的基础上开展种养循环、产加销一体、民俗产品、休闲观光、乡村旅游等多种经营，发展信用合作、电子商务、会员制消费、认购式销售等新兴业态，收获了技术进步与产业融合红利。

3. 运行机制创新。合作社成为集新型经营主体与传统农户于一身、融生产与服务为一体的开放载体和复合组织，逐步形成了参与主体多元、利益分配多样、管理决策灵活的运行机制。

4. 支持方式创新。一些地方从给项目给资金的"输血式"投入，逐步转化为搭平台建机制的"造血式"扶持，注重发挥扶持政策的导向作用和乘数效应。一些地方将财政扶贫资金折股量化到农民个人并投入合作社，在帮助带动贫困农户脱贫致富中发挥了积极作用，产生了良好效果，实现了共享发展。

三　深化种业体制改革

2015年以来，各地区各部门认真落实党的十八届三中、四中、五中全会精神和国务院部署，主动担当、攻坚克难、合力推进种业体制改革和机制创新，推动出台了一批新举措、新政策，取得显著的阶段性成效，为现代种业发展注入了新活力。

（一）种业科研成果权益改革试点扎实推进　农业部会同科技部、财政部和教育部在中国农科院、中国农大开展种业成果权益改革试点，在中纪委、中组部的指导支持下，通过依法赋权、公开转化、分类管理，强化改革制度创新和政策创设，形成了科研瞄准市场、成果对接产业、科研人员服务企业创新的新机制。人社部会同农业部制订出台《关于鼓励事业单位骨干科技人员到种子企业开展技术服务的指导意见》，调动科研人员积极性，激发创新活力。试点单位成果产出转化效率显著提升，科企合作紧密，科研人员服务企业踊跃，创新积极性和活力初步显现。农业院（校）与所办种子生产经营企业"事、企"脱钩基本完成，脱钩企业151家。

（二）国家级育种制种基地建设取得新进展 经国务院批准，农业部联合发改委、财政部、国土部、海南省政府编制印发《国家南繁科研育种基地（海南）建设规划（2015—2025年）》，并召开全国南繁工作会议部署落实，财政部下达1.9亿元专项资金，海南省政府加快推进规划任务落实。同时，发改委批复并启动甘肃玉米制种基地项目建设，同时加快四川水稻制种基地审核批复。财政部将制种大县奖励资金单列，安排3亿元资金奖补。保监会推动农作物制种保险政策落实，2015年以来水稻、玉米、小麦三大作物保险面积11.33多万公顷，承保金额15.7亿元，已决赔款约8 000万元，促进制种基地向优势区域集中，国家级玉米、水稻制种基地分别占全国制种面积70%和55%以上。农业部在充分调研论证基础上，形成《全国农作物优势种子生产基地布局与建设研究报告》和玉米、水稻、小麦等15个分报告，提出了优势种子（种苗）生产基地布局思路、建设方案和政策建议。

（三）玉米大豆良种联合攻关迈出新步伐 农业部分别组建由戴景瑞院士、盖钧镒院士领衔的玉米、大豆良种攻关联合体，组织种业科研单位与骨干种子企业联合开展品种攻关，通过构建工厂化育种材料创新平台，集中开展育种攻关和测试鉴定。2015年以来，在辽宁、河南等12省安排鉴定点27个，对6 000多份玉米、800多份大豆种质资源进行表型和基因型鉴定，在黑龙江、安徽等9省建立玉米、大豆新组合筛选平台12个，对3 734个玉米新组合、220个大豆高代品系进行鉴定，筛选出抗旱、抗病、抗倒伏和氮肥高效利用的优异种质资源1 900多份，选育出适合机收籽粒、高产抗逆的苗头品种33个。科技部会同财政部、农业部设立七大农作物育种攻关专项，列入国家首批重点研发计划，启动了部分科研立项工作，同时研究提出实施种业自主创新重大工程的项目建议。农业部、发改委、科技部联合发布《全国农作物种质资源保护与利用中长期发展规划》，财政部安排经费3 000万元，启动第三次全国农作物种质资源普查与收集行动。

（四）扶持企业创新发展的措施更加有力 农业部为育繁推一体化企业开通品种审定绿色通道，企业自行试验品种1 300多个，10个品种通过国家审定，激发了企业创新的积极性，前10强企业年研发投入合计7亿元。通过金标记、华智分子育种平台，为100多家科研单位、企业提供技术服务，完成玉米水稻种质资源全基因组分析1万多份。财政部联合农发行、中化集团设立现代种业发展基金，2015年新增投资5.66亿元，在原有10家企业的基础上，新增支持企业6家，投资总额达到9.33亿元。人民银行会同农业部、银监会、证监会等部门研究金融服务现代种业指导意见，在企业信贷支持、上市融资和"走出去"等方面提出支持措施，促进种业兼并重组和资源整合。

3 深化农村金融改革

（一）政策背景与主要内容 2015年中央1号文件提出，要主动适应农村实际、农业特点、农民需求，不断深化农村金融改革创新：

1.综合运用财政税收、货币信贷、金融监管等政策措施，推动金融资源继续向"三农"倾斜，确保农业信贷总量持续增加、涉农贷款比例不降低。完善涉农贷款统计制度，优化涉农贷款结构。延续并完善支持农村金融发展的有关税收政策。开展信贷资产质押再贷款试点，提供更优惠的支农再贷款利率。

2.鼓励各类商业银行创新"三农"金融服务。农业银行"三农"金融事业部改革试点覆盖全部县域支行。农业发展银行要在强化政策性功能定位的同时，加大对水利、贫困地区公路等农业农村基础设施建设的贷款力度，审慎发展自营性业务。国家开发银行要创新服务"三农"融资模式，进一步加大对农业农村建设的中长期信贷投放。提高农村信用社资本实力和治理水平，牢牢坚持立足县域、服务"三农"的定位。鼓励邮政储蓄银行拓展农村金融业务。提高村镇银行在农村的覆盖面。积极探索新型农村合作金融发展的有效途径，稳妥开展农民合作社内部资金互助试点，落实地方政府监管责任。

3.创新农村金融产品和服务。做好承包土地的经营权和农民住房财产权抵押担保贷款试点工作。鼓励开展"三农"融资担保业务，大力发展政府支持的"三农"融资担保和再担保机构，完善银担合作机制。支持银行业金融机构发行"三农"专项金融债，鼓励符合条件的涉农企业发行债券。开展大型农机具融资租赁试点。完善对新型农业经营主体的金融服务。强化农村普惠金融。继续加大小额担保财政贴息贷款等对农村妇女的支持力度。

（二）政策执行情况及效果评价 截至2015年年底，银行业金融机构涉农贷款余额26.4万亿元，同比增长11.7%，涉农贷款余额在各项人民币贷款余额中的占比达28.1%，涉农新增贷款在全年新增贷款中占比为32.9%。

1.农村金融扶持力度不断加大。一是货币信贷政策。第一，差别化存款准备金政策。2015年，中国人民银行五次调整了存款准备金率，包含四次普遍降准和五次定向降准，累计普遍下调金融机构存款准备金率2.5个百分点，累计额外定向下调金融机构存款准备金率0.5个至6.5个百分点。其中，支持"三农"和小微企业等重点领域，累计额外下调满足审慎经营要求且"三农"或小微企业贷款达到一定比例的商业银行存款准备金率0.5个至1个百分点，累计额外下调农村金融机构（农村合作银行、农村信用社和村镇银行）存款准备金率2个至2.5个百分点；支持重大水利工程和基础设施建设，累计额外下调农业发展银行存款准备金率6.5个百分点。第二，对农村金融机构的支农再贷款和再贴现政策。2015年年末，全国支农再贷款余额1 962亿元，支小再贷款余额752亿元，再贴现余额1 305亿元。

二是财政税收政策。第一，县域金融机构涉农贷款增量奖励政策保持稳定，2015年中央财政拨付奖励资金23.57亿元。第二，农村金融机构定向费用补贴力度加大，2015年中央财政拨付补贴资金29.29亿元，较上年增加3.1亿元。第三，继续实施农村金融税收优惠政策。

对金融机构农户小额贷款的利息收入免征营业税，并在计算所得税应纳税所得额时，按90%计入收入总额；对保险公司为种植业、养殖业提供保险业务取得的保费收入，在计算应税所得额时，按90%计入收入总额，并对县域农村金融机构的金融保险业收入减按3%的税率征收营业税。同时，将享受税收优惠政策的农户小额贷款限额，从5万元提高到10万元。第四，农业保险保费补贴力度加大。目前，中央财政提供农业保险保费补贴的品种有玉米、水稻、小麦、棉花、马铃薯、油料作物、糖料作物、能繁母猪、奶牛、育肥猪、天然橡胶、森林、青稞、藏系羊、牦牛等，共计15个。对于种植业保险，中央财政对中西部地区补贴40%，对东部地区补贴35%，对新疆生产建设兵团、中央直属垦区、中储粮北方公司、中国农业发展集团公司(以下简称中央单位)补贴65%，省级财政至少补贴25%。对能繁母猪、奶牛、育肥猪保险，中央财政对中西部地区补贴50%，对东部地区补贴40%，对中央单位补贴80%，地方财政至少补贴30%。对于公益林保险，中央财政补贴50%，对大兴安岭林业集团公司补贴90%，地方财政至少补贴40%；对于商品林保险，中央财政补贴30%，对大兴安岭林业集团公司补贴55%，地方财政至少补贴25%。中央财政农业保险保费补贴政策覆盖全国，地方可自主开展相关险种。

2. 农村金融机构改革不断深化。一是政策性金融机构改革稳步推进。按照国务院于2014年12月批复同意的改革实施总体方案，农发行进一步认定与划分银行业务范围，完善治理结构，修订章程。二是大型商业银行改革取得突破性进展。中国农业银行"三农"金融事业部进一步完善公司治理，深化内部改革，并加强外部监管，提升市场竞争力，增强服务实体经济的能力。中国邮政储蓄银行成功引入中国人寿、中国电信、瑞士银行、摩根大通等境内外战略投资者，股权多元化工作进展顺利。三是农村信用社改革取得重要成果，可持续发展能力增强，农村金融服务水平提升，产权制度改革稳步推进。2015年，全国农村信用社实现利润2 233亿元；截至2015年年末，不良贷款比例为4.3%，资本充足率为11.6%；涉农贷款余额和农户贷款余额分别为7.8万亿元和3.7万亿元，比上年末分别增长9.8%和8.8%。全国共组建以县（市）为单位的统一法人农村信用社1 299家，农村商业银行859家，农村合作银行71家。四是村镇银行覆盖面进一步提高。截至2015年6月末，全国已经组建村镇银行1 270家，仅中西部地区村镇银行就达769家，覆盖了国内60%的县域。五是农民合作社内部资金互助试点稳步推进。山东、江苏、四川、山西等省出台了农民资金互助合作社试点方案和规范管理办法，相关县市的农民资金互助合作社试点扎实开展。

3. 农村金融产品和服务创新取得新进展。一是政策性信贷担保体系建设稳步推进。自相关部门出台《关于财政支持建立农业信贷担保体系的指导意见》以来，湖南省、河南省等地区已出台相关实施方案，积极筹建省级政策性信贷担保机构。二是承包土地的经营权抵押融资试点取得明显成效。全国大多数省份均已出台相关试点实施方案。农村改革试验区的土地承包经营权抵押试点已经取得明显成效。三是担保奖补政策的效果较好。继续在北京、吉林、浙江、湖北、重庆五省市开展合作社贷款担保保费补助试点，取得较好成效。比如重庆市，截至2015年11月24日，试点已为90余家农民合作社出具担保批复，为73家农民合作社提供担保贷款10 135万元，落实担保费补助220万元。

4. 农业保险市场发展迅速。2015年，农业保险实现保费收入374.7亿元，参保农户约2.3亿户次，提供风险保障近2万亿元。农业保险条款全面升级，大幅拓宽保险责任、提高保障水平和赔付标准、降低保险费率并简化理赔流程。农产品价格保险试点扩展到26个省份，承保农作物增加到18种。农房保险已覆盖全国所有省市，参保农房9 358万间，提供风险保障达1.4万亿元。中国农业保险再保险共同体承保能力扩大到2 400亿元，可满足国内96%以上的分保需求。

5. 涉农直接融资稳步推进。截至2015年10月底，共有11家农业企业成功实现IPO、再融资，还有农业企业发行公司债券49只，共融资247.82亿元。2015年前三季度，农产品期货品种已达21个，其交易量和持仓量占期货市场总交易量和总持仓量的比例分别为31.4%和44.2%。

完善重要农产品运行调控政策

2015年我国农产品价格形成机制进一步完善，农产品价格保持合理水平，农产品市场调控能力持续提升。

（一）继续执行稻谷、小麦最低收购价政策 按照生产成本加合理利润的原则，2015年小麦、稻谷最低收购价保持上年水平不变，即小麦、早籼稻、中晚籼稻、粳稻分别为每500克1.18元、1.35元、1.38元、1.55元。稳定小麦、稻谷最低收购价水平，有利于保护农民生产积极性，保障国家口粮安全，同时有利于发挥市场机制作用，兼顾产业上下游利益。在小麦、稻谷上市旺季，主产区克服了仓容紧张问题，陆续启动了最低收购价政策，有效防止了"卖粮难"。

（二）完善玉米等重要农产品临时收储政策 为了缓解玉米消费低迷、替代品进口大幅增加、仓容压力和财政负担加重等问题，促进玉米产业链上下游协调发展，2015年国家下调了东北三省一区玉米临时收储价格，由2014年的每500克1.11～1.13元调整为1.0元。2015年国家玉米临时收储价提前公布后，市场价格持续下跌，华北等地玉米深加工企业开工率回升。11月1日东北玉米临储政策收购启动后，农户售粮价格止跌企稳，种粮收益得到一定保障。完善油菜籽收储政策，取消中央层面的临时收储政策，由中央财政向江苏、安徽、湖北、湖南、四川、河南、贵州7省拨付补助资金，专项支持主产省采取鼓励加工企业收购、补贴种植大户、推广高产优质油菜及品牌化生产经营等方式，做好油菜籽生产和收购工作。

（三）改进农产品目标价格补贴办法 2015年，国家继续开展新疆棉花、东北和内蒙古大豆目标价格改革试点，新疆棉花目标价格水平为每吨19 100元，比上年下调700元，东北和内蒙古大豆目标价格水平为每吨4 800元，保持上年水平不变。针对2014年大豆、棉花目标价格改革试点中出现的政策宣传不足、补贴落实滞后、操作成本高等问题，国家发展改革委、财政部、农业部等部门多次进行实地调查和专题研究，指导试点地区进一步完善2015

年大豆、棉花目标价格补贴方案，加强政策宣传，简化操作程序，提高工作效率，确保补贴资金及时足额兑现到农户。

（四）强化农业信息监测预警和发布　2015年，农业部继续加强农业信息监测预警和信息发布服务。一是定期开展18个品种供需形势的月度、季度、年度会商，提高形势分析研判的质量，按时编发《农产品供需形势分析月报》，为领导决策提供重要参考。二是组织农业部市场预警专家委员会专家跟踪市场热点问题，主动应对社会舆论，引导市场预期。三是组织召开"2015中国农业展望大会"，以农业部市场预警专家委员会名义发布未来10年中国农业展望报告，权威性和影响力进一步提升。四是及时发布农业各行业经济信息，努力实现政府信息的公开透明，更方便、快捷地为农业生产、经营者提供服务。

基层农业技术推广体系改革与建设

新修订的《农业技术推广法》自2013年1月1日施行以来，农业部会同中央有关部门、地方各级农业主管部门，以贯彻落实法律为抓手，不断强化农技推广体系改革与建设，取得了积极成效。

（一）财政投入力度明显增强　2012—2015年，中央财政每年投入26亿元，用于全国2 550个农业县开展基层农技推广体系改革与建设工作，带动地方财政投入约100亿元支持农技推广工作。

（二）机构队伍建设成效显著　目前，全国共设立国家农技推广机构7.9万个，共核定批准人员编制60万个，实有农技人员58万人。

全国绝大多数农技推广机构已实现全额拨款，人员工资纳入财政预算。

（三）推广服务条件初步改善　国家发改委累计投入58亿元，改善了乡镇农技推广机构办公条件，购置了必备的仪器设备和交通工具，乡镇农技人员服务手段和能力得到初步改善。

（四）运行管理机制初步建立　全国90％以上的基层农技推广机构建立了人员聘用、工作考评、推广责任、人员培训和多元推广等管理制度，为规范基层农技推广服务工作创造了条件。

（五）主体推广积极性增强　农业部开展了以工作业绩为重点考核指标的基层农技推广机构星级服务创建试点工作。各地农业部门加大与相关部门的沟通协调，推动基层农技人员奖励制度的出台。

（六）一主多元架构基本形成　各级农技推广机构是公益性推广服务的主要力量，责任农技员和包村联户是主要工作方式，在服务国家粮食生产方面做了大量工作。在比较效益好、附加值高的园艺、水产等产业，农民合作社、家庭农场、涉农企业等社会组织逐步成为农技推广的重要力量。农业科研院校作为成果和技术的源头也正发挥越来越重要的作用，在上述两方面均做了大量工作。

农村劳动力转移

（一）政策背景及主要内容　2015年是"十二五"收官之年，也是我国全面深化改革的关键之年，国民经济发展保持中高速增长，全国就业形势总体稳定，全年城镇新增就业

1 312万人，就业形势好于预期。农民工就业总量继续增长，农民工返乡创业势头良好，全年我国农民工返乡创业人数达到240万人。一年来，各级各部门认真贯彻落实《国务院关于进一步做好为农民工服务工作的意见》（国发〔2014〕40号），围绕农民工就业创业不断强化工作力度，多措并举扎实做好农民工工作。

1. 继续做好就业服务。2015年继续开展"春风行动"，主题是"搭建供需平台，促进转移就业"，目的是实施有针对性的公共就业服务，要广泛收集劳动者求职需求和企业节后用工需求，努力促进劳动者和用人单位的有效对接。进一步优化农村劳动者转移就业环境，营造关心关爱外来务工人员的良好社会氛围。继续开展小企业劳动合同制度实施专项行动和农民工劳动合同签订"春暖行动"，提高小企业和农民工劳动合同签订率。

2. 加强农民工安全生产和职业健康保护。2015年国家安全监管总局为贯彻落实《国务院进一步做好为农民工服务工作意见》出台了专门的实施意见，提出采取有力措施，保障农民工安全生产和职业健康权益。深入贯彻落实《安全生产法》和《职业病防治法》，完善农民工安全生产和职业病防治法规体系。强化企业安全生产主体责任和政府部门监管责任，健全农民工安全生产和职业病危害防治责任体系。加强农民工安全生产和职业卫生培训及考核工作，大力推进安全培训责任体系、教学体系、考试体系、执法体系和信息管理体系建设。深化农民工安全生产和职业卫生宣传教育工作，让农民工充分了解安全生产和职业卫生权利义务、企业安全风险和职业病危害。深入开展安全生产大检查、"打非治违"专项行动和"四

不两直"暗查暗访活动，强化对农民工安全生产和职业卫生的执法检查。

3. 切实维护农民工的劳动报酬权益。2015年人社部组织集中开展专项行动，努力实现春节前拖欠农民工工资违法案件基本结案，涉及拖欠农民工工资的劳动争议案件基本办结。继续实行举报投诉24小时值班制度和首问责任制，充分发挥"一点举报投诉、全域联动受理"机制作用。各地人社部门要加强对拖欠农民工工资违法行为的联合惩戒力度，加强与公安机关、检察机关、审判机关的沟通协调，建立健全常态化的信息共享、案情通报和案件移送制度，严厉打击恶意欠薪犯罪行为。对涉及拖欠农民工工资的争议案件优先受理、优先开庭、及时裁决、快速结案。同时，协调司法、工会等部门落实法律援助制度，为有需求的农民工维权及时提供法律援助服务。

4. 加大农民工创业扶持力度。2015年国务院办公厅下发了《关于支持农民工等人员返乡创业的意见》（国办发〔2015〕47号），意见要求，降低返乡创业门槛，对政府主导、财政支持的农村公益性工程和项目，可采取购买服务、政府与社会资本合作等方式，引导农民工等人员创设的企业和社会组织参与建设、管护和运营。落实定向减税和普遍性降费政策。农民工等人员返乡创业，符合政策规定条件的，可享受减征企业所得税、免征增值税、营业税、教育费附加、地方教育附加、水利建设基金、文化事业建设费、残疾人就业保障金等税费减免和降低失业保险费率政策。加大财政支持力度。对返乡农民工等人员创办的新型农业经营主体，符合农业补贴政策支持条件的，可按规定同等享受相应的政策支持。对农民工等

人员返乡创办的企业，招用就业困难人员、毕业年度高校毕业生的，按规定给予社会保险补贴。强化返乡创业金融服务。鼓励银行业金融机构开发符合农民工等人员返乡创业需求特点的金融产品和金融服务，加大对返乡创业的信贷支持和服务力度。对符合条件的返乡创业人员，可按规定给予创业担保贷款，财政部门按规定安排贷款贴息所需资金。完善返乡创业园支持政策。农民工返乡创业园的建设资金由建设方自筹；以土地租赁方式进行农民工返乡创业园建设的，形成的固定资产归建设方所有；加大对农民工返乡创业园区基础设施建设和产业集群发展等方面的金融支持。

5. 着力改善农民工公共服务。全面实行按随迁子女实有人数足额拨付教育经费，保障随迁子女平等享有公共教育资源。在超大城市和义务教育资源承载力短缺的特大城市，进一步推动流入地政府出资购买民办学校学额。简化随迁子女就读手续，规范入学程序。允许一些特大城市安排符合条件的义务教育阶段随迁子女入学。逐步实现免试就近入学和对口直升。加强随迁子女学籍管理。进一步扩大城镇义务教育容量，将随迁子女义务教育"全纳入"。

（二）政策执行情况　2015年，我国农民工规模持续扩大，全国农民工总量27 747万人，比上年增长1.3%。其中，外出农民工16 884万人，增长0.4%；本地农民工10 863万人，增长2.7%。

1. 劳动权益保障水平不断提高。2015年，全国规模以上企业农民工劳动合同签订率达到90%以上，全国中小企业农民工劳动合同签订率也达到了65%。各地还积极推进农民工劳动用工备案制度建设，全国共有216个城市和地区开展了劳动用工备案工作，包括农民工在内的备案人数达到5 123万人。

2. 工资拖欠问题得到缓解。2015年前三季度全国共发生涉及拖欠农民工工资问题的突发事件11 007起，比上年同期增长34%。因欠薪问题引发的突发事件明显增多。人社部会同公安部等10部门组成5个联合督查组，每组将由部委领导或相关司局负责同志带队，于1月下旬至2月上旬分赴福建等6省市开展联合督查。各地下大力气解决农民工工资拖欠问题。如宁夏银川市劳动监察机构2015年共检查用人单位1 880家，涉及劳动者12.4万人；立案1 002家，结案920家，法定时限内结案率98%以上，为1.05万名农民工追讨工资2.02亿元。山西省2015年3—9月通过专项整治工作，全省各级劳动保障监察机构累计查处工资类案件4 936件，涉及劳动者13.6万人，追发劳动者工资等待遇15.34亿元。

3. 农民工培训力度加大。人社部将农民工岗位技能提升培训确定为培训工作重点，大幅增加岗位技能提升数量。全年累计完成约900万人次农民工培训任务。其中就业技能培训400万人次，岗位技能提升培训430万人次，创业培训70万人次。各地深入实施农民工职业技能提升计划，如青海省西宁市改进培训资金补贴办法，实施职业技能和职业技能鉴定费直补个人办法，农民工可根据个人需要选择培训机构和培训课程，并按规定享受相应补贴。

3 加强农业法治建设

2015年，农业部深入贯彻落实党中央、国务院决策部署，紧紧围绕依法兴农、依法护农的目标任务，在完善立法、规范执法、化解矛盾等方面进行了积极探索和努力，取得了显著成效。

（一）加强农业立法　贯彻落实党的十八届四中全会精神，深入推进农业法治建设，制定印发《农业部关于贯彻党的十八届四中全会精神深入推进农业法治建设的意见》，围绕农业法治建设的主要领域和关键环节，从积极推进农业立法、着力强化农业执法、深入开展农业法治宣传教育、依法化解农业领域矛盾纠纷、切实提高农业部门依法行政能力五个方面，对今后一个时期农业法治建设作出全面部署。

加强农业立法调研和法律法规起草工作，配合立法机关稳步有序推进农业法律法规制修订，制定《农业部立法工作安排（2015—2020年）》，从农业部起草推动和参与配合两个方面提出了22件具体立法项目，对今后一个时期农业立法工作进行全面部署，争取到2020年，农业法律法规更加完备，及时性、系统性、针对性、有效性进一步增强，立法质量明显提高，对农业农村改革发展的引领、规范和保障作用进一步显现。

推进农业法律法规制修订，围绕强化农业发展的法治保障，积极推动完善重要领域法律法规。配合全国人大常委会法工委完成《种子法》修订工作，新《种子法》自2016年1月1日起施行。参与《食品安全法》修订，根据职能分工，提出农业部对食用农产品监管及农业投入品使用方面的意见。参与《粮食法》制定，提出农业部对粮食生产环节监管的意见。推进《农药管理条例》修订，就农药生产环节监管职能划分问题参加与法制办、中编办的协

调。推进《农作物病虫害防治条例》制定，形成送审稿报国务院审查，对国务院法制办征集的建议进行深入研究，有关意见处理情况向国务院法制办汇报。启动了《农产品质量安全法》《农民专业合作社法》《渔业法》《农业转基因生物安全管理条例》《耕地质量保护条例》《畜禽屠宰管理条例》《基本草原保护条例》等的立法调研及制修订工作。

推动规章和规范性文件审查出台。贯彻落实国务院关于加快推进注册资本登记制度改革有关事项要求，对《农作物种子生产经营许可管理办法》《食用菌菌种管理办法》《草种管理办法》《转基因棉花种子生产经营许可规定》等有关条款进行了修改。根据新的形势要求，修订完成《农业机械试验鉴定办法》《家畜遗传材料生产许可办法》《兽药产品批准文号管理办法》等三件规章。制定《重要农业文化遗产管理办法》并以部公告发布。

推动开展农业立法协调。牵头协调《农田水利条例》，就国有农场水利设施保障、农村集体经济组织主体地位等问题与国务院法制办进行沟通。牵头协调《湿地保护条例》，就农业部意见与国家林业局进行沟通。就《民法通则》法人部分涉及农村集体经济组织问题，参加全国人大召开的会议并提出农业部意见。办理全国人大农委议案6件、环资委议案12件，涉及《粮食法》《农产品质量安全法》等18部法律的制修订。对国务院、全国人大110余件法律法规草案提出修改意见。深入开展耕地质量保护、转基因等立法问题研究，形成研究报告，为相关立法做准备。

（二）深入推进农业综合执法　为落实党的十八届四中全会关于深化行政执法体制改

革、推进综合执法的要求，农业部印发了《农业部关于贯彻党的十八届四中全会精神深入推进农业法治建设的意见》（农政发〔2015〕1号），明确要求各级农业部门整合农业执法职能，健全综合执法体系，深入推进农业综合执法。按照中央要求和农业部部署，地方农业部门采取措施积极推进农业综合执法，取得明显进展。如广东省农业厅报请省编办印发《广东省设立农业综合执法体制方案》，在省、市、县三级成立行政性质的农业综合执法机构，作为农业部门内设机构，承担农业部门及授权执法机构的全部行政执法职能；执法人员全部使用行政执法专项编制。江西省政府转发省编办、省农业厅《关于深化全省农业行政体制改革的实施方案》，要求2016年底以前整合省、市、县三级分散在农业部门内各机构及所属事业单位的农业行政执法职责，由农业综合执法机构全面承担农业行政执法职能。截至2015年年底，全国有30个省、276个地市、2 332个县区开展了农业综合执法，县级覆盖率达到99％，市级覆盖率也超过了80％。据统计，全年各级农业综合执法机构共查办各类农业违法案件42 786件，有力地维护了农业生产经营秩序和维护了农民合法权益。

农民创业创新政策

为加快建立多层次多样化的返乡创业格局，全面激发农民工等人员返乡创业热情，国家出台了一系列促进农民创业创新政策。政策的出台实施，推动各行各业创造了更多就地就近就业机会，使农民作为重要的创业主体全面汇入了大众创业、万众创新热潮。

（一）综合引导政策　鼓励输入地在产业升级过程中对口帮扶输出地建设承接产业园区，引导劳动密集型产业转移，大力发展相关配套产业，带动农民工等人员返乡创业。鼓励已经成功创业的农民工等人员，顺应产业转移的趋势和潮流，充分挖掘和利用输出地资源和要素方面的比较优势，把适合的产业转移到家乡再创业、再发展。

1. 推动输出地产业升级带动返乡创业。鼓励积累了一定资金、技术和管理经验的农民工等人员，学习借鉴发达地区的产业组织形式、经营管理方式，顺应输出地消费结构、产业结构升级的市场需求，抓住机遇创业兴业，把小门面、小作坊升级为特色店、连锁店、品牌店。

2. 鼓励输出地资源嫁接输入地市场带动返乡创业。鼓励农民工等人员发挥既熟悉输入地市场又熟悉输出地资源的优势，借力"互联网＋"信息技术发展现代商业，通过对少数民族传统手工艺品、绿色农产品等输出地特色产品的挖掘、升级、品牌化，实现输出地产品与输入地市场的嫁接。

3. 引导一、二、三产业融合发展带动返乡创业。统筹发展县域经济，引导返乡农民工等人员融入区域专业市场、示范带和块状经济，打造具有区域特色的优势产业集群。鼓励创业基础好、创业能力强的返乡人员，充分开发乡村、乡土、乡韵潜在价值，发展休闲农业、林下经济和乡村旅游，促进农村一、二、三产业融合发展，拓展创业空间。以少数民族特色村镇为平台和载体，大力发展民族风情旅游业，带动民族地区创业。

4. 支持新型农业经营主体发展带动返乡

创业。鼓励返乡人员共创农民合作社、家庭农场、农业产业化龙头企业、林场等新型农业经营主体，围绕规模种养、农产品加工、农村服务业以及农技推广、林下经济、贸易营销、农资配送、信息咨询等合作建立营销渠道，合作打造特色品牌，合作分散市场风险。

5. 依托存量资源整合发展农民工返乡创业园。各地要在调查分析农民工等人员返乡创业总体状况和基本需求基础上，结合推进新型工业化、信息化、城镇化、农业现代化和绿色化同步发展的实际需要，对农民工返乡创业园布局作出安排。依托现有各类合规开发园区、农业产业园，盘活闲置厂房等存量资源，支持和引导地方整合发展一批重点面向初创期"种子培育"的返乡创业孵化基地、引导早中期创业企业集群发展的返乡创业园区，聚集创业要素，降低创业成本。挖掘现有物业设施利用潜力，整合利用零散空地等存量资源，并注意与城乡基础设施建设、发展电子商务和完善物流基础设施等统筹结合。属于非农业态的农民工返乡创业园，应按照城乡规划要求，结合老城或镇村改造、农村集体经营性建设用地或农村宅基地盘整进行开发建设。属于农林牧渔业态的农民工返乡创业园，在不改变农地、集体林地、草场、水面权属和用途前提下，允许建设方通过与权属方签订合约的方式整合资源开发建设。支持返乡创业集聚发展。结合城乡区域特点，建立有市场竞争力的协作创业模式，形成各具特色的返乡人员创业联盟。引导返乡创业人员融入特色专业市场，打造具有区域特点的创业集群和优势产业集群。深入实施农村青年创业富民行动，支持返乡创业人员因地制宜围绕休闲农业、农产品深加工、乡村旅游、农

村服务业等开展创业，完善家庭农场等新型农业经营主体发展环境。

6. 培育创业创新公共平台。大力发展技术转移转化、科技金融、认证认可、检验检测等科技服务业，总结推广创客空间、创业咖啡、创新工场等新型孵化模式，加快发展市场化、专业化、集成化、网络化的众创空间。

7. 鼓励农村劳动力创业。支持农民工返乡创业，发展农民合作社、家庭农场等新型农业经营主体，落实定向减税和普遍性降费政策。依托现有各类园区等存量资源，整合创建一批农民工返乡创业园，强化财政扶持和金融服务。将农民创业与发展县域经济结合起来，大力发展农产品加工、休闲农业、乡村旅游、农村服务业等劳动密集型产业项目，促进农村一、二、三产业融合。依托基层就业和社会保障服务设施等公共平台，提供创业指导和服务。鼓励各类企业和社会机构利用现有资源，搭建一批农业创业创新示范基地和见习基地，培训一批农民创业创新辅导员。支持农民网上创业，大力发展"互联网+"和电子商务，积极组织创新创业农民与企业、小康村、市场和园区对接，推进农村青年创业富民行动。

8. 支持农民合作社建设农产品加工仓储冷链物流设施，允许财政补助形成的资产转交农民合作社持有和管护。鼓励进城农民工和职业院校毕业生等人员返乡创业，实施现代青年农场主计划和农村实用人才培养计划。

9. 开展百万乡村旅游创客行动。通过加强政策引导和专业培训，三年内引导和支持百万名返乡农民工、大学毕业生、专业技术人员等通过开展乡村旅游实现自主创业。

10. 对粮食规模经营主体和农机合作社，

优先给予农机购置补贴；实施农机作业补助，通过购买社会服务方式，鼓励农机大户、农机合作社等农机服务组织承担国家指定类型的作业任务。创新推动农民合作社发展。进一步加大对农民合作社的支持力度，优先支持从事粮食等规模化生产的合作社发展。扶持家庭农场和种养大户发展。

（二）降低门槛政策　深化商事制度改革，落实注册资本登记制度改革，优化返乡创业登记方式，简化创业住所（经营场所）登记手续，推动"一址多照"、集群注册等住所登记制度改革。放宽经营范围，鼓励返乡农民工等人员投资农村基础设施和在农村兴办各类事业。对政府主导、财政支持的农村公益性工程和项目，可采取购买服务、政府与社会资本合作等方式，引导农民工等人员创设的企业和社会组织参与建设、管护和运营。对能够商业化运营的农村服务业，向社会资本全面开放。制定鼓励社会资本参与农村建设目录，探索建立乡镇政府职能转移目录，鼓励返乡创业人员参与建设或承担公共服务项目，支持返乡人员创设的企业参加政府采购。将农民工等人员返乡创业纳入社会信用体系，建立健全返乡创业市场交易规则和服务监管机制，促进公共管理水平提升和交易成本下降。取消和下放涉及返乡创业的行政许可审批事项，全面清理并切实取消非行政许可审批事项，减少返乡创业投资项目前置审批。

（三）减税降费政策　农民工等人员返乡创业，符合政策规定条件的，可适用财政部、国家税务总局《关于小型微利企业所得税优惠政策的通知》（财税〔2015〕34号）、《关于进一步支持小微企业增值税和营业税政策的通知》（财税〔2014〕71号）、《关于对小微企业免征有关政府性基金的通知》（财税〔2014〕122号）和《人力资源社会保障部财政部关于调整失业保险费率有关问题的通知》（人社部发〔2015〕24号）的政策规定，享受减征企业所得税、免征增值税、营业税、教育费附加、地方教育附加、水利建设基金、文化事业建设费、残疾人就业保障金等税费减免和降低失业保险费率政策。各级财政、税务、人力资源社会保障部门要密切配合，严格按照上述政策规定和《国务院关于税收等优惠政策相关事项的通知》（国发〔2015〕25号）要求，切实抓好工作落实，确保优惠政策落地并落实到位。

落实扶持小微企业发展的各项税收优惠政策。落实科技企业孵化器、大学科技园、研发费用加计扣除、固定资产加速折旧等税收优惠政策。对符合条件的众创空间等新型孵化机构适用科技企业孵化器税收优惠政策。按照税制改革方向和要求，对包括天使投资在内的投向种子期、初创期等创新活动的投资，统筹研究相关税收支持政策。修订完善高新技术企业认定办法，完善创业投资企业享受70%应纳税所得额税收抵免政策。抓紧推广中关村国家自主创新示范区税收试点政策，将企业转增股本分期缴纳个人所得税试点政策、股权奖励分期缴纳个人所得税试点政策推广至全国范围。落实促进高校毕业生、残疾人、退役军人、登记失业人员等创业就业税收政策。自2015年1月1日至2017年12月31日，对年应纳税所得额低于20万元（含20万元）的小型微利企业，其所得减按50%计入应纳税所得额，按20%的税率缴纳企业所得税。符合规定条件的小型微利企业无论采取查账征收和核定征收方式，均可享受小型微利企业所得税优惠政策。个人以非货币性资产投资，属于个人转让非货币性资产和投资同时发生。对个人转让非货币性资产的所得，应按照"财产转让所得"项目，依法计算缴纳个人所得税。个人以非货币性资产投资，应按评估后的公允价值确认非货币性资产转让收入。非货币性资产转让收入减除该资产原值及合理税费后的余额为应纳税所得额。个人以非货币性资产投资，应于非货币性资产转让、取得被投资企业股权时，确认非货币性资产转让收入的实现。

（四）财政支持政策　充分发挥财政资金的杠杆引导作用，加大对返乡创业的财政支持力度。对返乡农民工等人员创办的新型农业经营主体，符合农业补贴政策支持条件的，可按规定同等享受相应的政策支持。对农民工等人员返乡创办的企业，招用就业困难人员、毕业年度高校毕业生的，按规定给予社会保险补贴。对符合就业困难人员条件，从事灵活就业的，给予一定的社会保险补贴。对具备各项支农惠农资金、小微企业发展资金等其他扶持政策规定条件的，要及时纳入扶持范围，便捷申请程序，简化审批流程，建立健全政策受益人信息联网查验机制。经工商登记注册的网络商户从业人员，同等享受各项就业创业扶持政策；未经工商登记注册的网络商户从业人员，可认定为灵活就业人员，同等享受灵活就业人员扶持政策。

加强财政资金引导。通过中小企业发展专项资金，运用阶段参股、风险补助和投资保障等方式，引导创业投资机构投资于初创期科技型中小企业。发挥国家新兴产业创业投资引导基金对社会资本的带动作用，重点支持战略性新兴产业和高技术产业早中期、初创期创新型企业发展。发挥国家科技成果转化引导基金作用，综合运用设立创业投资子基金、贷款风险补偿、绩效奖励等方式，促进科技成果转移转化。发挥财政资金杠杆作用，通过市场机制引导社会资金和金融资本支持创业活动。发挥财税政策作用支持天使投资、创业投资发展，培育发展天使投资群体，推动大众创新创业。

（五）金融服务政策　加强政府引导，运用创业投资类基金，强化返乡创业金融服务。加强政府引导，运用创业投资类基金，吸引社会资本加大对农民工等人员返乡创业初创期、早中期的支持力度。在返乡创业较为集中、产业特色突出的地区，探索发行专项中小微企业集合债券、公司债券，开展股权众筹融资试点，扩大直接融资规模。进一步提高返乡创业的金融可获得性，加快发展村镇银行、农村信用社等中小金融机构和小额贷款公司等机构，完善返乡创业信用评价机制，扩大抵押物范围，鼓励银行业金融机构开发符合农民工等人员返乡创业需求特点的金融产品和金融服务，加大对返乡创业的信贷支持和服务力度。大力发展农村普惠金融，引导加大涉农资金投放，运用金融服务"三农"发展的相关政策措施，支持农民工等人员返乡创业。落实创业担保贷款政策，优化贷款审批流程，对符合条件的返乡创业人员，可按规定给予创业担保贷款，财政部门按规定安排贷款贴息所需资金。

将小额担保贷款调整为创业担保贷款，针对有创业要求、具备一定创业条件但缺乏创业资金的就业重点群体和困难人员，提高其金融服务可获得性，明确支持对象、标准和条件，贷款最高额度由针对不同群体的5万元、8万元、10万元不等统一调整为10万元。鼓励金融机构参照贷款基础利率，结合风险分担情况，合理确定贷款利率水平，对个人发放的创业担保贷款，在贷款基础利率基础上上浮3个百分点以内的，由财政给予贴息。

完善创业投融资机制。发挥多层次资本市场作用，为创新型企业提供综合金融服务。开展互联网股权众筹融资试点，增强众筹对大众创新创业的服务能力。规范和发展服务小微企业的区域性股权市场，促进科技初创企业融资，完善创业投资、天使投资退出和流转机制。鼓励银行业金融机构新设或改造部分分（支）行，作为从事科技型中小企业金融服务的专业或特色分（支）行，提供科技融资担保、知识产权质押、股权质押等方式的金融服务。

（六）创业园政策 农民工返乡创业园的建设资金由建设方自筹；以土地租赁方式进行农民工返乡创业园建设的，形成的固定资产归建设方所有；物业经营收益按相关各方合约分配。对整合发展农民工返乡创业园，地方政府可在不增加财政预算支出总规模、不改变专项资金用途前提下，合理调整支出结构，安排相应的财政引导资金，以投资补助、贷款贴息等恰当方式给予政策支持。鼓励银行业金融机构在有效防范风险的基础上，积极创新金融产品和服务方式，加大对农民工返乡创业园区基础设施建设和产业集群发展等方面的金融支持。有关方面可安排相应项目给予对口支持，帮助返乡创业园完善水、电、交通、物流、通信、宽带网络等基础设施。适当放宽返乡创业园用电用水用地标准，吸引更多返乡人员入园创业。

（七）农业农村产业扶持政策 享受现行强农惠农富农及"三农"金融支持的一系列政策措施，正在实施的农产品初加工设施补助政策、农业技术示范与推广、新型职业农民培育工程、休闲农业示范创建等要向返乡创业创新群体重点倾斜。积极支持符合条件的返乡创业人员按程序申请有关支农资金和中小企业发展专项资金。支持农民合作社建设农产品加工仓储冷链物流设施，允许财政补助形成的资产转交农民合作社持有和管护。实施现代青年农场主计划和农村实用人才培养计划。农民创业享受与其他创业者相同税收优惠政策，符合条件的农村劳动者创业可按规定享受政府促进创业带动就业的优惠政策。符合《农业产品征税范围注释》（财税字〔1995〕52号）的，享受13%的增值税优惠，符合先行试点的（财税〔2012〕38号），执行纳税人再销售货物时的适用税率。从事农林牧渔业的，包括部分农产品初加工项目所得可以免征、减征企业所得税。闲置宅基地整理结余的建设用地可用于休闲农业，鼓励利用"四荒地"（荒山、荒沟、荒丘、荒滩）发展休闲农业。发挥沙产业优势和农牧民积极性，支持沙区建立合作社、协会，努力扩大农牧民就业，加大信贷支持力度，认真落实税收、保险等相关优惠政策。

（八）公共服务政策 以农村能人、返乡农民工、退役军人和大学生村官创办农产品加工业、休闲农业、民俗民族工艺产业和农村服务业为重点，建立完善创业基地、见习、辅导、技术、融资等农民创新创业服务体系，孵化培育一大批农村小型微型企业，激发亿万农民创新活力创业潜力，打造农业农村经济发展新引擎。积极营造农民创业创新政策环境，努力搭建农民创业创新平台，大力培养农民创业创新带头人和辅导师，总结推广农民创业创新模式和经验，进一步健全农民创业创新服务体系。以农村青年为主体，以县（市）乡（镇）为重点区域，支持农村青年创办领办家庭农场、农民合作社和小微企业等，发展设施农业、规模种养业、农产品加工业、民俗民族工艺产业、休闲农业与乡村旅游、农产品流通与电子商务、养老家政服务、生产资料供应服务等农村一、二、三产业。面向少数民族农牧民群众开展少数民族传统工艺品保护与发展培训。

2015年

农业发展与国民经济

2015年农业发展与国民经济

总体评价

2015年，面对多重困难和严峻挑战，党中央、国务院团结带领全国各族人民攻坚克难，开拓进取，经济社会发展稳中有进、稳中有好。国内生产总值比上年增长6.9%，城镇新增就业1 312万人，服务业首次在国民经济中占据"半壁江山"，经济运行保持在合理区间，结构调整和发展新动能取得新突破。农村经济继续在高起点上实现稳中有进、稳中提质、稳中增效。农业继续丰收，粮食产量实现"十二连增"。农民增收实现"十二连快"，城乡居民收入差距进一步缩小。农村改革取得积极进展，土地承包经营权确权登记办证工作进展较快，农村集体资产股份权能改革试点稳步推进，农垦改革取得新突破。农村社会事业和公共服务快速发展，农村人居环境持续改善，农村社会和谐稳定。农业连年增产增收，为稳增

长、调结构、促改革、惠民生、防风险做出了重大贡献，成为经济社会发展的"压舱石"和"稳压器"。

2015年，农业和国民经济关系继续向好的方面变化：一是农业对国家经济发展的市场贡献有所提升、要素贡献仍然突出，农业基础地位进一步巩固。二是中央公共财政农林水支出增速高于中央一般公共预算支出的增速，农业支持保护体系进一步健全。三是农业劳动生产率提高速度快于工业劳动生产率，工农业发展速度差距缩小，工农业发展进一步协调。四是农村居民收入增速连续6年快于城镇居民，农村居民人均消费支出增速连续5年快于城镇居民，城乡居民收入和消费的相对差距进一步缩小。五是新型城镇化稳步推进，农业转移人口市民化步伐加快，城镇化工业化对农业农村的带动作用进一步增强。

2015年，农业和国民经济关系也出现了一些值得关注的新情况新问题：一是玉米等农

产品价格下滑较多,对农业增效和农民增收造成不利影响。二是农民收入增速下滑较多,城乡居民收入增速的差距从2014年的2.4个百分点缩小到0.9个百分点。三是签订劳动合同的农民工比重下降,被拖欠工资的农民工比重提高。

总之,2015年农业和国民经济关系出现了诸多向好的迹象,两者的关系趋于协调。但农业和国民经济关系中一些长期存在的矛盾依然突出,出现的一些新情况新问题也应该高度重视。这些问题和矛盾,需要通过全面深化改革和加强对"三农"的支持来加以解决。

3 农业对国民经济的贡献

2015年是我国快速发展的一年,粮食生产实现"十二连增",农民收入突破万元大关,农业转方式调结构打开新局面。在经济下行压力加大的背景下,农业农村经济总体持续稳定发展,为经济社会发展大局起到了重要的作用。

(一)增长贡献 2015年,面对错综复杂的国际形势和艰巨繁重的国内改革发展稳定任务,党中央、国务院团结带领全国各族人民,按照"五位一体"总体布局和"四个全面"战略布局的总要求,牢固树立和贯彻落实创新、协调、绿色、开放、共享的发展理念,适应经济发展新常态,坚持改革开放,坚持稳中求进工作总基调,坚持稳增长、调结构、惠民生、防风险,不断创新宏观调控思路与方式,深入推进结构性改革,扎实推动大众创业万众创新,努力促进经济保持中高速增长、迈向中高端水平,转型升级步伐加快,改革开放不断深

化,民生事业持续进步,经济社会发展迈上新台阶。2015年,国内生产总值676 708亿元,比上年增长6.9%。其中,第一产业增加值60 863亿元,增长3.9%,增速有所下降;第二产业增加值274 278亿元,增长6.0%;第三产业增加值341 567亿元,增长8.3%(图24)。全年粮食产量62 144万吨,比上年增加1 441万吨,增产2.4%。第一产业增加值占国内生产总值的比重为9.0%,比上年下降0.2个百分点,对国民经济增长的贡献率为5.2%,比上年下降了1个百分点。

(二)产品贡献 2015年国际市场大宗商品价格延续上年大跌走势,农产品价格降幅相对较小,全国食品类商品零售价格比上年上涨2.2%,其中,粮食零售价格比上年上涨2.0%,全年城镇居民人均食品消费支出6 360元,占当年生活消费支出的29.7%,比上年下降了0.3个百分点。

(三)市场贡献 2015年,我国农村居民人均可支配收入11 421.7元,比上年增长8.9%,扣除价格因素,实际增长7.5%;全年农村居民人均纯收入为10 772元。全国农民工人均月收入3 072元,比上年增长7.2%。农村居民人均纯收入为10 772元;2015年乡村消费品零售总额为41 932亿元,增长11.8%,占全社会消费品零售总额的比例为13.9%,比上年略有上升(图25)。2015年农业生产资料价格总体水平比上年上升0.4%,其中化肥价格上升0.6%,农用机油价格下降12.7%,饲料价格下降1.9%,农药及农药械价格上涨0.5%,农机价格下降0.2%。

(四)外汇贡献 2015年,我国对外贸易全年实现进出口总额39 570亿美元,比上年

减少0.8％。其中，出口22 750亿美元，减少0.3％；进口16 820亿美元，下降1.4％。贸易逆差5 930亿美元，增加2 105亿美元，同比扩大70％。在农产品贸易方面，2015年我国农产品进出口额1 876亿美元，同比减3.6％。其中，出口707亿美元，同比减1.8％；进口1 169亿美元，同比减4.6％；贸易逆差462亿美元，同比减8.7％。农产品进出口额在全国进出口总额中所占比重为4.7％，比上年增加0.2个百分点。其中，农产品出口总值占全部出口总值的3.1％，与上年持平；农产品进口总值占全部进口总值的7.0％，比上年上升了0.8个百分点。

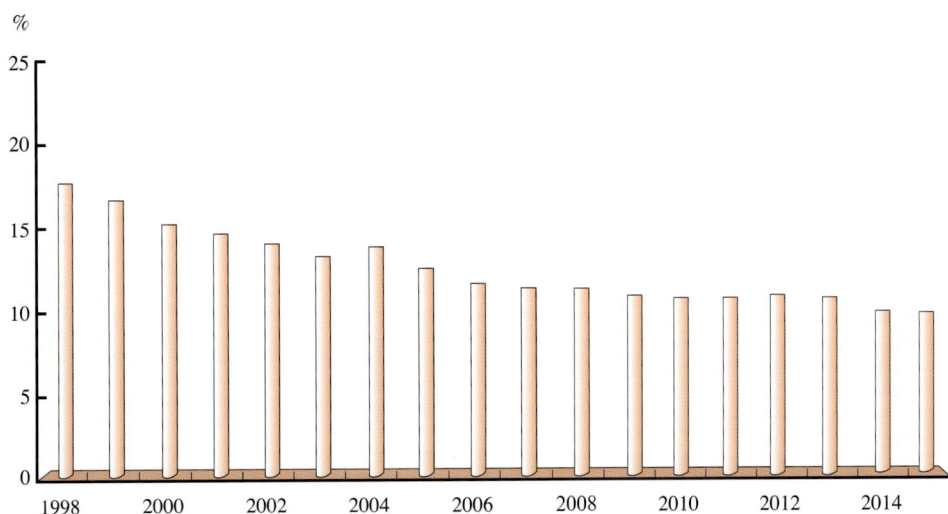

图24　1998—2015年农业增加值占国内生产总值比重变动情况

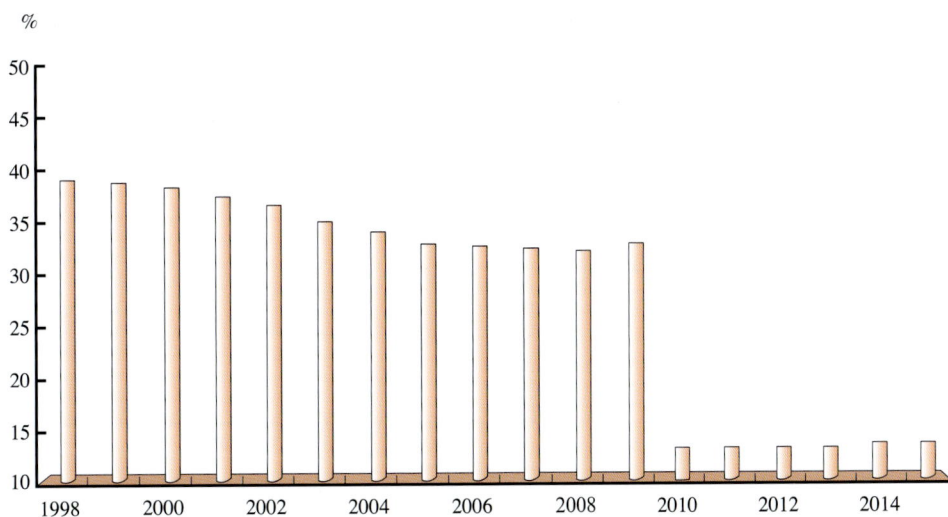

图25　1998—2015年农村消费品零售额占社会消费品零售额比重变动情况

注：根据新颁布的《统计上划分城乡的规定》，2010年及以后农村消费品零售额的统计范围由原来的"市、县、县以下"调整为"乡及乡以下"。

③ 农业与国民收入分配

在2015年的国内生产总值中，农业的比重为9.0%，比上年降低0.2个百分点，第二产业在国内生产总值中占的比重为40.5%，比上年下降2.1个百分点，第三产业在国内生产总值中占的比重为50.5%，首次突破50%，比上年提高2.3个百分点。

（一）在国民收入初次分配中，农业对农民人均纯收入增长的贡献继续下降，农民人均纯收入增长较快，但城乡居民收入差距依然较大 2015年，农村居民人均可支配收入为11 421.7元，比上年增长8.9%（图26）。在农村居民可支配收入中，工资性收入为4 600.3元，比上年增长10.8%，占农村居民可支配收入的

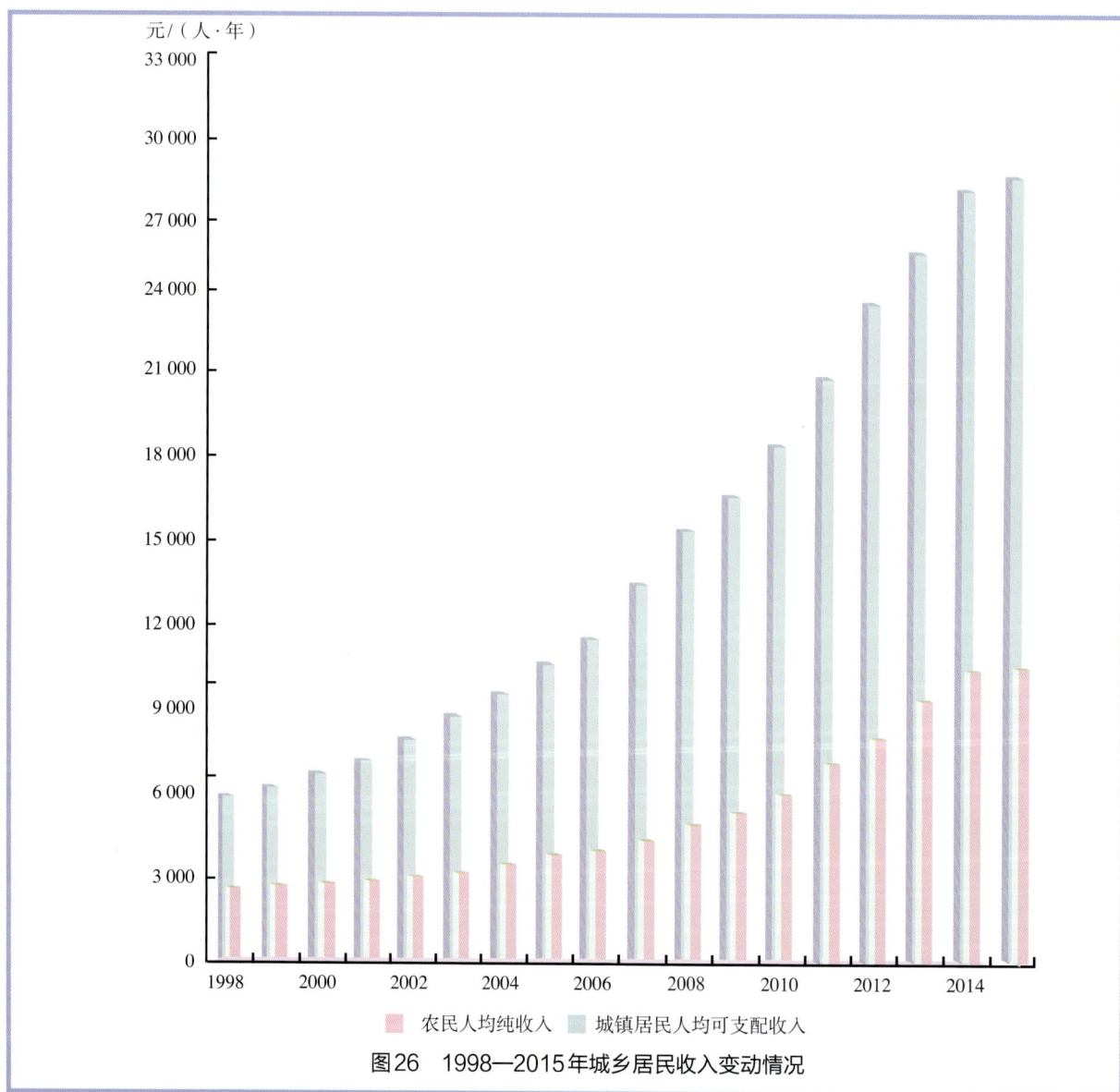

图26 1998—2015年城乡居民收入变动情况

比重是40.3%，比上年提高0.7个百分点；经营净收入为4 503.6元，比上年增长6.3%，占农村

居民可支配收入的比重是39.4%，比上年下降1个百分点；财产净收入为251.5元，比上年增长

13.2%，占农村居民可支配收入的比重是2.2%，比上年提高0.1个百分点；转移净收入为2 066.3元，比上年增长10.1%，占农村居民可支配收入的比重是18.1%，比上年提高0.2个百分点。

2015年，全国乡村人口为60 346万人，全国农民可支配收入总量为68 925.4亿元，占当年国内生产总值的比重是10.2%，与上年持平。2015年，城镇居民人均可支配收入为31 194.8元，比上年增长8.2%，增幅下降1.2个百分点，当年城镇居民人口为77 116万人，全国城镇居民可支配收入总量240 561.8亿元，占国内生产总值的比重是35.5%，比上年提高1.5个百分点。

2015年，城镇居民人均可支配收入是农村居民人均可支配收入的2.7倍，在收入增长速度上，农村居民快于城镇居民。我国城乡居民收入差距仍然很大，增加农民收入、到2020年实现农民收入倍增计划仍是一项艰巨的任务。

（二）2015年国家继续完善强农惠农政策力度，农村基础设施和公共服务明显改善 2015年，全社会固定资产投资总额为561 999.8亿元，比上年提高9.6%，增长幅度比上年下降5.1个百分点，全社会固定资产投资占国内生产总值的比重为83.0%，投资率比上年提高2.4个百分点，全社会固定资产投资增长率高于国内生产总值增长率3.3个百分点。在全社会固定资产投资中，农、林、牧、渔业投资额为19 061.0亿元，比上年增长30.8%，占全国固定资产投资的比重为3.5%。

2015年，国家继续完善强农惠农富农政策力度，全国财政农林水支出17 242亿元，增长16.9%。2015年，我国农业综合生产能力明显增强，农业现代化水平不断提高，农业科技创新水平持续提升，农村基础设施建设投入力度

继续加大，新增高效节水灌溉面积133.33万公顷，新建改建农村公路20万千米。根据《新一轮退耕还林还草总体方案》，2015年中央财政拨付新一轮退耕还林还草专项资金49.64亿元，其中，现金补助49.28亿元、工作经费一次性补助0.36亿元，比2014年增加一倍。扶贫攻坚力度加大，农村贫困人口减少1 442万人，6 434万农村人口饮水安全问题得到解决，农村危房改造432万户。继续实施农村电网改造升级工程，国家电网2015年新增农网改造升级投资673.8亿元。加快改善贫困地区义务教育薄弱学校办学条件，重点高校招收贫困地区农村学生人数增长10.5%。在全国1 977个县（市）推开县级公立医院综合改革。全民医保体系进一步完善，基本医保参保率稳定在95%以上，城镇居民医保和新农合人均政府补助标准提高到380元。城乡居民大病保险覆盖所有城乡居民基本医保参保人群。基层医疗卫生机构综合改革持续巩固深化，中央财政安排基层医疗卫生机构实施国家基本药物制度补助资金91亿元。

工农业发展比例关系

（一）2015年工农业发展比例关系 2015年，工业增加值达到228 974.3亿元，比上年增长5.9%，增速下降1.1个百分点；农业增加值60 863.0亿元，比上年增长3.9%，增速下降0.2个百分点。2015年，工业增加值和农业增加值均不断增加，但增长速度都有所下降。

（二）对2015年工农业发展关系的评价 2015年的工农业发展比例关系显示，工业增加值和农业增加值均不断增长，且工业增加值增速高于农业增加值增速，但工业增加值的

增速降幅大于农业增加值的增速降幅。2015年，我国规模以上工业增加值增速6.1%，比上年放缓，增速下降2.2个百分点；全国规模以上工业企业实现利润63 554亿元，比上年下降2.3%，增速比上年提高3.1个百分点。整体来看，我国宏观经济形势依然不容乐观。在我国工农之间均衡增长、良性循环、协调发展关系逐步建立的过程中，经济增速放缓将不利于工农业之间的良性互动和协调发展，但也凸显了农业在国民经济中的基础性地位和作用。"农业丰则基础强，农民富则国家盛，农村稳则社会安。"在我国城乡差距不断扩大的背景下，合理调整国民收入分配格局，加大对农村、农业、农民的多元扶持，改善农业、农村和农民在资源和国民收入分配中所处的不利地位，努力构筑农民收入持续增长的长效机制，是关系我国经济稳定发展和社会稳定的重要举措。

3 城乡居民收入差异

2015年，农村居民收入增速高于城镇居民，城乡居民收入相对差距继续缩小，绝对差距还在扩大。

（一）农村居民收入增速高于城镇居民 2015年，全国农村居民人均可支配收入比上年实际增长7.5%；城镇居民人均可支配收入比上年实际增长6.6%。全年农村居民人均可支配收入实际增速快于城镇居民人均可支配收入0.9个百分点。

（二）城乡居民收入增长的主要原因 2015年，影响城镇居民收入增长的主要因素有：①城镇居民就业形势稳定，行政事业单位调资及最低工资标准提高是工资性收入增长的主要

原因。全年城镇居民人均工薪收入19 337元，比上年增长7.8%。②政府进一步优化创业环境，大力扶持个体私营经济发展，采取有力措施，扶持居民自主创业，以创业带动就业，推动了居民家庭经营净收入增长。全年城镇居民人均经营净收入3 476元，比上年增长6.0%。③养老金或离退休金发放标准提高，政府加大对低收入居民家庭的社会救助力度，提高居民最低生活保障标准，城镇居民医疗保险和职工医疗保险基本实现应保尽保，医疗保险报销范围也在逐步扩大和提高，转移性收入继续快速增长。全年城镇居民人均转移性收入5 340元，比上年增长10.9%。④随着城镇居民收入水平的提高，居民家庭财富逐步积累，居民投资理财意识在不断增强，投资领域逐步拓宽，理财收益增加，财产性收入不断增长。全年人均财产性收入3 042元，比上年增长8.2%。

影响农村居民收入增长的主要原因素有：①家庭经营净收入继续增长。2015年农村居民人均家庭经营净收入4 504元，比上年增长6.3%，增速下降1.4个百分点，占人均可支配收入的比重为39.4%，对全年农民增收的贡献率为28.5%，拉动可支配收入增长2.5个百分点。其中，人均第一产业经营净收入比上年增长5.2%，增速下降0.4个百分点，其原因主要是粮食丰收，同时蔬菜等农产品价格上涨，但受玉米、棉花、小麦等价格同比下跌影响，种植业净收入增速回落。②工资性收入保持较快增长，但增速同比回落2.9个百分点。农村居民人均工资性收入4 600元，增长10.8%。工资性收入对全年农民增收的贡献率为48%，拉动可支配收入增长4.3个百分点，占人均可支配收入的比重为40.3%。农村居民工资性收入

增长主要是由于农民工人数继续增加,尤其是本地务工人员增多,同时农民工工资水平保持增长。③财产净收入继续增长。农村居民人均财产净收入252元,增长13.3%。主要原因是转让承包土地经营权租金继续增长以及人均房租收入大幅增长。④转移净收入继续增长。农村居民人均转移净收入2 066元,增长10.1%,占人均可支配收入的比重为18.1%,对全年农民增收的贡献率为20.3%,拉动可支配收入增长1.8个百分点。主要是农村最低基础养老金标准提高,国家大力推进精准扶贫,加大对低收入群体帮扶力度,推动低收入群体收入较快增长,但农业生产直接补贴增速放缓。

2015年,城乡居民消费价格总水平温和上涨,比上年提高1.4%,其中食品消费价格上涨2.3%。城乡消费价格水平变化不同对城乡居民收入增长差异的影响继续存在。

(三)城乡居民收入差距问题依然突出 2015年,农村居民收入实际增长速度继续超过城镇居民,城乡居民收入相对差距进一步缩小。按新口径计算,城乡居民人均可支配收入比为2.73:1,比上年进一步缩小0.02。但城乡居民收入的绝对差距由上年的18 355元继续扩大到19 773元,收入不平衡问题依然突出。

城镇居民收入持续增长在一定程度上依赖国家政策性因素的推动,特别是财政支出结构使城镇居民在公共服务和社会福利方面享有巨大优势。虽然与城镇居民相比,农村居民可支配收入增长速度较快,但受中国经济进入新常态和农产品价格涨幅变化等因素影响,农民收入实际增长速度正在放缓,农民增收形势受到农民务工经商环境和农村社会保障标准提高以及精准扶贫精准脱贫等外部因素的影响程度加

大。在国家继续强化农业支持保护制度,进一步加大支农力度,加快建立投入稳定增长机制,持续增加财政农业农村支出这一政策背景下,农民增收基础与增收渠道将进一步加强和扩大,与城镇居民收入的差距进一步缩小,但城乡居民收入不平衡问题在较长时期内依然突出。

🐒 城乡居民消费差异

2015年,城乡居民人均消费支出实际增长6.9%,农村居民人均消费增长快于城镇居民,城乡居民人均消费差距较上年进一步缩小,但城乡居民消费水平的绝对差距还在扩大,城镇居民的消费水平远高于农村居民,城镇居民的消费结构明显优于农村居民。

(一)城乡居民消费水平的差异 2015年,城镇居民人均消费支出21 392元,实际增长5.5%;农村居民人均消费支出9 223元,实际增长8.6%,城乡居民人均消费支出比由上年的2.38:1下降到2.32:1,消费水平的相对差距进一步缩小;城镇居民人均消费支出比农村居民多12 169元,与上年相比扩大583元,城乡居民消费水平的绝对差距继续扩大。

(二)城乡居民消费结构的差异 随着城镇居民生活水平的不断提升,生活观念的逐步转变,城镇居民在满足基本生存消费的同时,越来越注重生活品质和自我发展。2015年,按新统计口径,城镇居民人均各类消费占消费总支出的比例依次是:食品烟酒(29.7%)、居住(22.1%)、交通和通讯(13.5%)、教育文化娱乐(11.1%)、衣着(8.0%)、医疗保健(6.7%)、生活用品及服务(6.1%)。城镇居民消费结构继续向发展型和享受型消费升

级，主要表现在：①用于吃穿等满足基本生活需要的消费支出继续增长，人均8 061元，增长5.7%，占生活消费支出的比重降低0.5个百分点。②居住支出继续提高，占生活消费支出的比重降低。城镇居民人均居住支出4 726元，增长5.3%，在消费支出中所占比重降低0.4个百分点。③交通通讯消费增速放缓，教育文化娱乐消费增长加快，人均交通通讯支出2 895元，增长9.8%，用于教育文化娱乐方面的支出2 383元，增长11.2%；从占消费支出的比重看，交通通讯和教育娱乐支出分别增加了0.3和0.4个百分点。④医疗保健支出继续快速增加，人均1 443元，增长10.6%，占消费支出的比重上升0.2个百分点。

随着农民收入提高，农村居民各项生活消费支出全面增长，消费结构不断优化升级，正在由生存型消费向着发展型消费方向转变。2015年，农村居民人均各类消费占生活消费总支出的比例依次是：食品烟酒（33.0%）、居住（20.9%）、交通和通讯（12.6%）、教育文化娱乐（10.5%）、医疗保健（9.2%）、生活用品及服务（5.9%）。农村居民消费支出中吃、穿、住等生活型消费占比下降，交通通信、教育文化娱乐、医疗保健等发展型消费占比提高。主要表现在：①用于吃穿等基本生活消费继续增长，人均3 598元，增长8.2%，占生活消费支出的比重降低0.7个百分点。②居住条件进一步改善，居住支出继续增长。人均居住支出1 926元，增长9.3%。③交通通讯消费保持快速增长。人均交通通讯费用支出11 163元，增长14.9%，占生活消费支出的比重上升0.5个百分点。④文化教育娱乐支出和医疗保健消费支出继续增长。文化教育娱乐支出人均969元，增长12.8%，人均医疗保健支出846元，增长12.2%，各占生活消

费支出的比重均上升了0.2个百分点。

2015年，城乡居民发展型消费比重上升，消费结构更加优化，但两者之间绝对消费水平差异仍然较大，城镇居民的消费层次明显高于农村居民。

3 区域经济发展差异

在区域经济结构中，东部地区农业比重较低，中、西部和东北地区的农业比重高，农业增加值占国内生产总值的比重继续呈下降趋势；在农村居民收入水平方面，区域差距较大。

（一）经济结构与农村经济发展水平差异 在2015年全国实现的国内生产总值中，东、中、西部和东北地区分别占52.7%、20.8%、18.3%和8.2%，与上年相比，东部地区和中部地区分别上升了0.5个百分点，西部地区下降了1.9个百分点，东北地区下降了0.2个百分点。东部、中部、西部和东北地区实现的国内生产总值之比为6.42∶2.53∶2.22∶1，与上年的6.09∶2.41∶2.4∶1相比，东、中部地区与其他两个地区差距有所扩大。

从全国农业增加值的构成来看，2015年东、中、西部和东北实现的农业增加值分别占全国的34.5%、26.1%、28.5%和10.9%，与上年相比，东部地区下降了0.2个百分点，中部地区上升0.3个百分点，西部地区下降0.1个百分点，东北地区下降了0.1百分点。东、中、西部和东北地区农业增加值占国内生产总值的比重分别为5.6%、10.8%、13.4%和11.4%，与上年相比，东、中、西部地区分别下降了0.2、0.3、0.5个百分点，东北地区上升了0.2个百分点。东、中、西部和东北地区农业增加值之比为3.18∶2.40∶2.63∶1，

与上年的3.14 ∶ 2.39 ∶ 2.56 ∶ 1相比，差距有所扩大。

（二）农村居民收入水平差异　2015年东、中、西部和东北地区农村居民人均可支配收入分别为14 297元、10 919元、9 093元、11 490元，增速分别为8.8%、9.1%、9.6%、6.4%。各地区农村居民人均可支配收入之比为1.24 ∶ 0.95 ∶ 0.79 ∶ 1，中、西部地区的农民收入与东部地区和东北地区的差距继续缩小（图27）。

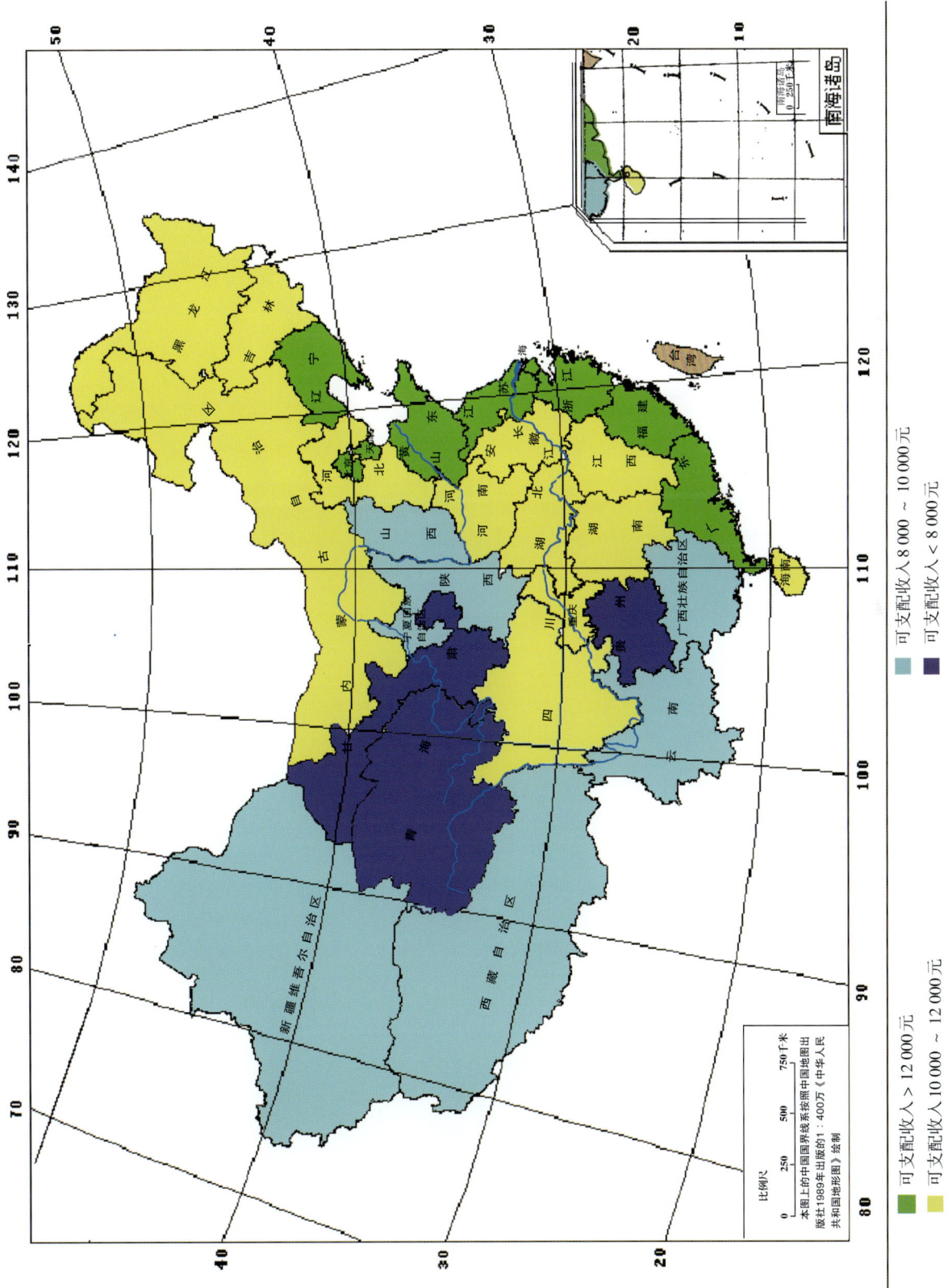

图27　2015年全国农村居民人均纯收入分布情况

2016年

农 业 发 展 趋 势

2016年农业发展趋势

发展目标和任务

2016年是实施"十三五"规划、全面建成小康社会决胜阶段的开局之年，也是推进结构性改革的攻坚之年，全面深化农村改革发展，推进农业供给侧结构性改革，加快转变农业发展方式，对于推动我国社会生产力水平整体改善、努力实现"十三五"时期经济社会发展良好开局意义重大。

2015年年底召开的中央农村工作会议明确会议指出，"十三五"时期农业农村工作要坚持创新、协调、绿色、开放、共享的发展理念，牢固树立强烈的短板意识，坚持问题导向，切实拉长农业这条"四化同步"的短腿、补齐农村这块全面小康的短板。会议强调，要着力加强农业供给侧结构性改革，提高农业供给体系质量和效率，使农产品供给数量充足、品种和质量契合消费者需要，真正形成结构合理、保障有力的农产品有效供给。当前，要高度重视去库存、降成本、补短板。加快消化过大的农产品库存量，加快粮食加工转化；通过发展适度规模经营、减少化肥农药不合理使用、开展社会化服务等，降低生产成本，提高农业效益和竞争力；加强农业基础设施等农业供给的薄弱环节，增加市场紧缺农产品的生产。要树立大农业、大食物观念，推动粮经饲统筹、农林牧渔结合、种养加一体、一、二、三产业融合发展。保障国家粮食安全是农业结构性改革的基本底线，要保稻谷、小麦等口粮，保耕地，保产能，保主产区特别是核心产区的粮食生产，确保谷物基本自给、口粮绝对安全。要充分发挥多种形式农业适度规模经营在结构性改革中的引领作用，农业支持政策要向规模经营主体倾斜，同时要注重让农民分享成果。要完善粮食等重要农产品价格形成机制和收储政策，为农业结构性改革提供动力。

按照中央的总体部署，农业部提出，2016

年，农业农村经济工作要以新理念引领农业新发展，以全面深化农村改革为动力源泉，以"提质增效转方式、稳粮增收可持续"为工作主线，大力推进农业结构性改革，强化科技、装备、人才、政策、法治支撑，坚持改革创新，推进绿色发展，统筹国内国际，巩固发展农业农村经济好形势，为"十三五"经济社会发展开好局、起好步提供有力支撑。2016年，重点抓好六个方面工作：①调整优化农业生产结构，提高农业供给体系质量和效率。要树立"大农业""大粮食"观，在保持粮食生产总体稳定的基础上，大力推进农业供给侧结构性改革，推动种植业畜牧业渔业转型升级，提升农业对外质量水平。②强化农业技术装备和条件建设，夯实现代农业发展基础。要构建和完善现代农业科技创新与推广体系，加快发展现代种业，提高农业机械化水平，大力发展农业信息化。③加强农业资源环境保护治理，促进农业可持续发展。要加强农业资源保护和高效利用，继续打好农业面源污染防治攻坚战，加快农业环境突出问题治理，大力发展生态循环农业。④加强农产品质量安全监管和动物疫病防控，提高农业生产风险防范水平。要提高农业标准化生产水平，加快提升农产品质量安全全程监管能力，全面提高全链条兽医卫生风险控制能力，强化农业安全生产和应急处置。⑤延伸产业链提升价值链，促进农民收入持续较快增长。要完善农业补贴和价格政策，推进农业节本增效，大力发展农产品加工业和市场流通，发展休闲农业和乡村旅游，推进农业产业化，发展农业生产性服务业，扎实推进特色产业精准脱贫。⑥扎实推进农业农村改革创新，激发农业农村发展活力。要积极引导发展多种形式适度规模经营，扎实推进农村土地承包经营权确权登记颁证，加强新型农业经营主体和新型职业农民培育，推进农村集体产权制度改革，推动农业金融保险创新，着力推进农垦改革发展，加强农村改革试验区和国家现代农业示范区建设，加强农业法治建设。

3 农业发展面临的条件

2015年，农业农村经济在高起点上实现稳中有进、稳中提质、稳中增效，粮食生产实现"十二连增"，农民人均现金收入突破万元，增长速度连续6年高于城镇居民收入增长幅度，农业转方式调结构打开新局面，农村改革取得重要进展，为新常态下经济社会发展大局提供了有力支撑。我国农业农村发展成果丰硕，成为经济社会发展的突出亮点，农业正在朝着现代化的目标稳步推进，同时，必须看到，我国农业农村发展面临的难题和挑战还很多，农业现代化仍是"四化同步"的"短腿"，农村发展仍是全面建成小康社会的"短板"，抓紧拉长这条"短腿"、补齐这块"短板"，厚植农业农村发展优势，有利于农业夯实自身基础、实现可持续发展，也有利于我国经济适应发展新常态、稳定市场信心、扩大回旋空间、应对风险隐患。2016年及今后一个时期，在我国经济发展进入新常态的背景下，我国农业农村发展机遇和挑战共存。

（一）有利条件

1. 持续夯实现代农业基础，提高农业质量效益和竞争力。国家将大规模推进高标准农田建设。加大投入力度，整合建设资金，创新投融资机制，整合完善建设规划，统一建设标准、统一监管考核、统一上图入库。将高标准农田划为永久基本农田，实行特殊保护。将高标准农田建设情况纳入地方各级政府耕地保护责任目标考核内容。大规模推进农田水利建设。加快重大水利工程建设。积极推进江河湖库水系连通工程建设。加快大中型灌区建设及续建配套与节水改造、大型灌排泵站更新改造。完善小型农田水利设施。大力开展区域规模化高效节水灌溉行动。继续实施中小河流治理和山洪、地质灾害防治。扩大开发性金融支持水利工程建设的规模和范围。稳步推进农业水价综合改革，建立节水奖励和精准补贴机制。完善用水权初始分配制度，培育水权交易市场。深化小型农田水利工程产权制度改革，创新运行管护机制。鼓励社会资本参与小型农田水利工程建设与管护。强化现代农业科技创新推广体系建设。统筹协调各类农业科技资源，建设现代农业产业科技创新中心，实施农业科技创新重点专项和工程，重点突破生物育种、农机装备、智能农业、生态环保等领域关键技术。强化现代农业产业技术体系建设。加快研发高端农机装备及关键核心零部件，提升主要农作物生产全程机械化水平，推进林业装备现代化。大力推进"互联网+"现代农业，应用物联网、云计算、大数据、移动互联等现代信息技术，推动农业全产业链改造升级。大力发展智慧气象和农业遥感技术应用。深化农业科技体制改革，完善成果转化激励机制，制定促进协同创新的人才流动政策。加强农业知识产权保护，严厉打击侵权行为。深入开展粮食绿色高产高效创建。健全适应现代农业发展要求的农业科技推广体系，对基层农技推广公益性与经营性服务机构提供精准支持，引导高等学校、科研院所开展农技服务。推行科技特派员制度，鼓励支持科技特派员深入一线创新创业。发挥农村专业技术协会的作用。鼓励发展农业高新技术企业。深化国家现代农业示范区、国家农业科技园区建设。加快推进现代种业发展。大力推进育繁推一体化，提升种业自主创新能力，保障国家种业安全。深入推进种业领域科研成果权益分配改革。实施现代种业建设工程和种业自主创新重大工程。全面推进良种重大科研联合攻关，培育和推广适应机械化生产、优质高产多抗广适新品种，加快主要粮食作物新一轮品种更新换代。贯彻落实种子法，全面推进依法治种。发挥多种形式农业适度规模经营引领作用。坚持以农户家庭经营为基础，支持新型农业经营主体和新型农业服务主体成为建设现代农业的骨干力量，充分发挥多种形式适度规模经营在农业机械和科技成果应用、绿色发展、市场开拓等方面的引领功能。加快培育新型职业农民。将职业农民培育纳入国家教育培训发展规划，基本形成职业农民教育培训体系，把职业农民培养成建设现代农业的主导力量。优化农业生产结构和区域布局。树立大食物观，面向整个国土资源，全方位、多途径开发食物资源，满足日益多元化的食物消费需求。统筹用好国际国内两个市场、两种资源。完善农业对外开放战略布局，统筹农产品进出口，加快形成农业对外贸易与国内农业发展相互促进的政策体系，实现补充国内市场需求、促进结构调整、保护国内产业和农民利益的有机统一。加强与"一带一路"沿线国家和地区及周边国家和地区的农业投资、贸易、科技、动植物检疫合作。支持我国企业开展多种形式的跨国经营，加强农产品加工、储运、贸易等环节合作，培育具有国际竞争力的粮商和农业企业集团。

2. 加强资源保护和生态修复，推动农业绿色发展。加强农业资源保护和高效利用。基本建立农业资源有效保护、高效利用的政策和技术支撑体系，从根本上改变开发强度过大、利用方式粗放的状况。坚持最严格的耕地保护制度，坚守耕地红线，全面划定永久基本农田，大力实施农村土地整治，推进耕地数量、质量、生态"三位一体"保护。实施耕地质量保护与提升行动，加强耕地质量调查评价与监测，扩大东北黑土地保护利用试点规模。实施渤海粮仓科技示范工程，加大科技支撑力度，加快改造盐碱地。创建农业可持续发展试验示范区。划定农业空间和生态空间保护红线。落实最严格的水资源管理制度，强化水资源管理"三条红线"刚性约束，实行水资源消耗总量和强度双控行动。加强地下水监测，开展超采区综合治理。落实河湖水域岸线用途管制制度。加强自然保护区建设与管理，对重要生态系统和物种资源实行强制性保护。实施濒危野生动植物抢救性保护工程，建设救护繁育中心和基因库。强化野生动植物进出口管理，严厉打击象牙等濒危野生动植物及其制品非法交易。加快农业环境突出问题治理。基本形成改善农业环境的政策法规制度和技术路径，确保农业生态环境恶化趋势总体得到遏制，治理明显见到成效。实施并完善农业环境突出问题治理总体规划。加大农业面源污染防治力度，实施化肥农药零增长行动，实施种养业废弃物资源化利用、无害化处理区域示范工程。积极推广高效生态循环农业模式。探索实行耕地轮作休耕制度试点，通过轮作、休耕、退耕、替代种植等多种方式，对地下水漏斗区、重金属污染区、生态严重退化地区开展综合治理。实施全国水土保持规划。推进荒漠化、石漠化、水土流失综合治理。加强农业生态保护和修复。实施山水林田湖生态保护和修复工程，进行整体保护、系统修复、综合治理。扩大新一轮退耕还林还草规模。扩大退牧还草工程实施范围。实施新一轮草原生态保护补助奖励政策，适当提高补奖标准。实施湿地保护与恢复工程，开展退耕还湿。建立沙化土地封禁保护制度。加强历史遗留工矿废弃和自然灾害损毁土地复垦利用。开展大规模国土绿化行动，增加森林面积和蓄积量。加强三北、长江、珠江、沿海防护林体系等林业重点工程建设。继续推进京津风沙源治理。完善天然林保护制度，全面停止天然林商业性采伐。完善海洋渔业资源总量管理制度，严格实行休渔禁渔制度，开展近海捕捞限额管理试点，按规划实行退养还滩。加快推进水生态修复工程建设。建立健全生态保护补偿机制，开展跨地区跨流域生态保护补偿试点。编制实施耕地、草原、河湖休养生息规划。加强产地环境保护和源头治理，实行严格的农业投入品使用管理制度。推广高效低毒低残留农药，实施兽用抗菌药治理行动。创建优质农产品和食品品牌。继续推进农业标准化示范区、园艺作物标准园、标准化规模养殖场（小区）、水产健康养殖场建设。实施动植物保护能力提升工程。加快健全从农田到餐桌的农产品质量和食品安全监管体系，建立全程可追溯、互联共享的信息平台，加强标准体系建设，健全风险监测评估和检验检测体系。落实生产经营主体责任，严惩各类食品安全违法犯罪。实施食品安全创新工程。加强基层监管机构能力建设，培育职业化检查员，扩大抽检覆盖面，加强日常检查。加快推进病死畜禽无害化处理与养殖业保险联动机制建设。规范畜禽屠宰管理，加强人畜共患传染病防治。强化动植物疫情疫病监测防控和边境、口岸及主要物流通道检验检疫能力建设，严防外来有害物种入侵。深入开展食品安全城市和农产品质量安全县创建，开展农村食品安全治理行动。

3. 推进农村产业融合，促进农民收入持续较快增长。推动农产品加工业转型升级。加强农产品加工技术创新，促进农产品初加工、精深加工及综合利用加工协调发展，提高农产品加工转化率和附加值，增强对农民增收的带动能力。加强规划和政策引导，促进主产区农产品加工业加快发展，支持粮食主产区发展粮食深加工，形成一批优势产业集群。开发拥有自主知识产权的技术装备，支持农产品加工设备改造提升，建设农产品加工技术集成基地。培育一批农产品精深加工领军企业和国内外知名品牌。强化环保、能耗、质量、安全等标准作用，促进农产品加工企业优胜劣汰。完善农产品产地初加工补助政策。研究制定促进农产品加工业发展的意见。加强农产品流通设施和市场建设。健全统一开放、布局合理、竞争有序的现代农产品市场体系，在搞活流通中促进农民增收。加快农产品批发市场升级改造，完善流通骨干网络，加强粮食等重要农产品仓储物流设施建设。完善跨区域农产品冷链物流体系，开展冷链标准化示范，实施特色农产品产区预冷工程。推动公益性农产品市场建设。支持农产品营销公共服务平台建设。开展降低农产品物流成本行动。促进农村电子商务加快发展，形成线上线下融合、农产品进城与农资和消费品下乡双向流通格局。加快实现行政村宽带全覆盖，创新电信普遍服务补偿机制，推进农村互联网提速降费。加强商贸流通、供销、邮政等系统物流服务网络和设施建设与衔接，加快完善县乡村物流体系。实施"快递下乡"工程。鼓励大型电商平台企业开展农村电商服务，支持地方和行业健全农村电商服务体系。建立健全适应农村电商发展的农产品质量分级、采后处理、包装配送等标准体系。深入开展电子商务进农村综合示范。加大信息进村入户试点力度。大力发展休闲农业和乡村旅游。强化规划引导，采取以奖代补、先建后补、财政贴息、设立产业投资基金等方式扶持休闲农业与乡村旅游业发展。积极扶持农民发展休闲旅游业合作社。引导和支持社会资本开发农民参与度高、受益面广的休闲旅游项目。加强乡村生态环境和文化遗存保护，发展具有历史记忆、地域特点、民族风情的特色小镇，建设一村一品、一村一景、一村一韵的魅力村庄和宜游宜养的森林景区。实施休闲农业和乡村旅游提升工程、振兴中国传统手工艺计划。开展农业文化遗产普查与保护。支持有条件的地方通过盘活农村闲置房屋、集体建设用地、"四荒地"、可用林场和水面等资产资源发展休闲农业和乡村旅游。完善农业产业链与农民的利益联结机制。促进农业产加销紧密衔接、农村一、二、三产业深度融合，推进农业产业链整合和价值链提升，让农民共享产业融合发展的增值收益，培育农民增收新模式。支持供销合作社创办领办农民合作社，引领农民参与农村产业融合发展、分享产业链收益。创新发展订单农业，支持农业产业化龙头企业建设稳定的原料生产基地、为农户提供贷款担保和资助订

点。完善宅基地权益保障和取得方式，探索农民住房保障新机制。总结农村集体经营性建设用地入市改革试点经验，适当提高农民集体和个人分享的增值收益。完善和拓展城乡建设用地增减挂钩试点，将指标交易收益用于改善农民生产生活条件。探索将通过土地整治增加的耕地作为占补平衡补充耕地的指标，按照谁投入、谁受益的原则返还指标交易收益。探索将财政资金投入农业农村形成的经营性资产，通过股权量化到户，让集体组织成员长期分享资产收益。完善集体林权制度，引导林权规范有序流转。完善草原承包经营制度。

（二）不利条件 我国已经进入传统农业向现代农业加快转变的关键时期，2016年，农业农村发展面临一些新的动向和挑战，保持农业持续稳定发展的任务十分艰巨。①在经济发展新常态背景下，如何强化农业基础地位、促进农民收入稳定较快增长，加快缩小城乡差距，确保如期实现全面小康，是必须完成的历史任务。②在资源环境约束趋紧背景下，如何加快转变农业发展方式，确保粮食等重要农产品有效供给，实现绿色发展和资源永续利用，是必须破解的现实难题。③主要农产品进口数量不断增长，农产品价格国际竞争力下降，如何统筹利用国际国内两个市场、两种资源，提升我国农业竞争力，赢得参与国际市场竞争的主动权，是必须应对的重大挑战。④工业化、城镇化加速，大量的农村劳动力向城镇转移，整个宏观经济情况、城市二、三产业结构发生变化，原有的一些农村经济政策出现了与现实不适应的变化，效力有所降低。如何调整原有政策，使之适应农村经济社会发展的深刻变化，更好地发挥积极作用是必须解决的重要

问题。⑤农业的生产成本与农民的收益遭受挑战。2015年，农民人均可支配收入中，工资性收入比重占第一，首次超过家庭经营性收入。同时，种植业收入占可支配收入中的比重也发生了变化，农民种植业的收入占人均可支配收入的比重已经不足四分之一。运用政策手段调动农民种粮积极性的难度会越来越大。如何通过深化改革化解困难是农业农村发展面临的重大考验。

🐂 农业发展趋势判断

（一）农业生产稳定向好 粮食生产形势持续稳定向好。据国家统计局全国11万多农户种植意向调查显示，2016年全国稻谷意向种植面积增长0.3％，小麦增长0.4％，玉米下降0.9％。

棉花、糖料面积继续下降。受比较效益下降、生产成本提高等因素影响，棉花、糖料面积和产量都呈下降趋势。据种植意向调查，2016年，棉花意向种植面积减少18.8％；据专家预测，2016年糖料种植面积和食糖产量同比分别减少8.2％和14.8％。

油料生产基本稳定。受油菜籽收购政策调整影响，2016年油料生产基本稳定，品种分化明显。花生和大豆面积、产量双双增长，油菜籽面积、产量显著缩减。

蔬菜面积稳定。种植业水平提高、设施条件改善和规模化、标准化生产技术普遍应用等将继续助力蔬菜生产稳定增加，但增速放缓。

畜牧业和渔业平稳发展。生猪和猪肉市场价格处于上涨通道，受能繁母猪产能压缩的影响，猪肉供需仍将呈现紧平衡。禽肉产量稳步

增加，禽蛋生产稳中有增；牛羊肉扶持政策力度的不断加大，以及养殖规模化的提升，将有力促进肉牛肉羊生产持续稳定发展；规模化养殖和单产水平提升将驱动奶类产量稳步增长；水产品产量稳步增长，但随着渔业资源的不断束紧、养殖空间缩小及生产成本上升，增长空间将受到限制。

（二）农产品价格总体基本稳定　一方面，农产品价格下行压力较大。从国内来看，一系列强农惠农富农政策调动了农民种粮积极性，国内主要农产品连年丰收，农产品总体供给充足、库存高企、需求受限，价格下行压力较大；从国际来看，全球经济仍处于缓慢复苏阶段，国际大宗农产品价格仍保持相对低迷。另一方面，国内农产品具备一定的上涨空间。从国内看，农业生产成本稳步上升，除物质投入、人工和土地成本刚性上涨外，动植物病虫害防控、现代化种养设施维护、废弃物处理及农产品加工、包装、销售、品牌建设等成本也明显增加，对农产品价格上涨形成一定推力。2016年，我国将采取分品种施策的方式完善农产品市场调控制度，按照"市场定价、价补分离"的原则，逐步使国内农产品的市场价格回归到市场需求的水平。

总体看，2016年国内农产品价格总体较为稳定，多种农产品价格涨跌互现。分品种看，三大谷物价格下行压力大，其中，稻米、小麦稳中趋弱，玉米价格取消临时收储，实行市场定价后将继续下跌；棉花供需形势依然宽松，棉价仍将低位运行；国内外食糖价格有望步入缓慢回升通道；油料产量稳定，供给充足，价格维持弱势运行；生猪和猪肉价格继2015年反弹以来，继续维持高位运行；禽肉价格受养殖成本上升影响，稳中略涨；禽蛋价格温和上涨，季节性波动明显；牛羊肉国内供需偏紧，价格保持高位运行趋势；国内外奶制品供给充足，奶类价格继续波动调整；蔬菜价格稳中略涨；水产品市场供需基本均衡，预计价格基本稳定。

（三）农业对外依存度仍然较高　世界经济复苏充满变数，国际市场需求仍然较弱、汇率波动美元强势、国际农产品市场竞争激烈、国内生产成本不断上升、我国农产品出口环境严峻，但总体出口格局基本稳定。2016年，水产品贸易形势严峻，出口竞争力减弱，出口量下降；蔬菜出口量呈稳定增加态势，继续维持贸易顺差格局；水果及制品仍具较强出口优势，出口量继续增长。进口方面，国际农产品供给充足，价格低迷，国内主要农产品价格全面超过国际价格，预计农产品进口规模持续扩大。大米进口量基本保持稳定；国际小麦价格优势明显，小麦贸易维持净进口；国内玉米严重供大于求，将抑制玉米进口；国产油料产需缺口突出，油料进口量增加，增速放缓；受价格回暖和国内外价差较高影响，猪肉进口量预计增加；受美国禽流感封关影响，禽肉进口量稳中略减；国内外牛羊肉价格倒挂，牛羊肉进口继续增加；奶制品进口量增速放缓，奶粉仍是主要的进口奶制品。虽然国内多数农产品生产能力较强、库存水平较高、市场消费需求增长缓慢，国内对农产品进口需求下降，但农业对外依存度依然很高。

（四）农民收入持续稳定增长　当前，农民收入保持持续增长的态势，农民居民收入增幅连续6年超过国内生产总值和城镇居民收入增幅，城乡收入相对差距持续缩小。预计2016

年农民收入将持续稳定增加，城乡收入差距有望进一步缩小。一是中央明确提出继续加大"三农"政策支持和资金投入力度，持续夯实现代农业基础，提高农业质量效益和竞争力，发挥多种形式农业适度规模经营引领作用，有利于提高农民家庭经营收入。二是统筹城乡一体化，推进城乡基本公共服务的均等化，逐步解决外出务工劳动力市民化问题，完善农民工工资增长与保障机制，进一步提高农村劳动力务工所得，提高农民工资性收入。三是完善国家财政对农民收入的补贴政策，打好脱贫攻坚战，解决贫困地区农民增收的问题。四是推进农村产权制度改革，推进农村集体资产，特别是经营性资产的股份合作制改革，使资源变资产，资金变股金，农民变股东，让农民得到更多的财产性收入。五是推进一、二、三产业融合发展，促进农产品加工、电子商务、休闲农业、乡村旅游等产业发展，让农民更多地分享农业增值的效益。同时，农民收入增长仍面临许多困难和挑战。一方面，多数农产品价格在走低，不利于农民经营增收；另一方面，国内经济下行压力加大，经济增速特别是财政收入增速放缓，影响工资性收入和转移性收入增长水平。总体看，在政策和市场等多种利好因素的共同作用下，2016年农村居民收入有望继续增长，但增速回落，城乡居民收入相对差距有望继续缩小，但绝对差距依然较大。

附　表

附 表 说 明

　　1.本附表简要地列入了1998—2015年有关农业部门的主要统计指标数字，内容涉及农业在国民经济中的地位、农村劳动力、农业投入、土地资源、农业生产、农村居民收入及支出、农产品价格、农产品进出口等方面。

　　2.由于统计指标及统计口径的变更与调整，某些指标因缺乏资料而中断。根据这些情况，本附表也酌情进行了一定的调整。

　　3.表中数据凡未加注释的均来自国家统计局，对于来自其他部门的数据各表下方附有注释。

　　4.表中四大经济地区指：东部地区为北京、天津、河北、上海、江苏、浙江、福建、山东、广东和海南共10省、直辖市；中部地区为山西、安徽、江西、湖南、湖北、河南共6个省；西部地区为内蒙古、广西、重庆、四川、云南、贵州、西藏、陕西、甘肃、宁夏、青海、新疆共12个省、自治区、直辖市；东北地区为辽宁、吉林和黑龙江共3个省。

　　5.与往年一样，本报告（包括附表）所有统计资料和数据均未包括香港、澳门特别行政区和台湾省。

　　6.表中符号说明：

　　"…"表示数字不足本表最小单位数；

　　"/"表示无该项指标数据；

　　"空格"表示数据不详或截至本报告印刷之前尚未公布。

　　7.各表字段尾如带有附加括号的数字（1）、（2）、（3）等表示表下方有注释。

表1 农村经济在国民经济中的地位

年份	农业增加值占国内生产总值的比重(%)	第一产业就业人数占总就业人数的比重(%)	乡村就业人数占总就业人数的比重(%)	农村消费品零售额占全社会消费品零售额的比重(1)(%)	农业各税占税收总额的比重(2)(%)	用于农业支出占财政支出的比重(3)(%)	农业贷款占金融机构人民币各项贷款的比重(%)	农产品进口额占进口总额的比重(%)	农产品出口额占出口总额的比重(%)
1998	17.6	49.8	69.4	38.9	4.3	10.7	5.1	7.0	7.5
1999	16.5	50.1	68.6	38.7	4.0	8.2	5.1	5.0	6.9
2000	15.1	50.0	67.9	38.2	3.7	7.8	4.9	5.0	6.3
2001	14.4	50.0	66.9	37.4	3.1	7.7	5.1	4.9	6.0
2002	13.7	50.0	65.7	36.7	4.1	7.2	5.2	4.2	5.6
2003	12.8	49.1	64.4	35.0	4.4	7.1	5.3	4.6	4.9
2004	13.4	46.9	63.2	34.1	3.7	10.0	5.5	5.0	3.9
2005	12.1	44.7	62.0	32.8	3.3	7.2	5.9	4.3	3.6
2006	11.1	42.6	60.5	32.5	3.1	7.9	5.9	4.0	3.2
2007	10.8	40.8	58.9	32.3	3.2	6.8	5.9	4.3	3.0
2008	10.7	39.6	57.5	32.0	3.1	7.2	5.8	5.1	2.8
2009	10.3	38.1	56.1	32.8	4.1	8.8	5.4	5.2	3.3
2010	10.1	36.7	54.4	13.3	4.1	9.0	/	5.2	3.1
2011	10.0	34.8	53.0	13.2	3.8	9.1	/	5.4	3.2
2012	10.1	33.6	51.6	13.3	/	9.5	/	6.1	3.1
2013	10.0	31.4	50.3	13.4	/	9.5	/	6.1	3.1
2014	9.2	29.5	49.1	13.7	/	/	/	6.2	3.0
2015	9.0	28.3	47.8	13.9	/	/	/	6.9	3.1

注:(1)根据新颁布的《统计上划分城乡的规定》。2010年及以后农村消费品零售额的统计范围由原来的"市、县、县以下"调整为"乡及乡以下"。
(2)2009年农业税包括三部分:耕地占用税、契税和烟叶税。
(3)2007年及以后农业支出是指农林水事务支出。

表2　农林牧渔业产值及构成（按当年价格计算）

单位：亿元

年份	农林牧渔业总产值	农林牧渔业增加值	农业增加值	林业增加值	牧业增加值	渔业增加值	服务业增加值	农林牧渔业增加值构成（%）				
								农业增加值	林业增加值	牧业增加值	渔业增加值	服务业增加值
1998	24 541.9	14 555.7	9 069.2	611.9	3 413.3	1 461.3		62.3	4.2	23.5	10.0	
1999	24 519.1	14 457.2	8 916.6	629.9	3 391.1	1 519.6		61.7	4.4	23.5	10.5	
2000	24 915.8	14 628.2	8 703.6	662.3	3 638.5	1 623.8		59.5	4.5	24.9	11.1	
2001	26 179.6	15 411.9	9 130.7	660.4	3 950.5	1 670.3		59.2	4.3	25.6	10.8	
2002	27 390.8	16 117.3	9 482.4	710.8	4 166.7	1 757.4		58.8	4.4	25.9	10.9	
2003	29 691.8	17 341.7	9 649.1	833.0	4 653.0	1 793.0	413.6	55.6	4.8	26.8	10.3	2.4
2004	36 239.0	21 224.9	11 827.7	905.6	5 953.7	2 081.1	456.9	55.7	4.3	28.1	9.8	2.2
2005	39 450.9	23 070.5	12 758.5	975.5	6 506.9	2 327.2	502.5	55.3	4.2	28.2	10.1	2.2
2006	40 810.8	24 040.1	13 937.0	1 099.2	5 811.8	2 415.5	776.5	58.0	4.6	24.2	10.0	3.2
2007	48 893.0	28 626.9	15 988.9	1 272.9	7 796.7	2 723.8	844.7	55.9	4.4	27.2	9.5	3.0
2008	58 002.0	33 702.2	18 151.0	1 459.0	9 985.0	3 172.0	935.2	53.9	4.3	29.6	9.4	2.8
2009	60 361.0	35 225.9	19 738.7	1 579.0	9 412.3	3 424.1	1 071.8	56.0	4.5	26.7	9.7	3.0
2010	69 319.8	40 533.6	23 684.5	1 744.2	10 022.1	3 903.8	1 179.0	58.4	4.3	24.7	9.6	2.9
2011	81 303.9	47 486.1	27 042.8	2 089.2	12 431.4	4 590.0	/	56.9	4.4	26.2	9.7	/
2012	89 453.0	52 373.6	30 216.1	2 281.3	13 128.4	5 266.9	/	57.7	4.4	25.1	10.1	/
2013	96 995.3	56 966.0	33 147.2	2 569.3	13 762.8	5 842.5	/	58.2	4.5	24.2	10.3	/
2014	102 226.1	60 158.0	35 257.5	2 793.0	14 025.3	6 260.2	/	58.6	4.6	23.3	10.4	/
2015	107 056.4	62 904.1	37 029.7	2 895.8	14 360.0	6 569.1	/	58.9	4.6	22.8	10.4	/

注：1993年起分项统计改用新指标。农林牧渔业总产值1996年（含）以后为调整后的数据。2003年起执行新国民经济行业分类标准，农林牧渔业包括农林牧渔服务业。

表3 农业物质生产条件

年份	农业机械总动力 (万千瓦)	大中型拖拉机 (万千瓦)	小型拖拉机 (万千瓦)	农村用电量 (亿千瓦时)	灌溉面积 (千公顷)	化肥施用量 (纯量) (万吨)	复合肥 (万吨)	农用塑料薄膜使用量 (万吨)	农用柴油使用量 (万吨)	农药使用量 (万吨)
1998	45 207.7	2 587.9	10 031.5	2 042.1	52 295.6	4 083.7	822.2	120.7	1 314.7	123.2
1999	48 996.1	2 772.8	11 008.9	2 173.4	53 158.4	4 124.3	880.0	125.9	1 354.3	132.2
2000	52 573.6	3 161.1	11 663.9	2 421.3	53 820.3	4 146.4	917.9	133.5	1 405.0	128.0
2001	55 172.1	2 901.7	12 257.9	2 610.1	54 249.4	4 253.8	983.7	144.9	1 485.3	127.5
2002	57 929.9	3 073.4	12 695.0	2 993.4	54 354.9	4 339.4	1 040.4	153.9	1 507.5	131.2
2003	60 386.5	3 229.8	13 060.2	3 432.9	54 014.2	4 411.6	1 109.8	159.2	1 574.6	132.5
2004	64 027.9	3 713.1	13 855.4	3 933.0	54 478.4	4 636.6	1 204.0	168.0	1 819.5	138.6
2005	68 397.8	4 293.5	14 660.9	4 375.7	55 029.3	4 766.2	1 303.2	176.2	1 902.7	146.0
2006	72 522.1	5 245.3	15 229.1	4 895.8	55 750.5	4 927.7	1 385.9	184.5	1 922.8	153.7
2007	76 589.6	6 101.1	15 729.2	5 509.9	56 518.3	5 107.8	1 503.0	193.7	2 020.8	162.3
2008	82 190.4	8 186.5	16 647.7	5 713.2	58 471.7	5 239.0	1 608.6	200.7	1 887.9	167.2
2009	87 496.1	9 772.6	16 922.7	6 104.4	59 261.4	5 404.4	1 698.7	208.0	1 959.9	170.9
2010	92 780.5	11 167.0	17 278.4	6 632.3	60 347.7	5 561.7	1 798.5	217.3	2 023.1	175.8
2011	97 734.7	/	/	7 139.6	61 681.6	5 704.2	1 895.1	229.5	2 057.4	178.7
2012	102 559.0	/	/	7 508.5	63 036.4	5 838.8	1 990.0	238.3	2 107.6	180.6
2013	103 906.8	/	/	8 549.5	63 473.3	5 911.9	2 057.5	249.3	2 154.9	180.2
2014	108 056.6	/	/	8 884.4	64 539.5	5 995.9	2 115.8	258.0	1 807.0	180.7
2015	111 728.1	/	/	9 026.9	65 872.6	6 022.6	2 175.7	260.4	2 197.7	178.3

表4 农作物播种面积

单位：千公顷

年份地区	农作物总播种面积	粮食作物播种面积	稻谷	小麦	玉米	大豆	油料	棉花	糖料	蔬菜	果园面积
1998	155 706	113 787	31 214	29 774	25 239	8 500	12 919	4 459	1 984	12 293	8 535
1999	156 373	113 161	31 283	28 855	25 904	7 762	13 906	3 726	1 644	13 347	8 667
2000	156 300	108 463	29 962	26 653	23 056	9 307	15 400	4 041	1 514	15 237	8 932
2001	155 708	106 080	28 812	24 664	24 282	9 482	14 631	4 810	1 654	16 402	9 043
2002	154 636	103 891	28 202	23 908	24 634	8 720	14 766	4 184	1 872	17 353	9 098
2003	152 415	99 410	26 508	21 997	24 068	9 313	14 990	5 111	1 657	17 954	9 437
2004	153 553	101 606	28 379	21 626	25 446	9 589	14 431	5 693	1 568	17 560	9 768
2005	155 488	104 278	28 847	22 793	26 358	9 591	14 318	5 062	1 564	17 721	10 035
2006	152 149	104 958	28 938	23 613	28 463	9 280	11 738	5 816	1 557	16 639	10 123
2007	153 464	105 638	28 919	23 721	29 478	8 754	11 316	5 926	1 802	17 329	10 471
2008	156 266	106 793	29 241	23 617	29 864	9 127	12 825	5 754	1 990	17 876	10 734
2009	158 639	108 986	29 627	24 291	31 183	9 190	13 652	4 952	1 884	18 414	11 140
2010	160 675	109 876	29 873	24 257	32 500	8 516	13 890	4 849	1 905	19 000	11 544
2011	162 283	110 573	30 057	24 270	33 542	7 889	13 855	5 038	1 948	19 639	11 831
2012	163 416	111 205	30 137	24 268	35 030	7 172	13 930	4 688	2 030	20 353	12 140
2013	164 627	111 956	30 312	24 117	36 318	6 791	14 023	4 346	1 938	20 899	12 371
2014	165 446	112 723	30 310	24 069	37 123	6 800	14 043	4 222	1 899	23 896	12 371
2015	166 374	113 343	30 216	24 141	38 119	6 506	14 035	3 797	1 737	22 000	12 817
东部地区	38 746	25 278	6 404	8 566	7 468	692	2 385	1 002	244	7 836	4 243
中部地区	49 392	33 304	12 537	9 693	6 969	1 671	6 203	823	45	6 079	2 308
西部地区	56 043	34 621	6 821	5 806	11 645	1 474	4 798	1 972	1 442	7 138	5 779
东北地区	22 193	20 141	4 454	77	12 038	2 669	649	0	4	946	487

表5 农业自然灾害及除涝治碱情况

单位：千公顷

年份	受灾面积	水灾面积	旱灾面积	成灾面积	水灾面积	旱灾面积	成灾面积占受灾面积（%）	除涝面积	水土流失治理面积
1998	50 145	22 292	14 236	25 181	13 785	5 060	50.2	20 681	75 022
1999	49 981	9 020	30 156	26 731	5 071	16 614	53.5	20 838	77 828
2000	54 688	7 323	40 541	34 374	4 321	26 784	62.9	20 990	80 961
2001	52 215	6 042	38 472	31 793	3 614	23 698	60.9	21 021	81 539
2002	47 120	12 380	22 210	27 320	7 470	13 250	58.0	21 097	85 410
2003	54 386	19 208	24 852	32 516	12 289	14 470	59.8	21 097	85 410
2004	37 106	7 314	17 253	16 297	3 747	8 482	43.9	21 198	92 000
2005	38 818	10 932	16 028	19 966	6 047	8 479	51.4	21 340	94 654
2006	41 091	8 003	20 738	24 632	4 569	13 411	59.9	21 376	97 491
2007	48 992	10 463	29 386	25 064	5 105	16 170	51.2	21 419	99 871
2008	39 990	6 477	12 137	22 284	3 656	6 798	55.7	21 425	101 587
2009	47 214	7 613	29 259	21 234	3 162	13 197	45.0	21 584	104 545
2010	37 426	7 613	29 259	18 538	7 024	8 987	49.5	21 692	106 800
2011	32 471	6 863	16 304	12 441	2 840	6 599	38.3	21 722	109 663
2012	24 962	7 730	9 340	11 475	4 145	3 509	46.0	21 857	111 862
2013	31 350	8 757	14 100	14 303	4 859	5 852	45.6	21 943	106 892
2014	24 891	4 718	12 272	12 678	2 704	5 677	50.9	22 369	111 609
2015	21 770	5 620	10 610	12 380	3 327	5 863	56.9	22 713	115 547

注：自2006年起治碱面积改为若干年统计一次。

表6　主要农产品产量

单位：万吨

年份/地区	粮食作物总产量	谷物	稻谷	小麦	玉米	大豆	油料总产量	棉花总产量	甘蔗总产量	甜菜总产量	水果总产量
1998	51 230	45 625	19 871	10 973	13 295	1 515	2 314	450	8 344	1 447	5 453
1999	50 839	45 304	19 849	11 388	12 809	1 425	2 601	383	7 470	864	6 238
2000	46 218	40 522	18 791	9 964	10 600	1 541	2 955	442	6 828	807	6 225
2001	45 264	39 648	17 758	9 387	11 409	1 541	2 865	532	7 566	1 089	6 658
2002	45 706	39 799	17 454	9 029	12 131	1 651	2 897	492	9 011	1 282	14 375
2003	43 070	37 429	16 066	8 649	11 583	1 539	2 811	486	9 024	618	14 517
2004	46 947	41 157	17 909	9 195	13 029	1 740	3 066	632	8 985	586	15 341
2005	48 402	42 776	18 059	9 745	13 937	1 635	3 077	571	8 664	788	16 120
2006	49 804	45 099	18 172	10 847	15 160	1 597	2 640	753	9 709	751	17 102
2007	50 160	45 632	18 603	10 930	15 230	1 273	2 569	762	11 295	893	18 136
2008	52 871	47 847	19 190	11 246	16 591	1 554	2 953	749	12 415	1 004	19 220
2009	53 082	48 156	19 510	11 512	16 397	1 498	3 154	638	11 559	718	20 396
2010	54 648	49 637	19 576	11 518	17 725	1 508	3 230	596	11 079	930	21 401
2011	57 121	51 939	20 100	11 740	19 278	1 449	3 307	659	11 443	1 073	22 768
2012	58 958	53 935	20 424	12 102	20 561	1 305	3 437	684	12 311	1 174	24 202
2013	60 194	55 269	20 361	12 193	21 849	1 195	3 517	630	12 820	926	25 093
2014	60 703	55 741	20 651	12 621	21 565	1 215	3 507	618	12 561	800	26 142
2015	62 144	57 228	20 823	13 019	22 463	1 179	3 537	560	11 697	803	27 375
东部地区	14 950	14 024	4 503	5 083	4 263	167	805	107	1 833	89	10 095
中部地区	18 720	17 935	8 474	5 616	3 747	263	1 549	93	208	5	7 148
西部地区	16 501	14 016	4 548	2 295	6 700	267	1 042	360	9 655	695	8 827
东北地区	11 974	11 253	3 297	25	7 753	481	141	0	—	14	1 304

注：2002年（含）以后水果总产量含果用瓜。

表7 养殖业情况

年份/地区	大牲畜年末存栏(万头)	猪年末存栏(万头)	羊年末存栏(万头)	肉类产量(万吨)	猪肉(万吨)	牛肉(万吨)	羊肉(万吨)	禽肉(万吨)	禽蛋产量(万吨)	奶类产量(万吨)	水产品总产量(万吨)
1998	14 803	42 256	26 904	5 724	3 884	480	235	1 056	2 021	745	3 383
1999	15 025	43 144	27 926	5 949	4 006	505	251	1 116	2 135	807	3 570
2000	14 638	41 634	27 948	6 014	3 966	513	264	1 208	2 182	919	3 706
2001	13 981	41 951	27 625	6 106	4 052	509	272	1 210	2 210	1 123	3 796
2002	13 672	41 776	28 241	6 234	4 123	522	284	1 250	2 266	1 400	3 955
2003	13 467	41 382	29 307	6 443	4 239	543	309	1 312	2 333	1 849	4 077
2004	13 191	42 123	30 426	6 609	4 341	560	333	1 351	2 371	2 368	4 247
2005	12 895	43 319	29 793	6 939	4 555	568	350	1 464	2 438	2 865	4 420
2006	12 287	41 850	28 370	7 089	4 651	577	364	1 507	2 424	3 303	4 584
2007	12 309	43 990	28 565	6 866	4 288	613	383	1 448	2 529	3 633	4 748
2008	12 251	46 291	28 085	7 279	4 621	613	380	1 534	2 702	3 781	4 896
2009	12 153	46 983	28 452	7 650	4 891	636	389	1 595	2 741	3 735	5 120
2010	12 239	66 686	27 220	7 926	5 071	653	399	1 656	2 763	3 748	5 373
2011	11 966	46 767	28 236	7 958	5 053	647	393	1 709	2 811	3 811	5 603
2012	11 892	47 592	28 504	8 387	5 343	662	401	1 823	2 861	3 875	5 908
2013	11 853	47 411	29 036	8 535	5 493	673	408	1 798	2 876	3 650	6 172
2014	12 023	46 583	30 315	8 707	5 671	689	428	1 751	2 894	3 841	6 462
2015	12 196	45 113	31 100	8 625	5 487	700	441	1 826	2 999	3 870	6 700
东部地区	1 509	11 335	4 600	2 558	1 524	143	86	751	1 135	1 023	4 056
中部地区	2 396	14 671	4 686	2 526	1 820	161	71	450	948	515	1 318
西部地区	6 747	15 362	19 556	2 622	1 641	267	258	375	432	1 562	693
东北地区	1 544	3 744	2 257	919	502	128	26	250	484	770	605

注：水产品总产量含远洋捕捞产量，导致地区产量之和不完全等于全国总产量。

表8 农产品加工业主要经济指标

单位：个、亿元

项　目	企业单位数		主营业务收入		利润总额		税金总额		出口交货值	
	2014年	2015年	2014年	2015年	2014年	2015年	2014年	2015年	2014年	2015年
总计	75 693	78 427	184 754	193 689	12 245	12 908	11 715	12 270	11 392	11 105
一、粮食加工与制造业	10 415	11 068	23 638	24 848	1 394	1 450	632	661	255	261
二、饲料加工业	3 842	4 117	10 814	11 053	508	536	181	189	73	49
三、粮食原料酒制造业	2 214	2 274	8 085	8 438	897	922	779	794	70	78
四、植物油加工业	2 185	2 184	10 651	10 276	358	368	204	191	75	46
五、果蔬加工业	5 057	5 298	8 500	9 039	642	695	301	318	1 303	1 320
六、精制茶加工业	1 486	1 687	1 669	1 906	144	156	61	64	75	78
七、肉类加工业	3 878	4 039	13 116	13 552	657	673	273	289	288	266
八、蛋品加工业	174	187	272	299	17	20	7	8	7	8
九、乳品加工业	631	638	3 298	3 329	225	242	105	122	6	5
十、水产品加工业	2 127	2 170	5 182	5 296	282	293	166	164	1 721	1 550
十一、制糖业	311	297	1 122	1 201	18	88	34	41	0	1
十二、烟草制造业	131	129	8 906	9 351	1 216	1 221	5 943	6 208	38	42
十三、中药制造业	2 427	2 602	7 302	7 867	703	792	397	434	93	95
十四、其他食用类农产品加工业	4 348	4 690	11 610	12 684	1 071	1 180	465	500	692	748
十五、棉麻加工业	9 503	9 452	21 141	22 491	1 135	1 178	624	656	1 118	1 049
十六、皮毛羽丝加工业	5 896	5 955	10 252	10 860	656	679	293	311	1 712	1 759
十七、木竹藤棕草加工业	18 151	18 669	30 279	32 089	1 738	1 851	1 005	1 053	2 254	2 276
十八、橡胶制品制造业	2 917	2 971	8 918	9 111	583	564	242	268	1 611	1 476

表9　农产品供需及价格情况：水稻

年份	面积 (千公顷)	单产 (千克/公顷)	生产量 (万吨)	大米进口量 (万吨)	大米出口量 (万吨)	早籼米批发价 标一(1) (元/吨)	晚籼米批发价 标一(1) (元/吨)	粳米批发价 标一(1) (元/吨)	国际市场价 (2) (美元/吨)
1998	31 214	6 366	19 871	26.0	375.6	1 825.4	1 984.2		316.0
1999	31 283	6 345	19 849	19.1	271.7	1 771.3	1 883.8		251.7
2000	29 962	6 272	18 791	24.9	296.2	1 348.7	1 476.9		206.7
2001	28 812	6 163	17 758	29.3	187.0	1 423.8	1 542.2	2 124.2	177.4
2002	28 202	6 189	17 454	23.8	199.0	1 433.5	1 483.1	2 013.0	196.9
2003	26 508	6 061	16 066	25.9	261.7	1 564.9	1 580.3	1 907.6	200.9
2004	28 379	6 311	17 909	76.6	90.9	2 315.6	2 424.1	2 648.0	244.5
2005	28 847	6 260	18 059	52.2	68.6	2 161.4	2 288.9	2 785.9	290.5
2006	28 938	6 280	18 172	73.0	125.3	2 181.0	2 302.4	2 913.6	311.2
2007	28 919	6 433	18 603	48.7	134.3	2 402.0	2 559.0	2 857.1	334.5
2008	29 241	6 563	19 190	33.0	97.2	2 638.5	2 823.5	2 963.7	697.5
2009	29 627	6 585	19 510	35.7	78.6	2 751.3	2 916.3	3 273.6	583.5
2010	29 873	6 553	19 576	38.8	62.2	2 985.9	3 166.7	3 879.8	520.0
2011	30 057	6 687	20 100	59.8	51.6	3 590.9	3 877.8	4 346.4	566.2
2012	30 137	6 777	20 424	236.9	27.9	3 831.5	4 145.7	4 353.7	590.4
2013	30 312	6 717	20 361	227.1	47.8	3 829.3	4 029.9	4 598.8	532.7
2014	30 310	6 813	20 651	257.9	41.9	3 876.2	4 128.3	4 644.3	342.7
2015	30 216	6 891	20 823	337.7	28.7	3 885.2	4 202.6	4 825.9	326.5

注：（1）为全国主要粮食批发市场平均价。
（2）为泰国曼谷FOB价格（100% B级）。

表10　农产品供需及价格情况：小麦

年 份	面 积 (千公顷)	单 产 (千克/公顷)	生产量 (万吨)	进口量 (万吨)	出口量 (万吨)	白小麦批发价 (三等) (1) (元/吨)	面粉零售价 (特一粉) (2) (元/吨)	面粉零售价 (标准粉) (2) (元/吨)	国际市场价 (3) (美元/吨)
1998	29 774	3 685	10 973	154.8	27.5	1 410.8	2 679.8	2 240.2	128.5
1999	28 855	3 947	11 388	50.5	16.4	1 329.1	2 637.5	2 187.9	114.4
2000	26 653	3 738	9 964	91.9	18.8	1 127.9	2 432.5	2 021.2	118.6
2001	24 664	3 806	9 387	73.9	71.3	1 109.0	2 333.7	1 940.6	129.7
2002	23 908	3 777	9 029	63.2	97.7	1 064.0	2 295.7	1 924.3	150.8
2003	21 997	3 932	8 649	44.7	251.4	1 144.2	2 378.9	2 009.7	149.6
2004	21 626	4 252	9 195	725.8	108.9	1 558.2	2 543.4	2 246.2	161.3
2005	22 793	4 275	9 745	353.8	60.5	1 505.2	2 708.6	2 406.9	157.8
2006	23 613	4 593	10 847	61.3	151.0	1 446.3	2 755.6	2 422.2	199.7
2007	23 721	4 608	10 930	10.1	307.3	1 547.4	2 980.5	2 609.5	263.8
2008	23 617	4 762	11 246	4.3	31.0	1 640.8	3 157.2	2 785.4	344.6
2009	24 291	4 739	11 512	90.4	24.5	1 854.2	3 299.7	2 941.1	235.7
2010	24 257	4 748	11 518	123.1	27.7	1 988.9	3 558.3	3 154.5	240.8
2011	24 270	4 837	11 740	125.8	32.8	2 079.0	3 913.5	3 430.8	330.1
2012	24 268	4 987	12 102	370.1	28.6	2 140.9	4 086.4	3 605.1	327.2
2013	24 117	5 056	12 193	553.5	27.8	2 442.6	4 328.3	3 809.5	322.4
2014	24 069	5 244	12 621	300.4	19.0	2 510.4	4 534.8	3 966.6	305.9
2015	24 141	5 393	13 019	300.7	12.2	2 494.5	4 046.6	4 046.6	232.8

注：（1）为全国主要粮食批发市场交易平均价。
　　（2）数据来源于国家发改委价格监测中心。
　　（3）为美国海湾离岸价（2号硬红冬麦）。

表11 农产品供需及价格情况：玉米

年 份	面 积 (千公顷)	单 产 (千克/公顷)	生产量 (万吨)	进口量 (万吨)	出口量 (万吨)	玉米批发价 (二等) (1) (元/吨)	国际市场价 (2号黄玉米) (2) (美元/吨)
1998	25 239	5 268	13 295	25.2	469.2	1 321.1	102.0
1999	25 904	4 945	12 808	7.9	433.3	1 113.7	91.7
2000	23 056	4 598	10 600	0.3	1 047.9	950.2	88.4
2001	24 282	4 699	11 409	3.9	600.0	1 124.3	89.6
2002	24 634	4 925	12 131	0.8	1 167.5	1 023.8	99.2
2003	24 068	4 813	11 583	0.1	1 639.1	1 114.2	105.2
2004	25 446	5 120	13 029	0.2	232.4	1 296.9	111.7
2005	26 358	5 287	13 937	0.4	864.2	1 218.7	98.5
2006	28 463	5 326	15 160	6.5	309.9	1 300.7	122.1
2007	29 478	5 167	15 230	3.5	491.8	1 538.1	162.7
2008	29 864	5 556	16 591	5.0	27.3	1 626.2	223.1
2009	31 183	5 258	16 397	8.4	13.0	1 629.3	165.6
2010	32 500	5 454	17 725	157.3	12.7	1 918.3	184.6
2011	33 542	5 748	19 278	175.4	13.6	2 188.9	292.3
2012	35 030	5 870	20 561	520.8	25.7	2 299.6	298.3
2013	36 318	6 016	21 849	326.6	7.8	2 265.4	264.1
2014	37 123	5 809	21 565	259.9	2.0	2 332.0	192.0
2015	38 119	5 893	22 463	473.0	1.1	2 292.4	170.1

注：(1) 为全国主要粮食批发市场交易平均价。
　　(2) 为美国海湾离岸价。

表12 农产品供需及价格情况：大豆

年 份	面 积 (千公顷)	单 产 (千克/公顷)	生产量 (万吨)	进口量 (万吨)	出口量 (万吨)	大豆批发价 (三等) (1) (元/吨)	国际市场价 (1号黄大豆) (2) (美元/吨)
1998	8 500	1 783	1 515	320.1	17.2	2 461.2	235.0
1999	7 962	1 789	1 425	432.0	20.7	2 131.0	184.9
2000	**9 307**	**1 656**	**1 541**	**1 041.9**	**21.5**	**2 257.1**	**193.0**
2001	9 482	1 625	1 541	1 394.0	26.2	2 073.6	180.7
2002	8 720	1 893	1 651	1 131.5	30.5	2 114.7	201.3
2003	9 313	1 653	1 539	2 074.1	29.5	2 638.7	241.3
2004	9 589	1 815	1 740	2 023.0	34.9	3 280.1	288.5
2005	**9 591**	**1 705**	**1 635**	**2 659.1**	**41.3**	**2 844.7**	**238.6**
2006	9 280	1 721	1 597	2 827.0	39.5	2 648.8	234.8
2007	8 754	1 454	1 273	3 082.1	47.5	3 279.8	326.9
2008	9 127	1 703	1 554	3 743.6	48.4	4 626.2	474.7
2009	9 190	1 630	1 498	4 255.2	35.6	3 763.8	403.5
2010	**8 516**	**1 771**	**1 508**	**5 479.7**	**17.3**	**3 887.0**	**408.8**
2011	7 889	1 836	1 449	5 264.0	21.4	4 128.3	507.3
2012	7 172	1 820	1 305	5 838.5	32.1	4 278.8	567.0
2013	6 791	1 760	1 195	6 337.5	20.9	4 800.8	549.2
2014	6 800	1 787	1 215	7 140.3	20.7	4 687.8	489.4
2015	**6 506**	**1 811**	**1 179**	**8 169.4**	**13.4**	**4 480.9**	**375.6**

注：（1）为全国主要粮食批发市场交易平均价。

（2）为美国海湾离岸价。

表13 农产品生产及进出口情况：粮食、食用植物油

年份	粮食				食用植物油			
	生产量（万吨）	进口量（万吨）	出口量（万吨）	全国人均占有量（千克/人）	生产量（万吨）	进口量（万吨）	出口量（万吨）	全国人均占有量（千克/人）
1998	51 230	709	907	412	603	206.7	30.9	4.9
1999	50 839	772	759	406	734	214.0	10.0	5.9
2000	46 218	1 357	1 401	366	835	187.1	11.2	6.6
2001	45 264	1 738	903	356	1 383	167.5	13.4	10.9
2002	45 706	1 417	1 514	357	1 531	321.2	9.8	12.0
2003	43 070	2 283	2 230	334	1 584	541.8	6.0	12.3
2004	46 947	2 998	514	362	1 683	676.4	6.6	13.0
2005	48 402	3 286	1 059	371	2 071	621.3	22.8	15.9
2006	49 804	3 189	650	380	2 335	671.5	40.0	17.8
2007	50 160	3 238	1 039	381	2 638	839.7	16.8	20.0
2008	52 871	3 898	235	399	2 419	817.1	24.9	18.3
2009	53 082	4 570	173	399	3 280	950.2	11.6	24.6
2010	54 648	6 051	142	409	3 916	826.2	9.6	29.3
2011	57 121	5 809	143	425	4 332	779.8	12.4	32.2
2012	58 958	7 237	134	437	5 176	959.9	10.1	38.3
2013	60 194	7 796	121	443	6 219	992.1	11.7	45.8
2014	60 703	9 091	98	445	6 534	650.2	13.4	47.9
2015	62 144	11 441	67	453	6 734	839.1	13.7	49.1

注：粮食数据包含大豆。

表14 农产品生产及进出口情况：棉花、食糖

年份	棉 花				食 糖			
	生产量(万吨)	进口量(万吨)	出口量(万吨)	全国人均占有量(千克/人)	生产量(万吨)	进口量(万吨)	出口量(万吨)	全国人均占有量(千克/人)
1998	450	31.0	5.2	3.6	826.0	50.8	43.6	6.6
1999	383	16.4	24.4	3.1	861.0	41.7	36.7	6.9
2000	**442**	**25.1**	**29.9**	**3.5**	**700.0**	**67.5**	**41.5**	**5.5**
2001	532	19.7	6.0	4.2	653.1	119.9	19.6	5.1
2002	492	24.5	15.9	3.8	926.0	118.4	32.6	7.2
2003	486	107.5	11.7	3.8	1 083.9	77.6	10.3	8.4
2004	632	211.4	1.2	4.9	1 033.7	121.5	8.5	8.0
2005	**571**	**274.5**	**0.8**	**4.4**	**912.4**	**139.1**	**35.8**	**7.0**
2006	753	398.0	1.6	5.7	949.1	137.4	15.4	7.2
2007	762	274.1	2.5	5.8	1 271.4	119.4	11.0	9.6
2008	749	226.4	2.4	5.7	1 432.6	78.0	6.2	10.9
2009	638	175.9	1.0	4.8	1 338.4	106.0	6.4	9.9
2010	**596**	**312.8**	**0.7**	**4.5**	**1 117.6**	**176.6**	**9.4**	**8.3**
2011	659	356.6	2.8	4.9	1 187.4	291.9	5.9	8.8
2012	684	541.3	2.3	5.1	1 409.5	374.7	4.7	10.4
2013	630	450.0	0.8	4.6	1 592.8	454.6	4.8	11.7
2014	618	243.9	1.3	4.5	1 642.7	348.6	4.6	12.0
2015	**560**	**175.9**	**3.0**	**4.1**	**1 474.1**	**484.6**	**7.5**	**10.8**

表15 农产品生产、消费及进出口情况：猪肉

年　份	肉猪年末存栏头数 （万头）	肉猪出栏头数 （万头）	猪肉生产量 （万吨）	出口活猪 (1) （万吨）	进口猪肉 (2) （万吨）	出口猪肉 (2) （万吨）	全国人均占有量 （千克/人）
1998	42 256	50 215	3 884	219.5	2.55	15.82	31.3
1999	43 144	51 977	4 006	195.8	13.25	11.11	32.0
2000	41 634	51 862	3 966	203.1	23.79	11.20	31.4
2001	41 951	53 281	4 052	196.5	20.40	17.20	31.9
2002	41 776	54 144	4 123	188.0	21.95	23.63	32.2
2003	41 382	55 702	4 239	187.8	31.20	30.50	32.9
2004	42 123	57 279	4 314	196.6	29.11	41.48	33.3
2005	43 319	60 367	4 555	176.2	19.98	38.65	34.9
2006	41 850	61 207	4 651	172.0	21.88	41.93	35.5
2007	43 990	56 508	4 288	160.9	47.31	26.91	32.5
2008	46 291	61 017	4 621	164.5	91.40	17.23	34.9
2009	46 996	64 539	4 891	16.2	52.80	17.91	36.7
2010	46 460	66 686	5 071	16.9	90.21	21.38	37.9
2011	46 767	66 170	5 053	15.6	135.04	18.78	37.6
2012	47 592	69 789	5 343	16.8	137.01	18.10	39.6
2013	47 411	71 557	5 493	19.63	140.34	17.20	40.5
2014	46 583	73 510	5 671	18.0	138.48	21.51	41.6
2015	45 113	70 825	5 487	17.9	159.51	17.84	40.0

注：（1）出口活猪2008年及以前年份统计单位为万头。
（2）猪肉进出口数据统计范围包括肉、杂碎和加工猪肉等项。

表16　化肥及农药生产、进口及价格情况

单位：万吨

年份	化　肥					农　药			
	生产量（纯量）	施用量（纯量）	进口量（自然吨）	出口量（自然吨）	化肥价格指数（上年为100）	生产量	施用量	进口量	出口量	农药价格指数（上年为100）
1998	3 010	4 083.7	1 387.1	120.0	91.4	55.9	123.2	4.4	10.7	96.4
1999	3 251	4 124.3	1 335.2	171.4	94.9	62.5	131.2	4.7	14.7	95.1
2000	3 186	4 146.4	1 189.3	252.3	92.9	60.7	128.0	4.1	16.2	95.1
2001	3 383	4 253.8	1 091.5	288.8	97.9	78.7	127.5	3.4	19.7	97.1
2002	3 791	4 339.4	1 681.8	251.7	102.4	92.9	131.2	2.7	22.2	98.0
2003	3 881	4 411.6	1 212.9	541.9	101.6	76.7	132.5	2.8	27.2	99.9
2004	4 805	4 636.6	1 239.7	726.2	112.8	82.1	138.6	2.8	39.1	103.0
2005	5 178	4 766.2	1 396.5	455.9	112.8	114.7	146.0	3.7	42.8	104.1
2006	5 345	4 927.7	1 128.5	539.2	100.1	138.5	153.7	4.3	39.8	101.6
2007	5 825	5 107.8	1 176.2	1 395.4	103.4	176.5	162.3	4.1	47.7	101.4
2008	6 028	5 239.0	625.5	1 021.5	103.7	190.2	167.2	4.4	48.5	108.0
2009	6 385	5 404.4	411.1	939.6	93.7	226.2	170.9	4.4	50.7	100.0
2010	6 340	5 561.7	717.9	1 692.2	98.6	234.2	175.8	5.1	61.3	100.4
2011	6 626	5 704.2	794.7	1 921.0	113.3	264.8	178.7	5.3	79.6	102.6
2012	7 296	5 838.8	843.1	1 852.2	106.6	354.9	180.6	6.9	89.7	102.2
2013	7 037	5 911.9	792.6	1 978.0	97.7	319.0	180.2	7.7	109.5	101.7
2014	6 887.2	5 995.9	958.7	2 992.9	94.2	374.4	180.7	9.3	116.1	101.2
2015	7 432	6 023.0	1 118.4	3 599.9	100.6	374.0	178.3	9.0	117.5	100.5

单位：元/人

表17　城乡居民家人均收入对比

| 年份 | 农村居民家庭人均总收入 | 人均纯收入 | 家庭经营 | | | | | | 城镇居民人均可支配收入 | 城镇居民人均可支配收入比农村人均纯收入 |
			纯收入	第一产业	农业收入	牧业收入	第二产业	第三产业		
1998	2 996	2 162	1 466.0	1 192.1	962.8	188.5	80.1	193.5	5 425.1	2.5
1999	2 987	2 210	1 448.4	1 139.0	918.3	174.3	91.1	218.3	5 854.0	2.7
2000	3 146	2 253	1 427.3	1 090.7	833.9	207.4	99.4	237.2	6 280.0	2.8
2001	3 307	2 366	1 459.6	1 126.6	863.6	212.0	100.0	233.1	6 859.6	2.9
2002	3 432	2 476	1 486.5	1 135.0	866.7	210.6	108.6	243.0	7 702.8	3.1
2003	3 582	2 622	1 541.3	1 195.6	885.7	245.7	108.6	237.1	8 472.0	3.2
2004	4 040	2 936	1 745.8	1 398.0	1 056.5	271.0	108.2	239.5	9 421.6	3.2
2005	4 631	3 255	1 844.5	1 469.6	1 097.7	283.6	108.3	266.7	10 493.0	3.2
2006	5 025	3 587	1 931.0	1 521.3	1 159.6	265.6	121.7	288.0	11 759.5	3.3
2007	5 791	4 140	2 193.7	1 745.1	1 303.8	335.1	137.6	311.0	13 785.8	3.3
2008	6 701	4 761	2 435.6	1 945.9	1 427.0	397.5	149.0	340.7	15 780.8	3.3
2009	7 116	5 153	2 526.8	1 988.2	1 497.9	360.4	164.5	374.1	17 174.7	3.3
2010	8 120	5 919	2 832.8	2 231.0	1 723.5	355.6	182.1	419.7	19 109.0	3.2
2011	9 833	6 977	3 222.0	2 519.9	1 896.7	462.5	192.6	509.4	21 809.8	3.1
2012	10 991	7 917	3 533.4	2 722.2	2 106.8	441.0	213.7	597.4	24 564.7	3.1
2013		9 430	3 934.8	2 839.8	2 160.0	460.1	252.5	842.5	26 467	2.8
2014		10 489	4 237.4	2 998.6	2 306.8	443.0	259.1	979.6	28 843.9	2.7
2015		11 422	4 503.6	3 153.8	2 412.2	488.7	276.1	1 073.7	31 194.8	2.7

注：城镇居民人均可支配收入四个经济地带数据为简单算术平均数。

2013年以后数据来源于国家统计局开展的城乡一体化住户收支与生活情况调查，为可支配收入。

表18　城乡居民人均支出对比

单位：元/人

年份	农村居民民人均总支出	家庭经营费用支出	生活消费支出	食品	转移性和财产性支出	现金支出	家庭经营费用支出	税费支出	生活消费支出	城镇居民人均生活消费支出	城乡居民人均生活消费支出比
1998	2 457	653	1 590	850	53	1 931	512	98	1 128	4 332	2.7
1999	2 390	600	1 577	829	56	1 917	471	93	1 145	4 616	2.9
2000	2 652	654	1 670	821	169	2 140	545	90	1 285	4 998	3.0
2001	2 780	696	1 741	831	174	2 285	585	86	1 364	5 309	3.0
2002	2 924	731	1 834	848	194	2 438	617	76	1 468	6 030	3.3
2003	3 025	755	1 943	886	157	2 537	638	66	1 577	6 511	3.4
2004	3 430	924	2 185	1 032	176	2 863	789	37	1 755	7 182	3.3
2005	4 127	1 190	2 555	1 162	238	3 567	1 053	13	2 135	7 943	3.1
2006	4 485	1 242	2 829	1 217	264	3 932	1 104	11	2 415	8 697	3.1
2007	5 138	1 433	3 224	1 389	322	4 533	1 287	12	2 767	9 998	3.1
2008	5 916	1 705	3 661	1 599	377	5 258	1 551	12	3 159	11 243	3.1
2009	6 334	1 700	3 993	1 636	429	5 695	1 555	10	3 505	12 265	3.1
2010	6 992	1 916	4 382	1 801	493	6 307	1 758	9	3 859	13 471	3.1
2011	8 642	2 431	5 221	2 107	712	7 985	2 269	12	4 733	15 161	2.9
2012	9 606	2 626	5 908	2 324	789	8 962	2 483	10	5 414	16 674	2.8
2013			7 485	2 554					5 979	18 488	2.5
2014			8 383	2 814					6 717	19 968	2.4
2015			9 223	3 048					7 392	21 392	2.3

表19 各种物价指数

上年为100

年 份	商品零售价格指数	居民消费价格指数	城市居民消费价格指数	农村居民消费价格指数	农产品生产价格指数	农业生产资料价格指数
1998	97.4	99.2	99.4	99.0	92.0	94.5
1999	97.0	98.6	98.7	98.5	87.8	95.8
2000	**98.5**	**100.4**	**100.8**	**99.9**	**96.4**	**99.1**
2001	99.2	100.7	100.7	100.8	103.1	99.1
2002	98.7	99.2	99.0	99.6	99.7	100.5
2003	99.9	101.2	100.9	101.6	104.4	101.4
2004	102.8	103.9	103.3	104.8	113.1	110.6
2005	**100.8**	**101.8**	**101.6**	**102.2**	**101.4**	**108.3**
2006	101.0	101.5	101.5	101.5	101.2	101.5
2007	103.8	104.8	104.5	105.4	118.5	107.7
2008	105.9	105.9	105.6	106.5	114.1	120.3
2009	98.8	99.3	99.1	99.7	97.6	97.5
2010	**103.1**	**103.3**	**103.2**	**103.6**	**110.9**	**102.9**
2011	104.9	105.4	105.3	105.8	116.5	111.3
2012	102.2	102.6	102.7	102.5	102.7	105.6
2013	101.4	102.6	102.6	102.8	103.2	101.4
2014	101.0	102.0	102.1	101.8	99.8	99.1
2015	**100.1**	**101.4**	**101.5**	**101.3**	**101.7**	**100.4**

注：2000年（含）以前的农产品生产价格指数为农副产品收购价格指数。

表20　农产品生产价格指数

上年为100

年份	农产品生产价格指数	谷物	小麦	稻谷	玉米	大豆	油料	棉花	蔬菜	水果	糖料	畜牧产品	生猪	蛋类
1998	92.0		95.8		101.9	85.2	97.7	88.8	91.7	94.5	89.5	86.9	82.9	94.2
1999	87.8		88.9	87.7	86.3	81.8	84.8	69.8	94.9	88.1	80.4	88.5	85.2	91.7
2000	96.4		81.8	90.2	89.9	105.8	93.6	121.2	99.9	98.6	88.8	99.0	100.2	90.6
2001	103.1													
2002	99.7	95.8	98.1	97.2	91.5	98.9	104.8	103.4	95.1	109.9	86.0	100.2	98.0	102.8
2003	104.4	102.3	103.0	99.9	104.6	120.6	119.4	135.3	110.4	102.0	90.5	101.8	102.9	101.1
2004	113.1	128.1	131.2	136.3	116.9	120.2	116.6	79.5	105.2	98.6	104.9	111.1	112.8	112.6
2005	101.4	99.2	96.4	101.6	98.0	94.2	91.3	111.8	107.2	107.4	111.6	100.5	97.7	106.4
2006	101.2	102.1	100.1	102.0	103.0	99.2	104.8	97.1	109.3	111.4	121.1	94.3	90.6	96.0
2007	118.5	109.0	105.5	105.4	115.0	124.2	133.4	109.6	106.9	101.3	100.0	131.4	145.9	115.9
2008	114.1	107.1	108.7	106.6	107.3	119.7	128.0	90.6	104.7	101.4	98.4	123.9	130.8	112.2
2009	97.6	104.9	107.9	105.2	98.5	92.3	94.2	111.8	111.8	107.0	101.5	90.1	81.6	102.8
2010	110.9	112.8	107.9	112.8	116.1	107.9	112.1	157.7	116.8	118.9	106.0	103.0	98.3	107.5
2011	116.5	109.7	105.2	113.3	109.9	106.3	112.1	79.5	103.4	106.2	125.5	137.0	137.0	112.6
2012	102.7	104.8	102.9	104.1	106.6	103.0	105.2	98.1	109.9	103.9	105.0	99.7	95.9	100.5
2013	103.2	104.3	106.7	102.2	100.2	105.7	102.4	103.9	106.9	106.2	98.9	102.4	99.3	105.8
2014	99.8	102.7	105.1	102.2	101.7	101.8	99.9	87.1	98.5	106.4	99.7	97.1	92.2	105.7
2015	101.7	98.7	99.2	101.6	96.5	98.9	100.8	87.5	104.6	99.7	98.8	104.2	108.9	96.9

注：2000年（含）以前为农副产品收购价格指数，2001年（含）之后为农副产品生产价格指数。

表21 城乡零售价格分类指数

上年为100

年份	食品类		粮食		油脂类(1)		鲜菜		肉禽蛋(2)		水产品	
	城市	农村	城市	农村	城市	农村	城市	农村	城市	农村	城市	农村
1998	96.9	96.6	96.9	96.9	102.1	98.4	99.3	102.0	93.0	91.9	94.5	93.4
1999	95.8	96.0	96.2	96.6	94.7	94.0	99.8	101.5	90.6	91.8	94.2	92.2
2000	97.6	97.4	91.2	88.9	84.7	88.4	104.8	106.3	95.5	97.1	103.4	101.0
2001	98.9	99.6	101.4	101.7	89.9	90.0	103.4	103.2	103.3	102.3	95.9	97.2
2002	99.7	100.3	98.5	98.9	100.4	99.6	99.5	103.0	100.3	100.7	96.3	95.9
2003	103.2	103.7	102.0	102.6	111.6	113.5	116.4	116.1	102.8	104.2	100.8	99.2
2004	108.8	111.9	125.2	128.3	115.0	119.1	94.4	96.8	116.8	117.6	111.1	115.7
2005	103.3	102.8	101.6	101.2	94.6	94.8	108.6	107.2	102.8	103.3	106.3	104.6
2006	102.6	102.4	102.7	102.4	99.0	98.4	107.9	108.8	97.3	97.2	101.9	100.7
2007	111.7	113.6	106.1	107.0	125.2	128.1	107.5	109.1	130.8	131.5	104.7	106.9
2008	114.5	114.0	107.2	107.1	124.9	125.5	109.0	111.1	122.6	119.9	113.8	115.9
2009	101.1	100.2	105.9	105.4	82.0	81.4	114.6	113.8	91.9	91.2	102.8	101.0
2010	107.5	107.9	111.7	111.7	103.4	104.0	118.4	120.4	102.7	103.5	108.9	106.7
2011	111.8	112.2	112.2	112.4	113.4	113.3	100.5	102.4	122.4	122.6	112.4	110.9
2012	105.1	104.0	104.1	103.6	105.6	104.1	113.7	113.9	102.8	100.2	107.7	109.0
2013	101.3	101.8	104.8	105.0	100.3	100.6	107.4	109.9	104.7	103.9	103.9	104.7
2014	103.2	102.5	103.2	103.1	94.9	95.5	98.8	98.7	100.5	100.0	104.3	104.2
2015	102.1	102.4	102.2	101.7	96.7	97.6	107.1	106.3	104.7	105.4	101.5	101.9

注：（1）油脂类在1993年以前以食用植物油为指标进行统计。（2）2003年肉禽蛋零售价格指数指肉禽蛋价格指数。2006年以后为肉禽及其制品价格指数。

表22　"菜篮子"产品批发价格

单位：元／千克

类别	品名	2012年	2013年	2014年	2015年	2015年比上年增减（%）
蔬菜	白萝卜	1.44	1.51	1.21	1.39	15.3
蔬菜	大蒜	5.21	4.78	4.31	5.84	35.4
蔬菜	豆角	5.56	5.91	5.91	5.77	−2.4
蔬菜	胡萝卜	1.93	2.28	2.15	2.23	3.7
蔬菜	黄瓜	3.35	3.67	3.24	3.41	5.2
蔬菜	茄子	3.64	3.96	3.23	3.58	10.9
蔬菜	青椒	4.35	4.28	3.59	4.12	14.8
蔬菜	土豆	1.73	2.43	2.24	2.12	−5.4
蔬菜	西红柿	3.43	3.59	3.40	3.54	4.0
蔬菜	大白菜	1.16	1.40	1.07	1.32	23.2
蔬菜	大葱	3.05	2.85	2.36	2.60	10.5
蔬菜	芹菜	2.67	2.97	2.22	2.80	26.2
蔬菜	洋白菜	1.56	1.61	1.16	1.59	36.5
蔬菜	油菜	2.70	2.89	2.50	2.75	9.8
水果	蜜橘	4.02	4.07	4.44	4.48	1.0
水果	甜橙	4.71	5.66	6.38	6.31	−1.2
水果	西瓜	3.24	3.50	3.46	3.02	−12.7
水果	鸭梨	3.53	3.71	5.48	4.65	−15.0
水果	富士苹果	6.47	6.51	8.09	7.81	−3.4
水果	香蕉	4.24	4.53	6.02	4.63	−23.1
水果	菠萝	4.42	4.64	4.40	4.96	12.7
畜产品	鸡蛋	8.11	8.42	9.58	8.10	−15.5
畜产品	活鸡	14.02	15.17	16.77	16.96	1.1
畜产品	白条鸡	14.14	14.26	14.61	14.69	0.6
畜产品	猪肉	21.14	210.4	18.94	20.82	9.9
畜产品	牛肉	39.31	51.71	54.33	53.96	−0.7
畜产品	羊肉	46.06	53.34	55.39	49.38	−10.9
水产品	草鱼	13.42	14.52	14.19	12.53	−11.7
水产品	带鱼	19.35	19.83	21.16	21.86	3.4
水产品	鲫鱼	14.44	15.49	14.58	14.19	−2.7
水产品	鲤鱼	12.39	11.06	11.73	12.71	8.3
水产品	鲢鱼	8.15	7.93	7.24	7.01	−3.2

资料来源：农业部。

表23　国家财政收入及支出情况

单位：亿元

指　　标	2011年	2012年	2013年	2014年	2015年
财政收入	**103 874.4**	**117 253.5**	**129 209.6**	**140 370.0**	**152 269.2**
中央	51 327.3	56 175.2	60 198.5	64 493.5	69 267.2
地方	52 547.1	61 078.3	69 011.2	75 876.6	83 002.0
财政收入指数(上年=100)	125.0	112.9	110.2	108.6	108.5
财政收入按项目分					
#各项税收	89 738.4	100 614.3	110 530.7	119 175.3	124 922.2
#增值税	24 266.6	26 415.5	28 810.1	30 855.4	31 109.5
营业税	13 679.0	7 875.6	17 233.0	17 781.7	19 312.8
消费税	6 936.2	15 747.6	8 231.3	8 907.1	10 542.2
个人所得税	6 054.1	19 654.5	6 531.5	7 376.6	8 617.3
关税	2 559.1	5 820.3	2 630.3	2 843.4	2 560.8
企业所得税	16 769.6	2 783.9	22 427.2	24 642.2	27 133.9
财政支出	**109 247.8**	**125 953.0**	**139 744.3**	**151 785.6**	**175 877.8**
中央	16 514.1	18 764.6	20 471.8	22 570.1	25 542.2
地方	92 733.7	107 188.3	119 740.3	129 215.5	150 335.6
财政支出指数(上年=100)	121.6	115.3	110.9	108.6	115.9
财政支出按项目分					
#农林水事务	9 937.6	11 973.9	13 227.9	14 173.8	17 380.5
一般公共服务	10 987.8	12 700.5	14 139.0	13 267.5	13 547.8
教育	16 497.3	21 242.1	21 876.5	23 041.7	26 271.9
科学技术	3 828.0	4 452.6	5 063.4	5 314.5	5 862.6
社会保障和就业	11 109.4	12 585.5	14 417.2	15 968.9	19 018.7
医疗卫生	6 429.5	7 245.1	8 208.7	10 176.8	11 953.2
节能环保	2 641.0	2 963.5	3 383.3	3 815.6	4 802.9
城乡事务	7 620.6	9 079.1	11 067.1	12 959.5	15 886.4
交通运输	7 497.8	8 196.2	9 272.4	10 400.4	12 356.3

注：（1）2007年起实施《政府收支分类科目》，财政支出项目按照支出功能分类科目重新设置。
　　（2）从2010年及以后，环境保护支出为节能环保支出。

表24　农村土地承包经营及管理情况

项　　目	2013年	2014年	2015年
一、耕地承包情况			
（一）家庭承包经营的耕地面积（万亩）	132 709	132 876	134 237
（二）家庭承包经营的农户数（万户）	23 009	23 022	23 057
（三）家庭承包合同份数（万份）	22 251	22 103	22 127
（四）颁发土地承包经营权证份数（万份）	20 738	20 598	20 601
其中：以其他方式承包颁发的（万份）	75	76	80
（五）机动地面积（万亩）	2 579	2 644	2 921
二、家庭承包耕地流转情况			
（一）家庭承包耕地流转总面积（万亩）	34 102	40 339	44 683
（二）家庭承包耕地流转去向			
1.流转入农户的面积（万亩）	20 559	23 544	26 206
2.流转入专业合作社的面积（万亩）	6 944	8 839	9 737
3.流转入企业的面积（万亩）	3 220	3 882	4 232
4.流转入其他主体的面积（万亩）	3 378	4 074	4 508
（三）流转用于种植粮食作物的面积（万亩）	19 275	22 902	25 331
（四）流转出承包耕地的农户数（万户）	5 261	5 833	6 330
（五）签订耕地流转合同份数（万份）	3 756	4 235	4 670
（六）签订流转合同的耕地流转面积（万亩）	22 487	26 921	30 277
三、仲裁机构队伍情况			
（一）仲裁委员会数（个）	2 411	2 433	2 434
其中：县级仲裁委员会数（个）	2 214	2 312	2 331
（二）仲裁委员会人员数（人）	35 481	37 204	39 258
其中：农民委员人数（人）	6 921	7 494	7 619
（三）聘任仲裁员数（人）	29 817	31 953	36 920
（四）仲裁委员会日常工作机构人数（人）	13 167	12 627	13 063
其中：专职人员数（人）	5 536	5 456	5 676
四、土地承包经营纠纷调处情况			
（一）受理土地承包及流转纠纷总量（件）	222 322	253 589	336 402
（二）调处纠纷总数（件）	194 307	225 930	303 272

注：15亩＝1公顷。

资料来源：农业部。

表25　2015年农户家庭人口及劳动力情况（每个农村居民户）

指标名称	单位	全国	东部	中部	西部	东北
一、被调查户数	户	20 173	6 200	5 532	5 364	3 077
二、家庭常住人口	人	3.80	3.86	3.83	4.06	3.15
三、农村人口	人	3.62	3.62	3.64	3.90	3.07
四、家庭劳动力	人	2.07	2.00	2.05	2.31	1.86
其中：农村劳动力	人	1.98	1.87	1.94	2.23	1.81
五、在农村劳动力中：						
1.文盲、半文盲	人	0.09	0.07	0.08	0.17	0.06
2.小学文化程度	人	0.40	0.31	0.36	0.49	0.48
3.初中文化程度	人	1.13	1.05	1.17	1.20	1.11
4.高中文化程度	人	0.25	0.31	0.25	0.27	0.11
5.大专及以上文化程度	人	0.10	0.14	0.09	0.10	0.05
六、在农村劳动力中：						
1.有专业技术职称人数	人	0.12	0.12	0.10	0.15	0.10
2.受过职业教育和培训人数	人	0.31	0.28	0.20	0.48	0.27
七、在家庭劳动力中(按身份划分)：						
1.从事农业家庭经营劳动力	人	0.82	0.55	0.64	1.11	1.20
2.从事非农业家庭经营劳动力	人	0.19	0.22	0.21	0.18	0.07
3.受雇劳动者	人	0.70	0.79	0.82	0.67	0.37
4.个体、合伙工商劳动者	人	0.04	0.06	0.04	0.02	0.01
5.私营企业经营者	人	0.03	0.03	0.03	0.04	0.01
6.乡村及国家干部	人	0.03	0.03	0.02	0.02	0.02
7.教科文卫工作者	人	0.02	0.02	0.03	0.02	0.01
8.其他	人	0.15	0.17	0.15	0.15	0.12
八、在家庭劳动力中(按行业划分)：						
1.从事农林牧渔业人数	人	0.78	0.54	0.58	1.03	1.21
2.从事采矿业人数	人	0.03	0.04	0.04	0.03	0.01
3.从事制造业人数	人	0.27	0.38	0.33	0.20	0.07
4.从事电力、燃气及水的生产和供应业人数	人	0.01	0.01	0.02	0.02	0.01
5.从事建筑业人数	人	0.17	0.12	0.21	0.25	0.11
6.从事交通运输、仓储和邮政业人数	人	0.09	0.09	0.08	0.11	0.06
7.从事批发和零售业人数	人	0.07	0.09	0.07	0.06	0.03
8.从事住宿和餐饮业人数	人	0.09	0.10	0.10	0.07	0.07
9.从事租赁和商务服务业人数	人	0.03	0.03	0.04	0.04	0.01
10.从事居民服务和其他服务业人数	人	0.12	0.13	0.14	0.11	0.05
11.从事其他行业人数	人	0.30	0.33	0.34	0.30	0.19
九、全家劳动力外出从业时间	天	202	181	274	212	99
十、全家外出从业劳动力数	人	0.76	0.64	0.99	0.85	0.41
十一、全家外出收入	元	20 084	29 624	26 924	24 003	23 984

资料来源：农业部农村经济研究中心。

表26　2015年行政村一级企业、劳动力就业、耕地情况（每个行政村）

指标名称	单位	全国	东部	中部	西部	东北
一、被调查村	个	340	123	84	88	45
二、村年末企业个数	个	8.4	14.3	5.9	5.0	4.0
1.集体企业	个	0.6	0.8	0.3	0.5	0.7
其中：个人承包和合伙承包的企业	个	0.2	0.4	0.2	0.1	0.2
2.股份制和股份合作制企业个数	个	0.4	0.6	0.2	0.2	0.2
3.合伙企业个数	个	1.0	1.7	1.0	0.6	0.1
4.私营企业个数	个	5.8	10.2	4.1	3.0	2.8
5."三资"企业个数	个	0.3	0.3	0.2	0.4	0.1
6.其他企业个数	个	0.4	0.8	0.2	0.3	0.1
三、劳动力情况						
（一）年末劳动力	个	1 225.8	1 307.8	1 276.8	1 176.6	1 002.2
1.以种植业为主的劳动力	个	433.8	399.8	354.2	500.1	545.4
其中：以粮食生产为主的劳动力	个	245.8	181.9	225.3	276.1	399.5
2.以林业为主的劳动力	个	14.3	17.7	10.4	16.3	8.2
3.以畜牧业为主的劳动力	个	49.8	33.6	48.3	75.8	45.9
4.以渔业为主的劳动力	个	36.7	84.1	15.9	6.7	4.4
5.以工业为主的劳动力	个	212.1	329.6	205.3	129.0	65.8
6.以建筑业为主的劳动力	个	146.6	105.0	203.9	169.1	109.1
7.以运输业为主的劳动力	个	59.1	51.1	87.1	58.2	30.4
8.以商业、饮食业、服务业为主的劳动力	个	160.2	192.0	180.9	121.9	109.8
9.其他	个	113.3	94.7	170.9	99.5	83.3
（二）外出劳动力数	个	390.5	358.1	462.1	404.1	318.7
1.出乡(县内)就业数	个	157.7	169.3	143.9	164.3	138.7
2.出县(省内)就业数	个	113.7	115.8	124.2	112.5	90.7
3.出省(国内)就业数	个	113.2	64.8	192.4	125.3	73.7
4.境外就业数	个	5.9	8.2	1.6	1.9	15.6
（三）闲置劳动力（按300日1人）	个	38.8	34.7	54.0	37.5	24.6
四、耕地情况						
（一）耕地	公顷	206.3	120.7	162.5	176.2	580.5
1.农户家庭经营	公顷	189.8	107.6	135.6	162.4	569.1
2.村集体经营	公顷	4.1	4.3	3.0	4.8	4.3
3.企业经营	公顷	2.3	2.2	2.5	2.3	2.0
4.农民专业合作经济组织经营	公顷	2.4	1.7	3.2	2.3	3.3
5.其他经营	公顷	3.5	4.5	2.0	4.3	1.9
（二）年内增加耕地	公顷	0.2	0.1	0.1	0.5	0.0
其中：新开荒耕地	公顷	0.1	0.0	0.1	0.1	0.0
（三）年内减少耕地	公顷	1.8	0.6	2.3	2.8	2.2
1.国家建设占用	公顷	0.8	0.5	0.7	1.8	0.0
2.村集体建设占用	公顷	0.0	0.0	0.0	0.0	0.0
3.农民新建房屋占用	公顷	0.3	0.1	0.5	0.4	0.0
4.改林果、牧、渔业占用	公顷	0.6	0.0	1.0	0.4	2.2
其中：退耕还林草的耕地	公顷	0.4	0.0	0.6	0.0	2.2

资料来源：农业部农村经济研究中心。

后 记

《2016中国农业发展报告》是由农业部组织有关司局、科研单位、农业部软科学委员会专家工作组部分成员以及国家统计局农村经济社会统计司、国务院扶贫办等部门的专家、学者和实际工作者共同编写的。

参加本报告撰写的主要人员有：宋洪远、陈良彪、习银生、姜楠、张红奎、杭静、陈洁、闫辉、董彦彬、焦红坡、张恒春、苏祯、梁希震、朱娟、付松川、万立志、万强、颜起斌、徐亭、谷红、冯梁、王良、胡玉玲、李静、路玉彬、孙腾蛟、马光霞、宋杨、冯蔓蔓、陈洪波、张晓宇、陈会敏、姜波、王斯烈、李春艳、曹宇、王建强、崔明理、黄亚涛、何声卫、付长亮、徐利群、尹剑锋、陈吉、龚一飞、郑锋茂、秦兴国、蔺东、谭明杰、郭东全、罗鹏、王刚、高小年、王彩明、杨春华、李娜、陈朱勇、冯汉坤、黎阳、张海姣、赵卓、史少然、毛文坤、陈明全、朱聪、李春广、颜芳、常雪艳、秦萌、马猛、梅东海、李斯华、杨海生、林新杰、张慧媛、沈立宏、郭东全、李想、李新、代瑞熙。